戰爭與陰謀

田中義一

纐纈厚 著

五南圖書出版公司 印行

目錄

序章

走向軍人之路

兩個田中首相

在日本的歷屆首相中，有兩個田中首相。

多數日本人都會馬上想到田中角榮，他提出了「日本列島改造論」，用他那獨特的腔調博得了日本的人氣。

本書的主人公則是另外一個田中首相，他就是進入昭和時代第一個擔任總理大臣的田中義一。

田中義一是距今約八十年前昭和初期軍人出身的首相，與聲名顯赫的田中角榮首相相比，留給人的印象大概早已非常淡薄。

但是，這兩個田中首相是有若干共同之處的，田中角榮本是新潟縣長岡市一個農民的兒子，卻爬上了最高權力者的寶座；田中義一不過是長州兵營轎夫的三兒子，入伍陸軍後竟扶搖直上，最後當上了總理。

由於這樣的經歷，田中角榮曾被稱爲「庶民宰相」、「當代豐臣秀吉」，他一就任總理，就在平民百姓中獲得了極大的人氣。田中義一則操一口山口方言，說到自己總是「俺」、「俺」的，被叫做「俺俺首相」，也是在平民百姓中極有人氣。

田中角榮表面看起來大大咧咧，實際上心裡緻密的計算無異於電腦，有著引率世事的能力；同樣，田中義一表面看起來也是不大在乎細枝末節，可實際上卻沒有放過任何一個有意義的資訊情報。

田中義一是個軍人，但是很早他就開始對政治、經濟、教育乃至思想意識等方面非常關心。同樣很早開始，他就不只在軍界，而且在政界、財界、官僚階層等各個方面建立好了人脈關係。從而，他想出了把政治、經濟、教育等領域與軍事統合起來的國家戰略。

也是由於受到第一次世界大戰的影響，二十世紀二十年代的日本，成爲「大正德先生（大正民主）」的時代。摒棄戰爭、促進民主、要求普選的運動蓬勃發展，一九二五（大正十四）年五月五日還頒布了普通選舉法。在這樣一個時代，軍事這個方面要起一定的作用並得到國民認知，是件極其困難的事。

第一次世界大戰以後，舉國爲戰的戰爭形態出現，對於看到這點並想儘快構築舉國爲戰國家體制的軍事官僚們來說，大正時代明顯地是個逆風的時代。在這種氣候下，要想一步步構築舉國爲戰國家體制，當然就必須想到一定要使軍事和其他領域聯合起來，甚至融合起來。

但是，田中義一比較早地認識到了這個問題，並且利用各種機會宣傳他構築舉國爲戰國家體制的主張。田中義一以一介武夫當上了伊藤博文所組織的政友會的第四代總裁，最後擔任了總理大臣，其背景就正是由於他是構築舉國爲戰國家體制的先導。

為什麼對田中評價不好

就是在田中義一及其政友會執掌政權的時候，發生了炸死張作霖（一九二八年六月）卻編造謊言上奏天皇的事情，這使得天皇勃然大怒。田中義一雖然志尚未酬，也只能撒手政權。這實在是始料未及的。被稱爲「滿洲一起重大事件」的炸死張作霖事件，是田中義一出身母體——日本陸軍激進派軍官炮製的。

田中義一計畫構築的舉國爲戰國家體制尚未完成，就被其同夥扯住了後腿。田中身爲陸軍的總頭目，對於在此期間陸軍所犯的罪行難以脫盡干係，因之，他死之後，對他的評價甚爲不高。

不僅如此，作爲田中鄉黨的長州（山口）出身的將官也都未能再任軍中要職。過去在陸軍中樞部門任職的長州出身者，都以這個事件爲轉折，開始遭到冷遇。

對於田中義一的評價，就是到了今天，也因他曾使天皇震怒這一事件而極爲不好。敢於對天皇做出謊奏，這當然要遭到批判，誰也沒有辦法。但是，出現這種情況，實實在在是因爲由於當時勢力日漸增長的日本陸軍，尤其是關東軍已經開始擁有了極大的發言權。

編造謊言上奏天皇，與其說是田中義一的本意，不如說是陸軍軍官將校們督促田中義一幹的。田中應該負的責任是他未能抵制住來自軍方的壓力。考察田中義一的所作所爲時，無視當時軍方激進派的動態，恐怕也是不對的。

還有一件事給田中義一的評價帶來很大的負面影響，那就是所謂的「田中奏摺」。

很長時間以來，一直有一種看法，認爲田中義一親手炮製的所謂「田中奏摺」是後來侵略中國的藍圖，田中義一就是侵略中國的主謀或發起人。

戰後，在學術界中也有一些人展開了「田中奏摺」眞僞之爭。時至今日，已經否定了「田中奏摺」的存在。然而，把田中義一視爲亞洲太平洋戰爭主謀之一的評價，聲音依然很大，這是因爲田中所鋪設的舉國爲戰國家體制的道路，與不久之後發生的滿洲事變有著密切的關係，而且也成爲日中兩國十五年戰事的起點。

的確，是田中義一所構想的舉國爲戰國家體制把日本引上了戰爭的道路，這一點我也贊成，不過我還想附加一些保留意見。

不管是在戰前還是戰後，日本社會上對於田中義一起了什麼作用的評價，基本上是否定的。三．一五鎭壓共產黨的事件、三次出兵中國山東、炸死張作霖的皇姑屯事件（所謂「滿洲一起重大事件」）等許多事件都與田中義一有直接的關係，從而給人的感覺是田中義一就是日本軍國主義的先導者。

由田中義一奠定基礎的舉國爲戰國家體制，後來變得完全由軍部執掌實權了，因之赤裸裸地露出了完全依賴軍事力量的實質，無論是對內對外，都根本不重視運用政治去進行調整、交涉的合理手段。

二十世紀二十年代即大正德先生（大正民主）時代；換言之，正是民主主義、和平主義紮根日本的時候，田中義一所標榜的舉國爲戰國家體制的構想，可以說不僅滲透了軍界，而且擴大到了政界、官僚階層，以至財界，從而使日本走上了戰爭的道路。

那麼，對民主主義及和平日漸關心的二十世紀二十年代的日本怎麼會轉變成三十年代的軍國主義和戰爭的日本呢？透過田中義一的政治生涯探討一下這個問題，應該是很有必要且頗有意義的。

本書打算暫且把因「日本軍國主義現形」而臭名昭著的田中義一以及對他的評價放置一旁，而從客觀的立場看一看在大正時期到昭和初期的政治軍事史上，田中義一究竟佔有怎樣的地位。

在討論這個問題之前，先簡單說一下田中義一是如何走上帝國軍人之路的。

田中義一的出生地——萩

明治維新五年之前的一八六四（元治一）年六月二十日，田中義一出生於山口縣萩南片河町（菊屋橫町），其父田中信佑是擔任「陸尺」（轎夫）工作的長州藩的一個小兵，處於士兵中的最下層。其母叫美世。

現在的萩市，從山口縣的政治經濟中心山口市出發車程不到一個小時，已經成為一個以「萩燒」（萩市特種陶瓷）和觀光旅遊地著稱的山陰地區的中小城市了。

一六〇〇（慶長五）年關原會戰之後，原來稱霸中國地方的毛利只剩下防州、長州兩個州了，於是就把駐地定在了面日本海的邊境小城萩。

修建萩城用了三年零八個月。但因一八六三（文久三）年移駐山口（現山口市），萩城遂被廢棄，現在萩城只剩下了以鬱鬱蔥蔥的指月山為背景的斷壁殘垣了。

稍稍讓人覺得不可思議的是，田中義一的誕生處還留下了一小塊，位於環繞菊屋家（萩藩豪商）白牆的小巷（菊屋橫町）的中段。而菊屋家是一個到萩市旅遊者必然要去的地方。

講明治維新史時，不能不提到的奇兵隊指揮官高杉晉作也出生在菊屋橫町這條小巷上，參觀高杉晉作誕生之處的旅遊者絡繹不絕，而相距不過百米的田中義一誕生之處，卻是無人問津，二者形成了鮮明的對比。

在田中義一誕生之處立著一塊不大顯眼的牌子，如果你不注意去找，很可能發現不了。牌子上寫著：

田中乙熊於文久三年在此處誕生，他是幕府末期藩主轎夫田中信佑的三男。乙熊三歲時遷至平安古，長大成人後改名爲義一。十三歲時成爲新堀小學校的代課教師（非正式教師），在此期間參加了萩之亂，以後進了陸軍大學。大正七年後任陸軍大臣，接著晉升爲大將，再次任陸軍大臣。大正十四年就任政友會總裁，昭和二年任總理大臣，並兼外務大臣、拓務大臣。

從田中義一誕生之處沿菊屋橫町走五十米左右，就到了吳服町大街。向左拐就能看到有一個田中義一像立在高高的基座上。這座田中義一像立在名叫素水園的一個小公園裡，這裡距離田中義一誕生之處，直線距離不到三百米。現在，素水園已經整治得非常漂亮了，萩市博物館等均已開館營業，通往萩城遺址的交通十分方便。建有田中義一立像的廣場與萩城遺址之間的距離也顯得大大縮短。

吳服町大街是一條筆直的大街，從菊屋家通向萩城遺址，田中義一立像恰恰把這條大街遮斷了，就像是對未曾關注田中義一誕生之處和田中義一其人的遊客發出呼喚一樣。田中義一立像的面部表情十分安詳，略呈笑容，彷彿是在沉靜地等候著世人對自己一生的評價。

田中義一立像上有個牌子寫著「田中義一大將之像」幾個字。這座田中義一立像是萩町大正會立的。據萩市觀光旅遊科的介紹，一九三二（昭和七）年三月二十一日作為田中義一後援會的大正會建了一個田中義一立像，那個田中穿的是軍裝。二戰中，準確說是一九四四年，由於戰爭物資緊缺，日本政府命令大家把金屬全都捐獻出來，這座田中義一立像於是也未能倖免。現在的田中義一立像是一九六三（昭和三十八）年二月十七日重新立的，新的田中立像穿的不是軍裝而成了大衣。

說到穿軍裝的像，在萩市還有一個與田中義一很有關係的山縣有朋的像，這座像立在萩市市民公園裡。這座像是以雕塑長崎原爆公園和平紀念像而名聲大作的雕刻家北村西望雕塑的，是二二六事件發生的一九三六（昭和十一）年應陸軍青年將校之請而雕塑的。雕像為山縣任第一軍司令官率兵出征時的形象，當時正值日清戰爭，曾經擔任過總理大臣的山縣有朋自報奮勇地要求出戰，所以這座雕像的山縣有朋穿著軍裝，騎著戰馬。一九九二年以前，這座雕像一直放在東京都武藏野市井之頭公園內北村雕塑展覽廳的大門口。後來應萩市的要求，才把這座雕像移到了現在的地方。與田中義一像距離一公里遙遙相對，但是一個穿軍裝，一個穿大衣，形成了鮮明的對照。

山縣有朋自從擔任總理大臣之後，正式場合向來都是穿軍裝。不管是從留下的照片看還是從相關資料看，他都不是穿軍裝就是穿和服。反之，田中義一從就任政友會總裁當天起，就痛痛快快地脫下了軍裝，換上了西服。

不知道是由於時代變化，還是由於兩人性格的差異，田中義一和山縣有朋做法大不一樣。山縣當了總理大臣之後，也還是把自己看成武士，拒絕穿西服，正像他講話時，老是自稱「一介武夫」一樣。山縣是個沉默寡言的軍人，是個讓人感到不好接近的孤高人物。與山縣相反，田中義一話比較多，從保存至今日的錄音資料也能看出田中善於言談。有一部記錄影片是田中義一在帝國國會的就職演說，他從頭到尾不看稿子，左手背在後面，目光環視全場，侃侃而談，滔滔不絕。田中的口才之好，是歷屆總理大臣中絕無僅有的。這部記錄影片，現在在萩市的田中故居還可以隨時看到。田中演說的內容姑且不說，我們可以從這裡看出田中的做法，這種做法不像軍人，有這種做法的人在軍人當中是很少見的。那麼，田中義一的這種做法又是怎樣形成的呢？這裡我們就看一看他是如何走上軍人之路的。

走上帝國軍人之路

明治維新以後，以做雨傘、賣雨傘爲業的田中家，已經不可能全家都再沿著祖業發展了。田中家的老三田中義一必須離開家走自己的道路，這是遲早的事。

少年時代的田中，談不上什麼一帆風順。他很頑皮，這好像是早已蓋棺論定的。萩市是個教育很發達的地方，擁有很多非常好的私塾，最有名的就是藩校名校明倫館，然而，田中義一卻並未能順利地找到學習的機會。或許說他非常頑皮就是因此而來的。

田中義一十一歲時當了江向戶長役場（大致相當於街道辦事處或者區政府）的雜工，接著得到進育英塾學習的機會，得以師從著名漢學家岡田謙道。十三歲時，被新辦的一所小學校新堀小學校錄用爲代課教員，第二年，由他當時的老師石部誠忠（桂太郎的表弟，後來擔任過岡山縣令）的推薦，離開萩市，當了時任長崎法院法官笠原半九郎的書童。這是一八七九（明治十二）年四月的事。

據田崎末松《田中義一評傳》一書之說，田中義一就是在笠原半九郎這裡熟讀了《資治通鑑》、《韓非子》等中國古典的。這是受了他在萩市時的老師石部誠忠的影響。石部誠忠認爲根據吉田松陰的「應割易取之朝鮮、滿洲、支那」的觀點，田中應該增加對中國的了解和關心。

田中義一爲什麼把軍人作爲終生的職業呢？許多評傳的觀點是，要想「割易取之朝鮮、滿洲、支那」，當軍人是最合適最直接的道路。然而，這種看法只不過是一種推測，因爲我們在田中義一的函件等文字記錄中，沒有發現他談到過吉田松陰。田中義一對中國的「關心」，其精神土壤中，如果說有吉田松陰的影響，也只是這個觀點引起了他的興趣。

田中義一二十歲的時候，一八八三（明治十六）年二月十六日。進入了當時位於東京霞關、旨在培養基層軍官的陸軍教導團炮兵科，終於邁出了走上帝國軍人之路的第一步。同年八月，參加陸軍士官學校（簡稱「陸士」）的入學考試，被錄取，於十二月八日進入該校步兵科學習。由此，田中義一開始走上帝國陸軍軍人之路。田中義一後來成爲軍官中的尖子，最後爬到很高的位置，擁有至高無上的權利。可是，在他走上帝國軍人之路以前，道路並不平坦，繞了很大的圈子，經歷了不少磨練。

戰前，陸軍所需幹部的培養補充，管道是從陸軍幼年學校到「陸士」，再到陸軍大學。但是這個制度是明治二十九年左右才建立起來的。爲日本陸軍奠定基礎的山縣有朋、大山巖、乃木希典、桂太郎等這些活躍於明治維新的長州人，都沒有上過正規的軍事院校。從「兵學校」（一八六七年創立，後改爲「兵學所」）、「兵學寮」（一八六九年創立）等進入「陸士」學習的情況是後來才見到的。其代表人物有在日俄戰爭中戰功卓著的兒玉源太郎、曾任首相的寺內正毅等軍人。

田中義一等人結束了「陸士」的學習之後，一步步成爲帝國陸軍的幹部。從陸軍幹部的補充制度上看，如若把山縣有朋等人看成第一代，把兒玉源太郎等人算成第二代，田中義一等人則是第三代。這一代一般是指「陸士」原第一屆到第十一屆出身的軍人。就是在田中義一「陸士」畢業前後，陸軍士官學校的制度逐漸確定下來了。

軍中歷練

一八八三（明治十六）年十二月，田中義一從教導團到「陸士」上學去了。採用和他同樣辦法上「陸士」的只有少數人，不過其中也有幾個軍界知名的人物，如：河合操（大分縣人）、橋本勝太郎（岐阜縣人）、柴勝三郎（茨城縣人）等。和田中義一同期進入「陸士」的有大庭二郎（山口縣人）、山梨半造（山梨縣人）等。

在「陸士」上學期間，田中義一的學習成績並不算好，在二百個學員中，只能排到第四十位。在「陸士」跟他同學，後來當了大將的大庭二郎說，論學習成績，田中義一不能說好，他不是不行，是不願意追求分數，不好好學；他要是好好學，肯定成績好。田中義一熱心於幫助別人，像個大哥，或者說像個領導人物似的。（引自高倉徹一編《田中義一傳記（下）》）

一八八六（明治十九）年六月二十五日田中義一從「陸士」畢業，當上了步兵第一連隊（駐東京）的陸軍少尉。從少尉升到中尉，通常需要四年半乃至五年的時間，但是田中義一只用三年半的時間就升到了中尉，此後更是官運亨通，青雲直上。在他晉升為中尉的同時，他獲得了去陸軍大學校學習的機會。

在陸軍大學校學習期間，田中義一也還是跟在「陸士」學習時一樣，對於課堂教學無甚興趣，在戰術、兵學等課的討論中，他常常對所提問題作出與衆不同的答案，而不拘泥於課本上的框框。當時的一個教官曾經說過，田中義一在率兵實戰方面是有天才的，至於高等戰術、兵學等課程，他學得並不好。（引自保利史華《當總理大臣

之前的田中義一》）

據說，後來田中義一除了官府公文之外，唯讀武俠小說。他之所以不大善於緻密謹嚴的談吐，而是靠從容淡定、寬讓大度的爲人，建立了很好的人際關係，由這一點也可以得到旁證。

一八九二（明治二十五）年十二月，田中義一「陸大」一畢業就擔任了第一師團的副官，接著參加了一八九四（明治二十七）年爆發的日清戰爭。同年八月三十日，田中義一所屬的第一師團接到命令，一個半月之後，十月十六日就從廣島縣宇品港出發了。第一師團登陸後直接進入戰鬥，相繼攻陷大連、旅順。在此期間，田中義一屢建戰功，當年十二月八日便晉升爲步兵大尉，調任第二旅團副官。第二年日軍班師回國，一八九五（明治二十八）年五月二十一日，田中義一經廣島縣宇品港回到了東京。

參戰之前，田中義一奉命制定第一師團的戰鬥動員計畫，這個計畫獲得很高的評價，成爲戰爭期間的模範，因之被認爲也可以用於日清戰爭後的日俄戰爭，以致眞的被做爲對俄戰爭的內部動員模範。可見田中義一在當時已經被認爲是陸軍的優秀人才。

一八九六（明治二十九）年十月二十七日田中義一被任命爲參謀本部第二部幹部。以後還擔任過步兵第三連隊長（一九〇七年五月）等野戰軍的指揮官，基本上活躍在陸軍的中樞機關裡。

田中義一缺少一個前途大可發展的條件，那就是許多優秀的軍官都去德國留過學，而他沒有留過學。不過，有一個機會對此作了彌補。他的上司參謀本部第二部的部長田村怡與造大佐讓他去了俄國。派他去俄國的原因也不難想像。因爲當時日本和俄國的關係緊張起來。日本方面在日清戰爭中打了勝仗，事實上已經把朝鮮半島控制在自己的手中，而俄國方面在伺機侵入中國東北以攫取中國東北的不凍港。在這種情況下，想要探聽俄國的內情是理所當然的。能否摸清眞實情況，姑且不說，只要能去到敵對國俄國，讓人家承認他是個俄國通，田中義一在陸軍內的地位就會大大提高。

駐俄武官時期

考察田中義一的歷史時，可以發現有幾件事決定著他以後的政治行動、政治資質。其中特別值得注意的就是，在田中義一當參謀本部第二部幹部（負責情報工作）時被派往了俄國。

日清戰爭勝利後，日本要求清國割讓臺灣、澎湖列島和遼東半島，而俄國聯合德法兩國對日本提出了勸告，希望日本放棄對遼東半島的要求。日本很無奈地接受了這個「勸告」，這件事史稱「三國干預」（一八九五年四月）。

「三國干預」以後，田中義一認識到將來和俄國必有一戰，於是，根據開始準備對俄作戰計畫的參謀本部的命令，擔任了駐俄武官，目的就在於探聽俄國內情。

一八九八（明治三十）年八月六日，田中義一抵達俄國首都彼得格勒，就任駐俄武官。一直到日俄戰爭爆發兩年之前的一九○二（明治三十五）年四月底，在俄國生活了將近四年。在俄國這段時間內的所見所聞，對於他的社會觀、世界觀產生了很大的影響。

據高倉徹一編的《田中義一傳記》說，擔任駐俄武官的田中義一，爲了使自己像個俄國人，不惜一切地做了極大的努力。他給自己起了個俄國名字，叫做「基伊奇·諾布斯克比奇·塔那卡」，不管走到哪裡，都隨身帶著印有俄國名字的名片。他參加了俄國的國教東正教。從外表到精神都成了俄國人。不僅如此，爲了聯絡俄國人打好人際關係，他還經常出入於俄國貴族社會，在日俄戰爭期間，他和「軍神」廣瀨武夫竟然學會了交際舞。不但像俄國人，簡直就徹頭徹尾成了俄國人。

田中義一學會了俄語以後，經常出去旅行，全國各地無處不去。他親眼看到了罷工運動，親眼看到了政情不安的種種景象，他知道革命的風暴即將來臨了。

田中義一能夠很熟練地運用俄語，據說他後來擔任首相兼外務大臣時，可以不用翻譯而直接跟俄國大使舉行會談。

還有，在當時陸軍大臣庫羅博特金大將（日俄戰爭時的總司令）的特別安排下，田中義一被允許介入俄國陸軍諾布奧丘爾卡斯克·亞歷山大三世第一四五連隊（駐屯彼得格勒）的工作，得以從內部仔細觀察俄國陸軍的實情。就是在這裡，他看到了俄國官兵之間、軍民之間，缺少精神方面的溝通管道，很不團結。

當時，參謀本部給田中義一撥有機密特支費，田中便大量使用這筆經費，用以溝通人脈，搜集情報，因之連戰爭時期俄軍的運輸計畫也入了手。後來，他曾證言：「在當駐俄武官時期，跟我交往的人士中，就有社會主義活動家。」不過這是不足為信的。然而，田中義一到彼得格勒去當駐俄武官的時候，倒確實是彼得格勒、莫斯科等地的社會主義團體和波蘭的猶太人無產者同盟聯合起來組成社會民主黨，社會民主運動在俄國蓬勃展開的年代。這個俄國社會民主黨的核心人物就是普列漢諾夫、列寧等人。前面曾引用過的《田中義一傳記》中說，田中義一當時親眼看到了俄國全國各地頻頻發生的罷工運動，曾在後來的述懷中寫到「遇到幾個運動領袖樣的漢子，還和他們一起吃過飯」。不僅如此，還說有可能在西伯利亞或者普斯克夫跟列寧會談過。西伯利亞是俄國的罪犯流放地，列寧就曾經被流放到西伯利亞，從那裡又回到了彼得格勒；普斯克夫是列寧曾經流亡過的地方。暗示本書所說「運動領袖樣的漢子」中可能含有列寧。這些是不是事實，今天已經很難證實。但是，田中義一為了深入徹底地了解俄國內情，因而不管什麼主義，不管怎樣主張，只要能接觸到的人全都接觸，這一點好像是事實。可以說，田中義一聯絡人、建立人脈網的能力得到了充分的發揮。

若干年後，田中義一擔任了原敬內閣的陸軍大臣，參與了以摧毀新生蘇維埃為目的的出兵西伯利亞的計畫制定，還支援過蘇聯境內的反革命勢力，這些都利用了他當駐俄武官時所獲取的情報，利用了他當駐俄武官時所建立的人脈網。

田中義一在俄國還學習到了很多東西，例如，既學習了如何鼓動革命運動，也學習了怎樣防禦革命運動，看到了俄國軍民關係不好，也懂得打好軍民關係的重要。這些都在他後來當陸軍大臣和總理大臣時發揮了作用。不少政策的制定就是參考了這些經驗，還有一些付諸施行。以後的章節中還會涉及這些內容，這裡只舉個例子。在鎮壓共產黨的事件（三一五事件、四一六事件）、壓制勞動運動、擴充在鄉軍人會和青年團組織等中，他提出並力行「良兵即良民」的主張，並且對在全民中普及國防的思想，表示了極大的興趣。

就是這樣，田中義一在日本近代史中尋找著施展自己的機會，在這個田中義一欲求施展才能的時代，日本政府和日本陸軍，以及國內外的政治環境究竟是怎樣的情況呢？讓我們在以下幾章中再做具體的分析。

第一章

佔領中國大陸之構想

北守南進論

我們首先考察一下從甲午戰爭（一八九四—一八九五年）到日俄戰爭（一九〇四—一九〇五年）前後的日本大陸政策的大致形成過程。

山縣有朋有「陸軍太上皇」之稱，而且不論在政界還是官界，都擁有與伊藤博文旗鼓相當的實力，那麼山縣有朋提出的「大陸國家日本論」又是怎樣的東西呢？讓我們按時間順序來看一看。

首先，可資參考的是一八七一（明治四）年時任兵部大輔的山縣向明治政府提交的《軍備意見書》。山縣有朋一邊提倡採用徵兵制，一邊強調要針對俄國擴充軍備，並且很早就提出了北進論。

之後，山縣有朋在一八九〇（明治二十三）年的《外交政略論》中論述了朝鮮半島才是日本的「利益線」，日本有必要在俄國佔領朝鮮前，使朝鮮成爲日本的領土。事實上山縣的這一理論透過中日甲午戰爭得到了具體實施。在一八九五（明治二十八）年的《軍備擴充意見書》中，山縣寫到「欲進而成爲東洋之盟主，必先考慮拓展利益線」（《山縣有朋意見書》）。

此後，日本因「利益線」在中國的東北地區與俄國發生衝突，雙方以中國東北爲戰場爆發了日俄戰爭。儘管日本只是險勝俄國，但山縣以這次勝利爲基礎，開始進一步推行他的「拓展利益線」。

甲午戰爭中，日本大獲全勝，使得日本陸海兩軍在政治上獲得了更多的發言權。

例如政黨為了擴張自身勢力而於一八九七（明治三十）年十月制定的《臺灣總督文官案》就因軍隊的反對而落空；此外，在一九〇〇（明治三十三）年五月，軍隊又成功地將原本退役軍人也可以擔任軍部大臣的制度改成了只有現役軍人才能出任的「軍部大臣現役武官制」。

與軍隊在政治層面的活躍相對應，該時期分別統率陸軍、海軍的山縣有朋和山本權兵衛，憑藉陸海軍內部一貫由藩閥進行統治的傳統，極大地加強了二人對日本人事和政策的影響力。

甲午戰爭後，日本將從清王朝掠奪來的戰爭賠款撥給軍隊，使山縣和山本統率的陸海軍得以開始眞正實施大規模的擴軍政策。海軍在第十次議會上通過了六．六艦隊計畫，陸軍則開始著手將平時的七個師團擴充了近一倍，成為十三個師團。

那麼這個時期的海軍和陸軍的戰略方針到底是什麼呢？其實並非我們早已在歷史中所知的那樣，日本在甲午戰爭之後並沒有直接形成對俄作戰的設想。

雖然海軍和陸軍是以將要對俄作戰為理由，實施大規模的擴軍計畫，但甲午戰爭之後，日本軍隊及政府共同考慮的國家戰略是以對俄融和[1]、分割中國為主體的「北

【1】所謂「對俄融合政策」是指日本透過將中國東北地區的控制權讓給俄國，從而換取其對朝鮮半島控制權的政策。對於日本來說，要表面上使俄國認為其放棄中國東北地區，其實是希望以朝鮮半

守南進論」。

作爲陸軍的太上皇，擁有絕對權勢的山縣有朋在這一時期的《朝鮮政策上奏》（一八九四年十一月七日寫）和《關於征清作戰的上奏》（一八九四年十二月寫）中，都主張積極侵略中國。甲午戰爭的勝利更是推動了對俄融和論，形成了構建一個由中國到印度，囊括整個東亞和南亞地區的大陸國家——日本的設想。

由於德國、法國、英國的干涉，日本不得不將已經到手的遼東半島還給中國。構建大陸國家這個充滿野心的設想，在現實面前受到了挫折。但是，日方在甲午戰爭中的勝利，刺激了西方列強，使得帝國主義瓜分中國的野心越來越露骨地暴露出來。最終引發了一九〇〇年的義和團運動。

山縣有朋在發生義和團運動那年提出的《北清事變善後策》（一九〇〇年八月二十日）中留下了這樣的文字。

島爲立足點，在將來合適的時機侵略中國的東北地區。所以雖然說是跟俄國構建和平關係，實際上只是暫時的，並且是附帶有條件的政策。在這一點上，俄國跟日本的想法是相同的。但是日俄戰爭之後，日本不僅拿下了朝鮮半島，而且將中國的東北地區變成其繼續侵略的橋頭堡。所以「對俄融和」政策對日本來說，是非常狡猾的外交政策。

俗語曰，追二兔者，一兔不得。今各國都皆狩獵於支那，吾國應先追南方之兔，待捕獲之後再追北方之兔，未爲晚矣。可先還遼東、棄威海衛，繼續鞏固日俄協定，深察東亞之大勢，顧國力之虛實，持北守南進之國略。

也就是說，雖然日本迫於國際政治的壓力，不得不放棄遼東半島和山東半島的威海衛，但還可以瓜分韓國爲交換條件，對俄實施「融和」政策。這也就是山縣有朋提到的「北守」。

與此同時，山縣有朋還提到「我國南門之經營需全面發展工商業，不可不佔領福建浙江等要地。何況當前是大好時機。」。山縣有朋在堅持「北守」同時，提出了佔領當時英法利益所在的華北和華南地區，也就是「南進」至福建省及浙江省等地。

對於山縣有朋的「北守南進」論，陸軍和海軍給予了極大的關注。事實上，由於海軍已經擁有臺灣海峽的制海權，長期以來都希望能佔領地理位置優越的廈門。一九〇〇年八月，日本海軍陸戰隊終於在廈門登陸。

但是，這一臺灣總督府竭力推行的佔領廈門計畫，最終由於日本中央政府害怕會與歐美列強發生更大的矛盾而被迫終結。

由此可見，「北守南進」論此時已被以軍隊爲首的諸多勢力奉爲圭臬。

國防方針的轉變

由於英國與俄國的對立，英國與日本的關係迅速升溫，並於一九〇二年二月締結了第一次日英同盟。因此「北守南進」論也隨之而變。

日英同盟的締結，極大地增加了俄國出兵中國東北地區的可能性，日本開始透過使用外交手段防止此事的發生。同時，日本和英國在保全中國和韓國獨立及領土完整的基礎上達成了協議。

這一時期，日本的海軍和陸軍無疑都認為在日英締結同盟的背景下制定對俄作戰方針是個合理的選擇。但是，就日英同盟的本意來講，日英兩國政府及軍部都未對此達成一致。

在日英同盟的第三條中規定，當第三國（這裡原本設想是法國）在日俄或英俄間參戰的時候，同盟國有共同作戰的義務。

所以，基於這條規定，日本向英國提出，如果出現第三國說明俄國參戰的情況，希望英國能夠出動至少一個軍團以上的兵力加入戰鬥。對於日本的這個要求，英國並沒有給出明確的態度。這件事也使得日本軍部當局對英國的不信任感漸漸加劇。

還有一個跟英國沒有直接關係的問題，就是由於締結了日英同盟日本的陸軍和海軍之間也產生了各種矛盾。其中最典型的一個例子就是田中義一針對海軍大擴軍計畫的批評。

在一九〇三（明治三十六）年二月，田中義一向田村怡與造參謀次長提出的《隨感雜錄》中提到了以下內容：

現在，海軍開始著手進行第三期的海軍擴軍計畫。田中認爲，當前日本與英國締結了同盟，那麼在遠東地區就沒有哪個國家有實力能與和英國海軍聯手的現有日本海軍相抗衡，所以日本海軍在此時實施擴軍計畫是完全沒有道理的。基於此，田中斷言說：「現在還不是擴充海軍的時候，倒不如在近期擴充陸軍」。（高橋徹一編《田中義一傳記》上卷）

在這裡田中強調說，海軍的實力已經足夠應付對俄作戰，而日本陸軍的兵力和裝備才是決定對俄作戰勝負的主要因素。田中義一的這個認識，得到了包括山縣有朋在內陸軍首腦們的認同。

田中義一這個希望透過扼制海軍擴軍而儘早實現陸軍擴軍計畫的想法，被海軍以日英同盟條約附件中規定日本有擴充海軍之義務，日本需維持優勢海軍爲理由，用強硬的態度給否決了。

海軍之所以在這個時期提出擴軍計畫是有其戰略目標的。海軍希望透過聯合號稱擁有世界上最強海軍實力的英國來壓制宿敵俄國的海軍，從而阻止俄國在遠東方面南下。實際上，儘管日本海軍和英國海軍聯手，卻沒能制止俄國海軍實力的增強。

即便如此，當時日本陸軍還是積極贊同締結日英同盟。這是因爲如果日本能夠全力準備和俄國作戰，就會形成對陸軍極爲有利的條件。陸軍認爲，如果和俄國開戰的話，日本必然會以陸軍爲戰鬥主力，那麼政府就會承認陸軍有擴軍的必要。

但結果是日本海軍開始實施增加三艘戰艦、三艘裝甲巡洋艦的第三次海軍擴軍計畫。田中義一在《隨感雜錄》中主張的日本海軍擴軍的不合理性並沒有被政府所採納。

由此，包括田中義一在內的陸軍方面，對日英同盟的期望值開始急速萎縮。

國防設想的轉變

從日英同盟中獲利者並非別人，正是日本海軍，這種想法在陸軍內部漸漸擴散開來。

當時日本陸軍的作戰計畫所依據的是參謀本部制定於一九〇三年一月的《守勢大作戰計畫案》中的本土防衛論，而不是以入侵大陸爲前提的大陸攻勢作戰。

其理由有二。首先，以日本海軍的實力並不能單獨完全控制遠東地區的制海權；其次，日本陸軍的戰鬥實力也沒有達到能將世界最大的陸軍國俄國作爲第一假想敵國並發生正面衝突的水準。

但是，在日本陸軍內部，提倡積極推行大陸政策的中堅軍事官僚陸續登場。在俄國沒有履行從中國東北部撤兵的第二期計畫的背景下，這些軍事官僚開始對俄採取激進的政策。

日本陸軍從一九〇〇（明治三十三）年開始，就以參謀本部為中心，認眞制訂對俄進攻作戰計畫，其主要內容就是把預定的主戰場放在滿洲及沿海州一帶。

等待實施這個作戰計畫機會的是時任參謀本部總務部長井口正午少將及參謀本部第一部長松川敏胤大佐，當然還有松川直接領導的部下——田中義一。事實上，這個時期的田中義一在《隨感雜錄》中提出了對俄作戰中，應將哈爾濱攻略戰作為主要的作戰目標。

哈爾濱是俄國控制的東清鐵路的重要據點。在田中義一的設想中，控制了哈爾濱就能破壞俄國入侵遠東地區的途徑，若能同時孤立沿海州，必然能對俄國形成沉重打擊。所以田中義一認為從戰略出發，應控制哈爾濱。

當然，哈爾濱攻略戰並非僅僅是田中義一獨自的設想。正如山縣有朋在一九〇五年三月二十三日提出的意見書——《政戰兩略概論》中所表明的那樣，攻佔哈爾濱也是山縣有朋長期以來強烈主張的戰略設想。

如此看來，似乎田中等參謀本部的中堅軍事官僚們當務之急的任務，就是考慮如何發動對俄全面戰爭，但實際上卻並非如此。

日本陸軍在對俄作戰上依然缺乏足夠的自信，同時也不信賴所謂的日英同盟。因此得出了不能確定日英是否眞的會並肩協力對俄作戰的結論。

總體上看，田中所提出的哈爾濱攻略戰的主張，更多的表達是牽制俄國的意圖。對日本而言，並不希望看到中國東北部被俄國完全控制。

但是，如果日俄開戰會威脅到日本透過甲午戰爭所獲的朝鮮半島的控制權的話，那麼日本將會在開戰問題上有很大程度的保留。所以田中等人的對俄開戰論，與其說是要對俄國展開攻勢作戰，不如說是計畫對俄發動守勢作戰。

事實上，在桂太郎內閣時期的第一次內閣會議上所通過的《對俄交涉決裂時，日本應採取的對中韓的方針》（一九〇三年十二月三十日）顯示，日本的防衛計畫是在確保對朝鮮半島控制權的同時，將對福建省等中國南部地區進行勢力滲透。也就是說，該方針基本屬於「北守南進」論的範疇。

但是，由於俄國出兵佔領了滿洲，日本在福建廈門出兵又遭挫敗，使得這個國策不得不進行修正。

因爲滿洲被俄國佔領，若「北守南進」論破產，則會直接威脅到日本對朝鮮的控制權。所以，對俄開戰不可避免的強硬論調，在日本國內就很自然地沸騰起來。其結果就是「北守南進」論被擱置了起來，直至日俄戰爭結束。

被再次提出的「北守南進論」

當日軍在日俄戰爭中艱難獲勝之後，一度被擱置的「北守南進論」被重新提出，陸軍方面對此尤爲積極。有人說陸軍重提「北守南進論」最大的原因就是俄國已經不再對日本構成威脅，但實情卻並非如此。

對陸軍而言，猶如前文所說，一直因爲中國的東北部（滿洲）經濟價值較低，而沒有給予足夠的重視。同時，陸軍一直垂涎的地方是以英國爲首的西方列強所關心並已經納入勢力範圍的中國長江以南的南部地區（華南地區）。因爲對日本來說，要想發展經濟，就必須佔有肥沃的土地和豐富的資源。

當時日本陸軍對滿洲的看法，可從山縣有朋在《戰後經營意見書》（一九〇五年八月）中所寫內容得到佐證。

我所見之滿洲土地，雖都極爲寬廣卻人煙稀薄，故對取得工商業的利益不報希望。若透過改良大連灣的租借地來促進滿洲的輸出和輸入，恐得不償失。其中能夠及時獲得利益的除了撫順的炭坑以外，再無他物。（大山梓編前引書《山縣有朋意見書》）

當然，山縣有朋的意見並不能代表所有陸軍將領對滿洲戰略價值的認識。例如，像兒玉源太郎參謀總長那樣主張應強行將滿洲納入日本殖民地的範圍之內者，也大有人在。

但從結果上而言，兒玉的強硬意見在「關於滿洲問題協議會」（一九〇六年五月二十二日召開）上，被以時任韓國總監的伊藤博文爲中心的非軍人勢力壓制了下去。

雖然，當時以山本權兵衛爲代表的海軍勢力對此有所抵制，但山縣等陸軍勢力卻並沒有表示出明顯的反抗。

因爲此時陸軍最關心的地區並非滿洲，而是中國的華中及華南一帶。面對歐美列強強行要求對滿洲地區施行門戶開放的要求，日本既無拒絕之想法，也無拒絕之軍事實力。

圍繞著滿洲的地位，不僅陸軍內部，就連日本政府內也搖擺不定。但是，從整體潮流上而言，「北守南進論」還是成爲既定之大方針。

事實上，田中義一在山縣有朋的授意之下，反覆強調「北守南進論」，從而在陸軍內部形成一大流派。

關於這一點，田中義一在給寺內正毅的信中曾斷言說：「用日本經費在滿洲永遠駐軍，毋庸贅言毫無好處」，從而做出日方應在滿洲地區有所控制，不要做超出必要之干涉的判斷。（一九〇五年八月二十九日，田中義一寫給寺內正毅的書信《寺內正毅文書》）

這就相當於田中義一及山縣有朋等人事實上宣布了對經營滿洲的放棄，這個觀點，在當時的政府和財界獲得了一定的共識。

也就是說，在日俄戰爭之後，日本軍方、政府及財界爲了消除再次對俄開戰的恐懼，只能寄希望於堅持日英同盟之上，採取聯英壓俄之策略。爲此，日本陸軍不得不放棄獨佔滿洲，並在滿洲採取對歐美列強門戶開放之方針。

與此同時，日本的海軍卻並未徹底放棄對俄國海軍復興的警惕。加之新興的美國海軍對遠東方面明顯的強硬干涉也到了不容忽視的地步。所以日本海軍主張爲了牽制美國，有必要繼續保持和英國的同盟關係。

日俄戰爭之後，在遠東方面出現的新形勢及形成的新秩序，在極大的程度上限制了日本陸海軍的選擇。

在此背景之下，日本與英國結盟成爲唯一的選擇。日英結盟也促使日本的陸軍和海軍在國防政策上有可能達成共識。一九〇七（明治四十）年所制定的《帝國國防方針》就是其具體產物。

策劃「大陸國家日本」

田中義一處於力圖提高其作爲日本陸軍軍人之地位的時期，也是日本陸軍和海軍爭奪主導權最爲熾熱的時期。從日本陸軍創立後不久，軍界就開始了所謂的「陸主抑或海主之爭論」。圍繞著到底是「陸主海從」還是「海主陸從」，從亞洲太平洋戰爭開始到日本戰敗爲止，日本陸軍和海軍的爭鬥綿綿不休。

無論是陸軍還是海軍，都必積極地要求大家爲日本帝國頂住樑柱。關於陸軍和海軍誰更具有主導權的問題，雙方圍繞著在甲午戰爭、日俄戰爭中所立下的戰功展開了激烈爭論，但雙方的目的並不僅僅限於作戰、裝備等方面所佔的比重上。

甲午戰爭是戰前日本首次對外戰爭（一八九四—九五年），而日俄戰爭中，日本的對手是當時最大的陸軍國俄國（一九〇四—〇五年），透過這兩次戰爭，陸軍和海軍的政治地位都得到了提高，雙方都寸步不讓地提出自己應佔有主導地位。

這個時期「陸主海主爭論」的主角一邊是海軍方面的號稱「海軍之父」的山本權兵衛，一邊是陸軍方面的被稱爲「陸軍太上皇」的山縣有朋。山本認爲，海軍才是海洋國家日本防衛的基本核心，將來的日本應把防衛好日本列島放在最優先的地位，而不是去大陸謀求霸權，應貫徹做一個「島帝國」的方針。

與山本的「島帝國論」相抗衡的是山縣有朋提出的「大陸國家」日本論。山縣有朋認爲，日本發展的機會在於稱霸中國大陸，從而脫離島國，建設「大陸國家」日本才是日本最終的目的。

透過支持山縣有朋構建「大陸國家」日本的設想，田中義一的地位日趨鞏固。後來，山縣有朋的構建「大陸國家」日本的設想被《帝國國防方針》（一九〇七年）所採用，成爲日本的國策。

此後，昭和時期的一系列的戰爭都符合《帝國國防方針》中所寫的內容。回顧整個歷史過程，繼承了山縣有朋構建「大陸國家」日本的設想，並將此作爲國策來營運的田中義一，無疑佔據了極爲重要的地位。

「戰後經營」論和日本陸軍

日俄戰爭前後，當時日本的權力構造又是怎樣的情況呢？我們來大致看一下。

在這個時期，權力的中心已經從那些被稱爲元勳的明治國家的締造者，轉移到被帝國大學或專門的官僚制度培養起來的官僚勢力以及透過軍需、公債爆發起來的強而有力的資本家們和他們支持的政黨手上。此外，再加上透過甲午戰爭和日俄戰爭的「勝利」，提高了政治發言權的軍部勢力，於是逐漸分化爲三股勢力。

這種權力的三重構造，也是爲了適應日俄戰爭之後隨著工業化的進程，出現大量都市勞動者——一種新的政治需要採取的政治對策。也就是說，既有的權力構成，是無法對抗力量不斷增強的民衆登上政治舞臺的，這也是政治特有的力學作用的結果。

從這種意義上來說，權力的分立或者說三重構造，是日本政府在權力整體達成默契的基礎上，爲緩和民衆的反政府、反權力行爲而採取的一種策略。

但是，原本該一致對抗民衆政治化的官僚、軍部、政黨（財界），卻因爲彼此的國家戰略和追求利益的差異，迎來了嚴峻對立的時代。其中，軍部和政黨（財界）的對立尤爲深刻，圍繞著日俄戰爭後最大的日本國策——「戰後經營」，兩者的對立達到頂點。

一九〇五（明治三十七）年九月五日，由於締結了《樸資茅斯日俄講和條約》而引發的日比谷燒殺事件，就是民衆強烈的反政府運動，同時也是讓日本政府感到今後還會發生城市型群衆運動的大事件。

被專制主義官僚和軍隊所把持的桂太郎內閣，因爲日比谷事件而不得不宣布下臺。作爲冷卻反政府運動的一個策略，桂太郎嘗試著透過讓受三井財閥支持的政友會執掌政權，由政友會總裁西園寺公望組建內閣來保護這個權力主體。

所謂「戰後經營」是指在軍事背景下透過軍隊的力量將中國及韓國變爲增強日本

國力的資源供給地，該政策也勢必會造成提高軍隊發言權的後果。

但與此同時，政府所描繪的透過「戰後經營」來發展國內產業及增加出口的設想，並沒有達到預期的效果。至少從日俄戰爭結束的一九〇五（明治三十七）年到一九〇八（明治四十一）年年間，日本的貿易收支經常都顯示入超。

加上日本政府推行將韓國作為保護國的政策，並於一九一〇年八月將韓國合併，此後在經營韓國上不斷投入龐大的費用。這一切使得本意是增強日本國力的「戰後經營」政策，反而成爲日本財政的沉重負擔。

但是，由於這個時期各股勢力都各懷鬼胎，所以都非常關心「戰後經營」。例如，被稱爲官僚黨的大同俱樂部，把「積極進取」寫在了綱領中，憲政本黨也在黨章中明確提出「爲了達成帝國遠大的基業」，都主張積極入侵大陸，從而獲得經營成果（小林雄吾《立憲政友會史》第二卷）。但是，對「戰後經營」最爲熱心的並非別人，而是日本陸軍。

在日俄戰爭中，日本向中國東北部投入了一百零九萬人的兵力，戰費高達十七億日元，死傷約十萬人。因此對陸軍來說，日俄戰爭的勝利是日本用血和汗換來的艱難勝利。

當然也並非單純只是因爲感情上的因素。跟甲午戰爭不同，日本在日俄戰爭中沒有從俄國撈到一分錢的賠償金，只是獲得了昔日俄國在中國的租借地——旅順和大連，以及南滿洲鐵道及其附屬地的權力和獨自控制韓國的權力。陸軍是想以此爲契機，開始經營殖民地，並以保護殖民地爲理由，進一步擴充軍事實力。

「戰後經營」被分爲了四個部分，第一、殖民地的經營，第二、擴充軍備，第三、培養產業基礎，第四、財政政策。其中陸軍非常積極地參與第一和第二之中，透過取得成果來強化自身的政治力量。

殖民地經營方針

陸軍在這個時期傾注全力制定的殖民地經營方針的詳情如何呢？最初提出將韓國作爲日本保護國的就是陸軍，其中最爲活躍的就是參謀本部和駐紮當地的武官們。

事實上，一九〇三（明治三十六）年二月七日，駐韓國武官伊地知幸介少將就向大本營提出了《半島總督府條例》。條例中稱應讓天皇直屬的大將或中將擔任朝鮮總督，並由總督統率駐韓公使及當地駐軍，設置以總督爲長官的，包括官房、外交部、軍事部、交通部、內務部在內的總督府，總督府應爲將韓國設爲保護國的準備機構。（谷壽夫《機密日俄戰史》）

大本營的陸軍方面雖然並沒有對伊地知少將的提案做出明確回應，但這個提案卻表明了甲午戰爭後日本陸軍的野心，即明確要求對韓國施行軍事統治。

此後，陸軍逐步實現了統治韓國的設想。例如，在日俄戰爭開戰後的一九〇四（明治三十七）年二月二十三日，日本和韓國簽訂的《日韓協定書》可以說是吞併韓國的第一步。這分協定書中的內容，基本上爲《半島總督府條例》中的內容。

接下來，陸軍於同年三月十一日，組建編成了包括五個大隊後備步兵，一個大隊工兵的韓國駐紮軍，該部隊為大本營的直轄部隊。這支部隊的司令官直接隸屬於天皇，首任司令官為天皇直接任命的長谷川好道大將。

日俄戰爭結束後，日本透過一九〇五年十二月簽訂的《日清條約》，取得了獨自在中國東北地區的控制權。在此之前，日本陸軍就已經於一九〇五年十月在遼陽設置了關東總督府，開始在當地實施軍政。

總督府是天皇直屬的軍事機關，總督一般為陸軍中的大將或中將。總督率領著兩個師團的兵力，以遼東半島的旅順、大連為中心，將所謂的關東州作為防守範圍。同時也擔當著監督民政，管轄關東州以外各地軍政機關（奉天、昌圖、新民屯、瓦房店、營口、遼陽、安東等地）的職責。

關東總督府於翌年四月制定了《關東總督府軍政實施要領》。在《要領》中寫到，實施軍政的目的是「倘有獲得我方權利之機，萬不可失，為達成軍事目的有益之事，則斷然為之」（大山梓《日俄戰爭的軍政史錄》）。由此可見陸軍方面之意圖。而且從「滿洲地區雖不能稱為領地，但施政方針卻與我領地相同」（同前）這句話中也能看出陸軍對滿洲露骨的野心。

但是，軍部這樣的軍政施政方針，並不一定會作為國策得到認可。當時，歐美列強在中國已經取得了許多利益，日本垂涎中國就勢必有可能引發和英、美之間的矛盾。

事實上，一直擔心日本與英、美關係將會惡化的日本外務省，從最初就提出了以「滿洲開放論」爲代表的國際協調路線，爲此當然就形成了跟軍部相對立的局面。

在這種局面下，一九〇六（明治三十九）年五月二十二日，應韓國總監伊藤博文的要求，召開了滿洲問題協議會。會議結果認爲，日本還不能脫離對英美的金融依存，從而否定了軍部的殖民地經營方針。因此，關東總督府只好廢除軍政，改組爲一般機構。這也是軍部的讓步。

但這樣做並不是說削弱了陸軍的殖民地經營論及日本在滿洲的實際權力。只是陸軍的強硬態度當然不僅在國外會引發矛盾，即使在國內也促使國內各勢力之間不斷產生摩擦。

事實上，在陸軍的滿洲封鎖論和與之相抗衡的外務省的滿洲開放論之間，掀起了激烈的對峙，甚至發展到外務大臣加藤高明（第一次西園寺公望內閣）辭職的地步。此外，圍繞著韓國駐軍的指揮權問題，陸軍和伊藤博文之間發生了衝突；圍繞著滿鐵總裁許可權的問題，陸軍又和滿鐵總裁後藤新平鬧得不可開交。

即便引發了這麼多的對立和矛盾，自詡爲天皇軍隊的陸軍憑藉軍事力量，而毫不讓步。

雖然如此，陸軍依然處於優勢地位。這是因爲，面對韓國民衆的反殖民地民族抵抗運動，以及中國日益高漲的維護國權、收回權利的運動，日本政府不得不依賴一定的軍事力量來維持和控制殖民地。

《隨感雜錄》中的國防思想

日俄戰爭之後，日本陸軍一直認爲「輸」給了日本的俄國會爲復仇而挑起戰爭。所以陸軍主張將以備戰爲目的的擴軍政策置於「戰後經營」的首要位置，同時爲了能應付和俄國的再次戰爭，每年都制定作戰計畫。

這個意見在一九〇六（明治三十九）年二月由參謀本部長大山嚴上奏給天皇，並得到了天皇的認可，寫入《明治三十九年度日本帝國陸軍作戰計畫策定要領》之中。

從此可見陸軍的假想敵國依然是俄國。因爲對陸軍來說，如何能再次與俄的交戰中獲勝，並確保日本在朝鮮半島和中國大陸上的軍事基地，是當時陸軍最大的課題。因此《明治三十九年度日本帝國陸軍作戰計畫策定要領》中明確寫到：「帝國陸軍明治三十九年度作戰計畫的根本任務爲採取攻勢」。也就是說，明治三十九年日本在大陸作戰方面發生了大的戰略轉變，從原來的守勢作戰變爲攻勢作戰。

正是因爲陸軍的戰略發生轉變，加上在「戰後經營」中陸軍所發揮的作用，所以陸軍中有人大膽地提出意見書，逼迫政府同意陸軍的獲取殖民地並進行殖民地經營的方針。

其中備受矚目的最具有代表性的意見書就是田中義一所寫的《隨感雜錄》。（全文被收入《田中義一關係文書（田中家文書）》中）。

於一九〇六（明治三十九）年寫成的《隨感雜錄》是一部約有六萬字的龐大意見書，全文分爲七章——「戰略和政略的一致、緩和軍備和經濟的矛盾」、「未來戰爭時，俄國在遠東地區可用兵力之限度」、「我方作戰計畫之要領」、「陸軍和海軍應共同制定作戰計畫並確保實施」、「節約陸軍軍費」、「關於戰時經營的各種調查應確立不偏限於戰時，擴大到平時的原則」、「排斥參謀將校團制度」。

其中以「大陸國家日本」爲發展目標的田中的國防思想到底又是怎樣的呢？這裡將其梗概做一簡略整理。田中義一在《隨感雜錄》中最先提到的就是「戰後經營」，對此，他留下了以下文字：

> 戰後經營的意義並非僅僅是決定陸軍海軍兵力那麼單純，而是關乎我帝國國事的大方針。具體地說，我國國防的根本任務不應僅僅是一邊擁有海外保護國和租借地，一邊堅守基於日英攻守同盟的守勢作戰，而應該將攻勢作戰做爲國防的重中之重。擁有這樣的國防基礎，才是戰後經營的第一要素。

對於田中義一來說，所謂「戰後經營」就是借國防的基本戰略從「守勢」變爲「攻勢」之際，擴充相應的軍事力量，並以此爲著力點開闢新的國家發展途徑。而這也正是田中無論如何都想完成的課題。

爲此，田中認爲：爲了確保日本對韓國的統治權，堅守大連和旅順等租借地，日本應將基本戰略轉爲攻勢作戰，以便最終建立「大陸國家」日本。

田中在此所寫的內容與《明治三十九年度日本帝國陸軍作戰計畫策定要領》中所寫的採取攻勢作戰的理由大致相同。兩者都主張日本應擺脫「島國」帝國，以構建「大陸國家」日本爲最終目標。從田中義一主張構建「大陸國家」日本這一點來看，田中的意見和當時日本高層的認識，基本一致。

問題是實現田中義一提出的「大陸國家」化，勢必會產生巨大的軍費開銷，鑑於財界和當權者的質疑，政黨和議會方面再三表示大擴軍是不可能的，因爲日本的財政問題非常嚴峻。

考慮到政黨和議會的反應，田中義一把論點集中在尋找合理且具有說服性的擴軍理由上。

田中最初的擴軍方針是依據假想敵國的兵力水準來確定日本需用的兵力，但如此一來勢必會招來對擴軍的批評。所以田中提出了爲了促進日本國的發展，應獨立進行合理擴軍的方針。例如，如下文字所示：

> 在幻想著還會有明治二十七、二十八年戰役後（甲午戰爭）的經營狀態的淺薄見解的驅使下，在盲然沒有依據的情況下推算出我國軍備，並以其作爲戰後經營的基礎，這就成爲計畫部向行政部發出挑戰的源頭。如今面對兩部衝突不斷且各不讓步的狀況，實在讓人不快且深感遺憾。

接著田中義一提出了避免「計畫部」（陸軍）和「行政部」（政府）間的衝突，確保兩部之間能調整關係的具體提案。

陸軍的作戰方針即我帝國採取戰略的基礎，平時所做各種準備及實施各種業務，皆應傾全力服從此方針。雖說如此，在此最應考慮者並非他事，而是在帝國國事混亂的情形之下，政府所採取的政略是否能包容陸軍所採取的作戰方針。

田中義一在這裡提出了陸軍的作戰方針就是國家戰略基礎的見解，同時田中還表示目前最大的問題就是政略贊同作戰方針到底達到何種程度，是否具有實效性。如果說政略和戰略是兩個領域，那麼田中並沒有固守戰略應服從政略的民主政體的基本原理，而是從根本上將二者置於完全平等的地位。

所以，田中所說的政略和戰略一致，也就意味著戰略是不被政略所左右的，是一個陸軍獨有的獨立個體，決不是從屬於政略的。

提出軍事自立

下面這段話能夠鮮明地表現出田中是如何定位政治和軍事關係？

不用說，雖然作爲行政機關的内閣會時有更迭，但帝國之國事應該始終一貫的，決不能因行政機關的變動而發生變化。執行我帝國國策的政府，究竟會採取什麼政略呢，他們的政略會不會違背使我國脫離島國、構建大陸國家以伸張國運的戰略呢，這是需要仔細研究的。所以如果政略和戰略的關係不平等、不能堅守一致的話，那麼在戰爭危急時呼籲一致，又能有什麼用呢。

田中在此強調了作爲政略決定機關的行政機關——政府，和作爲戰略決定機關的軍事機關——陸軍省、參謀本部、教育總監部的根本區別。

也就是說，行政機關由於政治變動，無論其主體還是政策，都會發生變動，它的存在是極不穩定且不停流動著。而軍事機關不會因政治或經濟的變動而左右搖擺，所以能不偏不倚地堅持立場。由此可見，田中將軍事機關放在一個主要地位上。

田中義一以一種強硬的態度主張說，所謂戰略和國防，本來就具有不受政治動向左右的性質，所謂國防政策，更必須以超然態度透過制度來運營。田中的這個觀點，雖然因時代不同而有若干出入，但大體上爲以後的陸軍所繼承而成爲軍隊方面的理論。

軍部國防思想一貫表現出來的也正是這個軍隊的理論，也就是堅定不移地相信必須要以「舉國一致」的方式來進行國防建設。

結果，田中義一的主張顛覆了政戰兩略關係中戰略原本應從屬於政略的關係，並刻意製造出戰略高於政略的關係。田中的這種打算，在此後的現實政治過程中逐漸得到了實現。

隨後田中「兵制與經濟」這一項中，依據在日俄戰爭中由於武器彈藥的意外消耗和數量不足而使得作戰幾次受到制約、發生變化的經驗教訓，做出了以下論述：

> 關於戰後經營，若盲目增加兵力，只會攪亂國家經濟的基礎，只有在兵力充足的同時，工商業也取得發展，才能達到培養國力的目的。此即戰後經營的第一要義之所在。

也就是說，田中在這裡再次強調，只有透過「兵力充足」謀求「工商業的發展」，才是「戰後經營」的中心課題。在這裡一貫的基調就是軍備擴張＝經濟・工業的發展。接下來，田中又圍繞著經濟和政戰兩略的關係，留下了以下文字：

> 政略上採取進取的姿態，戰略上採取攻勢，若以此爲根本，實施任務的話，毫無疑問，兵力不足將會妨礙既定目標的達成。此次戰役中，俄國戰敗的一個重要原因就很好地說明了這一點。當時俄國的政略是侵略主義，採取了絕對的進取主義，其戰略雖與政略的宗旨相呼應，在廣闊的區域內

布置兵力，但當時從經濟角度出發的俄國財務大臣對此並不認同，這導致俄國遠東軍事開支受到很大拘束。其結果造成俄國軍備未能與其政略保持一致，不得不採取守勢。戰鬥中，我國之所以能搶佔先機的原因，就是俄國準備不足。俄國政、戰兩略的不一致，招致了它的曠古失敗。

在這裡，田中義一以日俄戰爭中的俄國爲例，分析了導致俄國戰敗的原因，就在於因政戰兩略不一致，致使戰時經濟上做出錯誤決策，從而使其戰略受到了經濟的制約。因此，田中認爲從政戰兩略一致出發，在戰時發動經濟上的全面動員，才是決定戰爭勝敗的關鍵。

田中的這個主張在第一次世界大戰後，小磯國昭所著的《帝國國防資源》（一九一七年八月）、永田鐵山的《關於國家總動員的意見》等報告書得到了繼承。這些報告書的主旨都是來自平時就積極準備建立政戰兩略一致的戰時國內總動員體制，即國家總動員體制。

田中爲了使政戰兩略一致，在提出「政戰兩略相互呼應，爲完成此兩略不可不準備充分的兵力，這是需要著重注意的地方」的同時還說：「我們豈是不顧國家經濟只顧兵力？所需兵力僅僅是爲實施政戰兩略而已」，表現了在進行軍事擴張的同時，顧及到經濟狀況，透過順應經濟狀況以達到目的的靈活見解。

但與此同時，田中也說：「陸海軍的計畫部及政府人員對待上述要旨時應愼重協議，既定的作戰方針在國事未有變更的情況下，決不能因其他刺激而改變」。

而且，田中還拿出日俄戰爭中的教訓說：「此次戰役中，作戰前期過半時，時有因兵器彈藥等材料匱乏而喪失活動時機的事情發生，這正是軍備受一時經濟變動的影響而產生的後果」。因此，田中認爲只有政略上對戰略進行全方位的支持和協助，軍事力量才會取得「健全的發展」。關於這個問題，田中做了以下結論：

借經濟之名縮減軍備亦不可取，因國家的軍部是依據攻略及戰略制定下來的，戰略政略都是斟酌了國家的經濟程度後決定的，所以毫無疑問，不應該單單根據經濟的變化來增加或減少軍備。

在這一節的最後，在與議會的關係以及議會所擁有的預算審查權，有可能干涉到軍隊的編制和裝備等方面，田中提出了以下見解。

只要確定了帝國的作戰方針，據以所提預算案得到了議會的贊同，其支出在限額之內，就不該年年蒙受議會的審查削減，大藏省（財務省）也不能拒絕支出既定的經費，陸海軍大臣在各自的許可權範圍內應有權進行適當的處理。大藏省若在不拒絕支出經費的同時提出質疑，陸海軍大臣應作出回答。這是爲維護陸海軍大臣的許可權，使軍隊可在受到議會批准的經費範圍內作出充分準備，而不像往年那樣受到經濟波動的影響。

該見解表明田中的意圖在於使議會借助預算審查權統制軍隊的機能形式化。日俄戰爭之後，明確顯現出資本主義色彩，倚仗權力與軍部進行對抗的政黨勢力不斷強大。田中的意見背後彰顯的是軍部抵制政黨勢力之姿態。

在此時期，田中就開始警惕軍部和政黨．議會在將來圍繞著擴軍政策產生的對立關係。

從田中貫穿整篇文章的主張——「戰略與政略的一致，緩解軍備和經濟的矛盾」中可以看出，田中意在實現軍部的政治要求。雖然這篇文章看上去是田中的個人意見，但可以認爲很大程度上展現了軍部、特別是陸軍對於軍政關係的見解。

之所以這麼說，是因爲田中的意見書經過了陸軍高層——山縣有朋、寺內正毅的閱覽，並在制定一九〇七（明治四十）年的《帝國國防方針》時發揮了重要作用。透過下一節就可以看到田中在《隨感雜錄》中提出的將日本變爲「大陸國家」的想法，是作爲國家目標來設定的。

制定《帝國國防方針》的經過

從一九〇六年開始，每年都制定的《陸軍作戰計畫》，決定短時期內陸軍在戰術層面的作戰方針，而決定包括陸軍在內長期戰略方面的方針是《帝國國防方針》。這個《帝國國防方針》所涉及的對象並不侷限於軍事領域，還包括了國家戰略＝政略，也就是構建國內軍事體制的內容。

根據收錄在《田中家文書》中的《帝國國防方針、關於制定國防必要兵力及帝國軍用兵綱領經過概要》的記述，我們可梳理出整個政策制定的過程。

國防方針的草案是以田中的《隨感雜錄》爲基礎寫成的。山縣在一九〇六（明治三十九）年八月三十一日從寺內手中拿到了田中所寫的草案。這一套《帝國國防方針案》通常也被稱爲《田中私案》。

山縣有朋在充分參考了《田中私案》的基礎上於同年十月提出了《山縣私案》。《山縣私案》僅是站在陸軍的立場上寫的。在《山縣私案》中提出爲了確保國防方針在國家戰略上的重要地位，首先必須取得海陸兩軍相互協調後的一致意見。

但是，陸軍和海軍平時就爲修改戰時大本營條例及「海主」、「陸主」之爭經常發生摩擦，加之陸軍在「戰後經營」和擴軍政策中經常都是佔有主導權，所以海軍方面對陸軍不斷建立起的優勢地位心懷警戒。

在這種情況中，爲了使山縣的《山縣私案》作爲國防方針獲得承認，就必須先取得海軍的理解和同意。所以山縣在向天皇提出《山縣私案》的同時上奏了《帝國國防方針私案》（通常被稱爲《山縣封事》）。

這個《山縣封事》的目的就是希望天皇能夠同意由陸海軍統帥部來制定國防方針。也就是說，正因爲山縣知道海軍方面對以陸軍爲中心制定的國防方針持有警戒心，爲了能夠達到陸海兩軍協同制定國防方針的目的，山縣採取了由天皇下命令的形式。

同年十二月十四日，如山縣所希望的那樣，提交給天皇的《山縣封事》被交到元帥府進行諮詢。元帥府是直屬於天皇的最高軍事輔佐機關，主要人員由山縣有朋、大山巖、野津道貫、伊東佑亨等元帥構成，而山縣則是其中實質上的代表。

所以，當天在元帥府召開的元帥會議上討論所得的結果，就是回奏天皇認爲有必要由陸海兩軍協同制定國防方針政策。面對元帥府的回奏，天皇於十二月二十日召見了陸海兩軍的統帥部長官——參謀總長奧保鞏和海軍指令部長東鄉平八郎，命令他們研討《山縣私案》，協力制定國防方針政策。

就這樣，陸海兩軍的統帥部開始研究《山縣私案》，參謀本部任命松川敏胤少將和田中義一中佐爲負責人，軍司令部則任命了川島令次郎大佐和財部彪大佐爲負責人。

從翌年一九〇七（明治四十）年一月十日開始，兩軍的統帥部開始了眞正的協議，並於二月一日就得出了「國防方針」是符合國情的結論。其中關於「國防需要的兵力」，兩統帥部回答說：「從我國財政狀況來看，受到大戰後的影響，已經沒有全部實施的能力了。所以希望暫且如此，待國力稍緩，再做斟酌」。

接著經過了數道手續，《帝國國防方針》於四月四日得到了天皇的批准，四月十八日經過元帥府的審議後，最終確定下來。由此可見，這一事關國家政策、國家目標的政策重大方針，僅用了四十天時間就審議通過，而且是在議會全不知情的情況下做出的決定。

此後，雖然在一九一八（大正七）年、一九二三（大正十二）年、一九三六（昭和十一）年都對《帝國國防方針》有過修改，但修改的過程以及根本方針，基本上都和一九〇七年時一樣沒有發生變化。從這個意義上來說，一九〇七年制定的《帝國國防方針》成爲決定以後日本道路的原典。

接下來，透過對《田中私案》和《山縣私案》進行比較研究，我們就能知道一九〇七年的《帝國國防方針》中反應了多少田中的國防思想。

對俄國的認識

關於制定國防方針政策的理由，《田中私案》在「序言」的一開始就指出了以往陸海兩軍各自制定自己作戰計畫的弊端，而將來勢必要展開陸海兩軍的協同作戰，因此有必要制定以陸海兩軍共同作戰爲基調的國防方針。

《山縣私案》就制定理由這一點，在《田中私案》內容的基礎上更加具體地提出「爲了擁護帝國自身的權勢，承擔起對同盟國的責任」。但《山縣私案》原原本本地繼承了《田中私案》中爲求政戰兩略一致，必須在國防方針的制定過程中，向首相「商議」的提議。

比較一下兩個人的國防方針就會發現，《田中私案》的題目是《日本帝國軍的國防方針私案》，而《山縣私案》則為《日本帝國軍的國防方針》。

在《田中私案》中劃分了十一項，《山縣私案》則為六項，兩人各有各的「理由」。

《田中私案》在第一項中首先明確了國防的根本任務是陸海兩軍協同一致的攻勢作戰，由於早期對臺灣、樺太（注：庫頁島）、韓國、關東州及本土的守勢戰備，需整頓好對這些地方的防禦體制。這一點，《山縣私案》基本上是原封不動地照抄了下來。

在以下的各項中，如將田中和山縣對俄國、中國、歐美認識的不同之處做一比較，就可弄清田中的思路。

從《田中私案》的第二項和第三項中可以看出田中是怎樣看待俄國的。在其第二項中寫到：「俄國為主要帝國，因其欲伸張國利國益必先面向清國」，從而將俄國作為第一假想敵對國。

田中之所以這麼說，是因為日俄戰爭之後，儘管俄國國內因疲憊和混亂造成了一時的國力停滯，但國情基本穩定。田中認定俄國會對日本進行報復，只是現在西伯利亞鐵道為代表的交通尚未發達起來，不過「終會出現捲土重來之舉，更何況考慮到在滿洲朝鮮方面，我國和俄國所處的地理位置及相互關係，以及英俄之間的狀態、還有我國攻守同盟的責任，毫無疑問，將來若有大的戰爭，那主要敵對國一定是俄國」。

而且田中還提出如果對俄作戰，陸軍將以朝鮮半島為根據地，在滿洲北部進行主線作戰，並可根據實際情況以關東州爲根據地，在韓國咸鏡道和吉林北部及沿海州展開支線作戰。

海軍封鎖對馬海峽後，順著日本沿海儘量去對付遠方敵人，同時準備封鎖符拉迪沃斯托克（Vladivostok）港。如果有必要的話，可以在臺灣海峽和巴士海峽（Bashi Channel）展開警戒待命行動。《山縣私案》和《田中私案》相比，第二項和第三項都基本相同，只是在對俄國的認識上，出現了不一致。

這個不同出現在對俄國軍事能力的評估和如何看待日俄戰爭後俄國的遠東政策上。雖然兩者都認爲戰後第一的假想敵對國是俄國，但是《田中私案》中的「終會出現捲土重來之舉」，在《山縣私案》中被改爲了「必定有捲土重來之舉」。也就是說，田中依據俄國現狀作出了有再戰可能性的判斷，而山縣則強調必定會再次發生戰爭。

山縣在日俄戰爭快要結束的一九〇五（明治三十八）年三月二十三日執筆寫下了強調戰爭終結工作的必要性，並要求在戰爭終結工作中保持政戰兩略完全一致的意見書——《政戰兩略概論》。在這個意見書中，山縣認爲雖然日軍在遼陽、旅順、奉天等地取得了勝利，但俄國並沒有放棄戰爭的意思。儘管俄國「派往滿洲的軍隊已損失嚴重，但其國內尚有十分強大的十餘個軍團，所以倒不如說俄國不想繼續打下去是很奇怪的舉動」。因此，爲了準備必然會再次發生的戰爭，日本最重要的就是做到前所未有的團結並且在政戰兩略上要密切協調。

日本與俄國進入調停階段，由美國總統希歐多爾．羅斯福主持的樸資茅斯和會剛一召開，山縣就於同年八月又提交了《戰後經營意見書》。在該意見書中，山縣說不管俄國是否同意締結樸資茅斯和約，俄國為了實現其長年的夙願——獲得不凍港，勢必會以取得大連、旅順為目的而再次採取南下的政策，可以斷定「在未來的十年到二十年中，俄國會反覆嘗試南下施行報復計畫」。

而且，山縣在該文章中還說：「俄國整頓好國內秩序之日，必然是立刻開始報復性南下之時，雖然不能預言具體是在幾年後會發生，但這次的和平還是看成長期休戰比較合適，如果有人相信東洋的和平就此建立起來了，那眞是極為錯誤的」。因之，今後的「戰後經營」必須以軍事擴張作為基礎來建設。

從意見書中可以看出山縣對俄國深懷警惕。雖然日本看上去是在日俄戰爭中取得了勝利，但這個勝利是日本透支了全部國力換來的；同時以歐洲方面為關注核心的俄國，依然擁有強大的軍事實力。基於這個事實，山縣預測說當以西伯利亞鐵路為中心的交通管道發展起來時，俄國的軍事力勢必會對日本造成巨大的威脅。

如果那樣的話，不僅日本在戰後轉變為「大陸國家」的構想將成為泡影，恐怕甚至會不得不再次成為遠東的「島國」。

但是，山縣對俄國的認識，只是從日本和俄國兩國間的關係這樣一個單線視野來判斷的，缺乏比較國際的、宏觀的視野。田中則彌補了山縣的不足，他對俄國的認識，充分展現了國際化的視角。

一九〇五（明治三十八）年二月十一日，時在滿洲軍總司令部的田中在其寫給東京大本營的長岡外史少將的信中，針對俄國的意圖是繼續作戰還是講和做出預測說：「基於敵方不利的戰況和國內的不穩定，如果他們不是決定即便亡國也要堅持戰爭，就很可能會被迫拿出相應的誠意來講和」。這裡也看出了田中和山縣的不同。

田中在意識到俄國國內既有繼續戰鬥的意見，還有潛在軍事能力的同時，主要還是有情報使其能夠預測到俄國有可能會發生革命，從而判斷出俄國目前沒有再戰的意思。

田中在《隨感雜錄》和《田中私案》中，都就對俄作戰問題做了詳細論述，但事實上他並不認爲與俄國作戰有迫在眉睫之虞。

田中得出的結論就是當前一段時間，可以一邊觀察俄國國內的狀況，一邊利用這段時間進行日本的「戰後經營」並取得成果，從而提高日本的國防能力。

對華認識

在《田中私案》第一項的後半部分中，田中說：「伸張國利國權可先計畫從清國入手」，從而把中國擺在了一個能讓日本「伸張國利國權」的位置。田中從中日兩國的歷史及地理關係出發，與歐美諸列強比較的結果，得出中國關係著日本「帝國的權利」之結論。

田中基於對作爲主權國家的中國（清王朝）統治能力和國力的過低評價得出了以

上結論。並且在第五項中將這個評價作爲理由，斷言「清國自身沒能力保證其國內的秩序」。

同樣在《隨感雜錄》中，田中還說：「清國想要在將來取得大的發展、挫傷各國的欲望、達到全盛水準，可以說是很遙遠，接近空想」，顯示出了否定中國主權存在的對華認識。

田中的這種對華認識，此後一直延續下來，也成爲了田中內閣的基本認識。

而且，田中也構想了對華戰略，在《田中私案》第五項中確定了「陸軍的主要目的是攻佔中國的南部地方」。關於中日兩國之間的軍事實力差距方面，由於是以日本佔有壓倒性的優勢爲前提，所以根本就沒有提到中國的軍事實力。

否定中國的國家主權，無視中國的軍事能力，僅僅把中國看做是日本主要的權益獲得區域，這就是田中的對華認識。和田中相比，明顯能看出山縣的不同。

山縣在前面提到的《戰後經營意見書》中說，爲了防止俄國再次擴大在遠東的勢力，「不用說，首先就是要加強和清政府的關係，透過該國的進步、發展來謀求東洋的安全」。爲了應付俄國的舉動，山縣提出了從和中國平等的立場出發，加強外交關係共同防禦的中日一體論的主張。

而且，山縣在《對清國政策所見》（一九〇七年一月二十五日）中對中國在日俄戰爭中的日本所採取的姿態做了如下評論：「清國遵守我國之勸告，保持局外中立，此中立爲我作戰帶來不少方便」。

也是在這個意見書中，山縣在對中國國內活躍的收回利權運動及隨之而來的反日態度表現出了警惕，與此同時，他認爲日本沒有必要立刻採取發動戰爭的強硬姿態，「我邦目的之所在是透過儘量和平的手段，使國家富強，對於清國應主要增進交情，避免引起無用的誤解」，山縣在對華外交方面表現出愼重的態度。

雖然山縣的對華認識和田中相比有些不同，但《山縣私案》中的第五項原原本本繼承了《田中私案》中的第二項——「將來我國伸張國利國權可先計畫從清國入手」，而且山縣對於對華作戰的概要雖然做了修改，但大致內容和《田中私案》是相同的。特別是認爲「清國沒有能力保持其國內的秩序」這一點上，與《田中私案》一致。

所以在《山縣私案》中，同樣也是把中國當做了日本擴張「國利國權」的對象，而且在《山縣封事》中，關於假想敵對國的問題，山縣說：「第一假想敵僅爲俄國，雖然沒有把其他歐洲列強當做敵人來防範的必要，但是一刻也不要忘了俄國下來的第二個敵人就是清國的存在」，提出了把中國作爲第二假想敵對國來警惕的觀點。

從這裡也可以知道，山縣把自己的對華認識調整得更爲接近田中了。

對歐美的認識

下面來看看田中以日英同盟爲中心對歐美的認識。一九〇五（明治三十八）年八月，第二次日英同盟改簽之後，日本和英國互相承認對方在朝鮮和印度的統治權，同時規定若一方國家捲入戰爭，另一方有義務參戰，以共同展開軍事行動。和第一次日英同盟（一九〇二年）中，佔有優勢地位的英國強加給日本的條約相比，第二次日英同盟變為站在相互平等的立場上履行同等義務的內容。

之所以要改訂日英同盟，是因為日俄戰爭後，遠東情勢發生了變化；換言之，也就是圍繞中國的帝國主義列強間的對立結構發生了變化。特別是日本、英國、美國這三個國家在長江流域的權益交叉地帶，對立明顯加劇，因而有必要進行調整。

但是，在第一次日英同盟時，出於從英國獲得戰爭經費及牽制俄國兵力的需要，英國對日本而言還是有用的。然而，日俄戰爭後，締結的日英同盟到底有什麼樣的作用和功效呢，有人對此產生了懷疑。

這種懷疑態度在陸軍內部最為強烈，田中在《隨感雜錄》中也留下了如下文字：

若英國和俄國在中亞方面展開戰事，為了牽制俄軍、方便英軍，日本將依據前面第二項的內容（筆者注：對俄國作戰方針）開始發動攻勢。為了履行日英同盟規定的我國責任，不可避免地要派遣軍隊到中亞去和英軍一起作戰。

也就是說，當英國和俄國之間發生戰爭的時候，日本只要被迫在遠東地區採取牽制俄軍的行動，就有捲入戰爭的可能。

因此田中得出了結論：「日英攻守同盟在政略以外的作戰上帶給我們的最大苦惱，並不在於我國陸軍從何處謀求利益，而是不得不承認英國佔有了所有作戰所帶來的好處」。

而且田中還說：「毋庸諱言，將來的某一天，如果撕毀日英同盟，轉而和俄國締結同盟的話，則對我們更爲有利。到時讓俄國對英國的寶庫——印度構成威脅，那麼我國就可以在遠東發展起來，並奪取英國的權利」，展現出將來有和俄國締結同盟的可能性。田中出於這個理由，還進言說希望在國策上也採取聯合俄國牽制英國的舉動。

田中之所以有這樣的對英政策，是因爲田中對奪取英國在長江一帶的權益和法國在福建的權益給予了莫大關心。這一點從意見書中也可以看得出來。

如果想擴張我國將來的權利、提高培養國力的資本，不可不策劃南進之策。我國可先攻佔福建省成爲臺灣海峽的主人公。或許有人說這樣的企圖會因傷害了英國的感情而受到巨大的阻礙，因而難以成功。但是兩國同盟繼續下去的話，我們到底能否甘心受其約束呢？最重要的還是要從國家的利害關係出發，日英同盟算什麼東西呢，只不過在時機的選擇上比較困難罷了。

這就是田中的南進論。在《田中私案》中，南進論裡記錄著：長江流域以南，物產之富足可敵國，控制臺灣海峽則足以稱雄遠東，東邊以韓國爲根據地進入南滿洲，西邊從清國南部地區入侵長江流域，如此謀求實際利益的發展，不出數年則能完成我國宏圖」。南進論的觀點在《山縣私案》中也被全面繼承下來。

《田中私案》可以說是《隨感雜錄》的概要，除此以外，還明確記錄了如果和美國發生戰爭的話，可以越南爲根據地的戰略思想，而且還一直希望能夠從這些地方也獲得好處。

由此可見，田中不單單有想入侵東北亞地方，並進而侵略東南亞的設想。而且對田中而言，已經預見到了日英同盟這樣的兩國間的軍事同盟，在不久的將來，將會成爲日本的枷鎖。

實際上，想要入侵這些地方不光會和俄國、清國發生摩擦，還很有可能和英、美、法甚至德國發生衝突。不管怎樣，田中在這個時期，已經十分明確地表現出了帝國主義的膨脹主義。

雖然山縣的認識和田中基本一致，但山縣比田中更務實，從現實出發有所調整。《山縣私案》中刪除了要和英、美、法、德開戰的內容。

但是，第一次滿蒙獨立運動（一九一二年）、第二次滿蒙獨立運動（一九一五—一九一六年）、第一次直奉戰爭（一九二二年）、第二次直奉戰爭（一九二四年）、郭松齡事件（一九二五年）、皇姑屯事件（一九二八年）、第一次山東出兵

（一九二七年）、第二次山東出兵（一九二八年）等在中國發生的一系列事件，都說明《田中私案》中的內容正在被日本陸軍絞盡腦汁地逐漸變為現實。

還有，除了因為在第一次世界大戰中敗北，不得不從亞洲撤出的德國以外，日本和其他的所有國家都發生了戰爭，使得田中作出要和歐美列強發生戰爭的預測變為現實。

從這些史實來看，在《田中私案》中所寫的對戰爭的預測和戰爭構想，都為此後陸軍不斷強化其政治發言權、構建戰略優勢的軍政關係，以及制訂國家政策的基本方針提供了重要的藍本。

但是，從意見書到適合現實政治的政策體系被採納是需要過程的。因此，就有必要整理一下《山縣私案》以及一九〇七（明治四十）年制定的《帝國國防方針》的內容了。到此為止，可以說《山縣私案》的大體構造就來源於《田中私案》。

所以在本章的最後，我想再概述一下，可以說，是由田中和山縣共同執筆完成的《帝國國防方針》的內容，以明確陸軍的設想。

《帝國國防方針》的內容

一九〇七（明治四十）年所制定的《帝國國防方針》（分為《帝國國防方針》、《國防所需兵力》、《帝國軍隊用兵綱領》三部分）在戰後一度不知蹤影，後被防衛廳防衛研修所戰史室室長島貫武治發現，刊登在第十八卷第四號的《軍事史學》

（一九七三年三月軍事史學會發行）上。

據《軍事史學》上的《日本帝國國防方針》的第一項中寫著：「明治初期制定了帝國的政策，實施開國進取的國事。不用說，迄今爲止沒有脫離過這個方針，今後更會遵循國事謀求伸張國權、增進國利民福」，由此可以看出日俄戰爭後，日本把「開國進取」當作「國事」，把「伸張國權」和「增進國利民福」當做應該完成的目標。

爲達此目標，就有必要「在世界上的多處地方進行經營，特別是在明治三十七、三十八年的戰役（日俄戰爭）中投入數萬生靈和金錢，保護了扶植滿洲及韓國的權利和不斷向亞洲南部及太平洋彼岸擴展的民力發展，在此基礎上謀求進一步的擴展，乃帝國施政之總則」。

所謂「伸張國權」是指先以滿洲和韓國爲入侵對象，接著拓展到東南亞和太平洋方面，透過從這些地區獲得權利，來達到「增進國利民福」的目的。這些內容，和田中所提出的「大陸國家」的構想完全一致，可以說是將田中的構想變成了具體的方針政策。

在同一項中，爲了具體說明國防方針給出的作戰策略是：「對於侵害到我國權利的國家，至少在東亞有採取攻勢的必要」，明確寫出了採用攻勢作戰的方式。而且採用攻勢作戰，是以確保日本的海外殖民地爲前提的。關於展開作戰的地點，文章中說「如果不在海外採取攻勢，就不能完成我國防任務」，計畫將戰場放在海外，特別是中國大陸。

基於前面所提到的田中對俄國、中國、歐美的認識，《帝國國防方針》中說「離我國而有可能成爲敵國的是俄國」，將俄國定爲第一假想敵對國；美國由於地理位置、經濟且還需考慮人種、宗教等因素，「不能保證他日不惹起劇烈衝突」；而中國雖然在滿洲、朝鮮等地，和日本的權利有重大關係，卻沒有可能發生戰爭。

換言之，日本根本沒有把中國的軍事實力放在眼裡，僅僅認爲有必要對中國國內日漸活躍的回收利權運動和排外主義運動採取警惕的態度。

而且，對於這些運動「我國所採取的軍事行動會使各國關係變得複雜，所以不能預先確定對策」。

在日英同盟的問題上，加入同盟後出於同盟和各國之間的關係，反而有可能增加發生戰爭的危險，所以在國防上有必要慎重考慮。同時，「此同盟可對我國防上，帝國軍隊的用兵帶來巨大影響」，也在某種程度上承認了同盟在戰略上還是有可用之處。

這樣一來，《日本帝國的國防方針》將「攻勢」作戰作爲整個國防作戰的方針，依次將俄國、美國、德國、法國當做假想敵對國。

爲了完成這樣的國防方針，《國防所需兵力》中計畫作爲平時常設的陸軍將擴充爲野戰師團二十五個、預備師團二十五個、騎兵旅團五個、野戰炮兵旅團六個、山炮連隊六個、重炮兵旅團四個及若干野戰電信部隊；海軍則將一支由八艘二萬噸級戰艦和八艘一萬八千噸裝甲巡洋艦組成的八八艦隊作爲擴軍的中心。

依照這個擴軍計畫，陸軍從一九〇七年開始確立了十九個師團體制，同時開始調整其他部隊，剩下準備常設的六個師團則計畫等財政狀況好轉後再著手建立。

在陸海兩軍的擴軍計畫中，一九〇七年春作爲第一期計畫，陸軍要求增設四個師團，海軍則要求新造三艘戰艦和四艘裝甲巡洋艦。但是西園寺公望內閣卻以財政困難爲理由，要求陸海兩軍修改提案，最終結果是決定陸軍只增設二個師團，海軍則只新建一艘戰艦、三艘裝甲巡洋艦。

陸海兩軍的擴軍計畫在執行的第一年就受到了政府的限制。因爲，提案只通過了一半，陸軍和政府的關係越發緊張，圍繞是否再增設二個師團的問題，引發了陸軍和政府之間的對立和抗爭。這就是所謂的兩師團增設問題。

不管怎麼說，《帝國國防方針》包含了《田中私案》和《山縣私案》的主要內容。就像田中在《隨感雜錄》和《田中私案》中所寫的那樣，《帝國國防方針》也採用了以陸軍爲中心，進行攻勢作戰的國防政策，意圖實現向大陸發展國力的國家政策。

也就是說，這一切都是「國事爲開國進取」、日本將發展爲「大陸國家」爲國家目標的，同時也把這個國家目標放在國家政策的基本點上。決定形式上陸海兩軍一致，實質上是由陸軍主導，打著國防方針的名義來完成這個國家目標。

在現實政治當中，陸軍透過採取讓內閣總理大臣閱覽《國防方針》和《國防所需兵力》並謀求其同意的手法，實現了所謂的政戰兩略共同制定國防方針，考慮得很周到。在和海軍的關係上，陸軍又拿出天皇的命令，形式上採取陸海兩軍共同制定國防方針的方式，實際上自始至終都貫徹了陸軍自己的構想。

就這樣，陸軍以強大的軍事實力爲背景，將日俄戰爭後的日本帶到了向「大陸國家」發展的道路上。也是從這時開始，直至一九四五年日本戰敗爲止，陸軍開始不斷地積極實施大陸政策。而構建了大陸政策基本框架的，正是田中一系列的國防思想。

第二章

邁向軍事現代化

「良兵即是良民」

透過制定《帝國國防方針》（一九〇七年）基本完成了建立「大陸國家」設想的田中義一，還有一個需要面對的課題，那就是如何在現實政治中實現這個設想。田中認爲，能夠使日本發展成爲「大陸國家」的原動力或者說先導者，只能是日本陸軍，所以他此時要做的事就是對陸軍的組織進行改革。

一九〇七年五月一日，田中調任第一師團（東京）步兵第三連隊隊長。該師團的師團長是閑院宮載仁親王，第二旅團的旅團長是長岡外史少將。在當時，像田中這樣在參謀本部重要崗位得到重用的軍官，從參謀職位調往第一線當直接指揮士兵的連隊軍官，這是極爲罕見的人事調動。

一般來說，作爲一個參謀的出路，或者是留在參謀本部等待晉升的機會，或者是當駐外武官等累積經驗以求發展。然而，自從田中就任步兵第三連隊隊長這個先例出現之後，參謀們想要得到提拔，就必須要有下部隊的經歷。

可以認爲田中去當連隊長這種罕見的人事調動的背後，有著軍隊當局自己的想法。根據高倉徹一《田中義一傳記》（以下簡稱《傳記》）中的記載，田中之所以會被調任步兵第三連隊，是因爲田中自己提出了調動申請。

田中提出調動的目的，簡單說來有三點：第一是爲了加強參謀們和部隊軍官的交流。在日俄戰爭的實際作戰中，參謀們暴露出了無力進行實戰指揮的缺欠，田中希望能透過自己的調動，開創參謀累積實際帶兵指揮經驗的先例。第二糾正被稱爲「天保錢組」的高級軍官蔑視部隊軍官的風氣，製造一個沒有下過部隊就不能得到提拔的慣例，並使這個慣例成為既成事實。第三是為了使軍隊教育和兵營生活得到前所未有的改善。

當時田中的頂頭上司——第二旅團旅團長長岡外史少將曾勸田中說，有帶兵的經驗對你的將來大有好處。而田中卻回答說：「並不是為了我自己的前途，而是考慮到看不起部隊軍官的不良風氣必須清除，那就要加強與部隊軍官的交流。我是考慮了好幾年才提出的，我一定會盡力而為的」。（《傳記》上卷）聽到這番話之後，長岡外史找陸軍大臣寺內正毅進行了商議，隨後寺內又找到當時已成為陸軍老前輩的兒玉源太郎商量並取得了兒玉的同意。這樣田中調任一事就立刻被決定下來了。

長岡曾經說過：「當時已經人氣很高的田中君能夠放棄參謀的地位去當連隊長的事情，在陸軍內部都傳遍了。隨後類似的情況不斷出現，這都是因為田中開創了先例」（同前）。如果《傳記》中所說的是事實的話，那麼田中調任步兵第三連隊長就是當時陸軍最高首腦——兒玉、寺內直接干預的結果。

所以，雖然採取的是田中個人提出調動的方式，但實際上可以說這個人事調動是日俄戰爭後打算進行軍隊改革的陸軍最高首腦開始軍制改革的第一步。

也就是說，為了建立並維持一支能和歐美列強對抗且適合「大陸國家」日本的軍隊，陸軍方面想透過田中的人事調動而達到的目標是改革軍隊內務並重新審視軍隊教育。隨後進一步把軍隊教育和國民教育結合起來，開始實施所謂的「軍隊國民化」，或者說「國民軍隊化」。

關於這個工作的意義所在，雖然有些長，但可以引用《傳記》中田中自己的回憶予以說明。

現在的戰爭，不能僅僅由軍隊來承擔。如果不以全民之力，最終是無法取得勝利的。日俄戰爭時，我國國民，熱血沸騰，同仇敵愾，盡全力支援軍隊，才得以獲得如此大捷；反觀俄國，其軍隊在萬里之外的滿洲苦戰惡鬥，其後方國民不僅沒有絲毫後援，反而有如同掣肘般的舉動，所以才招致如此大敗。但是如此事實，決不可認爲單單是俄國的事而隔岸觀火。即便是在我國，臨近戰爭快要結束的時候，也出現了國民的緊張逐漸鬆弛，軍隊實力變弱的事實，鑑於俄國的戰敗，我方必須深刻反省。也正因如此，我痛感作爲軍隊首先有改善以往的內部事務必要。

在這裡，田中面對在日俄戰爭中舉全國之力，打了一場名副其實的總體戰這個事實，提出爲了應付像這種近代戰爭，有必要從精神上、思想上對國民進行動員。此後，以第一次世界大戰爲契機，開始全面準備國家總體戰，但對於田中而言，從日俄戰爭之後，就已經搶先著手準備了。田中最先下手的就是透過對軍隊內部進行改革，培養適應近代戰爭的士兵，喚醒每個士兵作爲軍人的覺悟，同時也進行軍官的意識改革，強調軍官在指揮軍隊時應與士兵有一體感。

的確，自從軍隊創建以來，軍隊內部殘留的封建性成為阻礙軍隊近代化的一個重要原因。而且在經歷了日俄戰爭這樣的總體戰之後，田中產生了危機感，從而反覆指出，如果不去除掉軍隊內的封建性，日本軍隊有可能重蹈俄軍覆轍，因為俄軍就是很典型的封建制的軍隊。

而且，田中認為此時的軍隊和國民之間有一定距離，這樣下去是不可能得到國民對軍隊的理解和對戰爭的支持。所以，為了拉近軍隊和國民之間的距離，如何改善軍隊教育的統一性和封閉性也就成了問題。

用田中的話來說，軍隊不能是游離於老百姓的存在，成為精銳軍隊的條件，就是要有國民的熱烈支持和理解，因此田中認為有必要強調軍隊和國民的一體感。正是懷著這種認識，此後田中屢屢制定軍隊內部改革。下面來看幾個改革。

改訂《軍隊內務書》

田中在就任第三連隊長的同時，就任命軍務局軍事科科員貴志彌次郎（陸軍大學十八期）為連隊少佐並命令其著手起草軍隊內務改訂案，此後又將貴志彌次郎調任第二隊隊長，並將第二大隊作為實驗部隊。

而且田中還讓身為連隊中佐的首藤多喜馬（陸軍大學十二期）和久松定謨二人分別負責軍隊教育和軍隊內務。田中希望透過這一系列的改革，能讓第二大隊及第三連隊成爲全國所有軍隊的模範，並以在這裡獲得的實踐經驗爲基礎，推廣軍隊的內務改革。

當時爲了改編明文規定軍隊內務的《軍隊內務書》，於一九〇七（明治四十）年七月成立了以長岡外史爲委員長的軍隊內務書修訂委員會。田中作爲該委員會的委員，成爲改編《軍隊內務書》實質上的促進者。

自一八七二（明治五）年十一月第一版《步兵內務書》頒布之後，各兵種都制定並發布了各自的《軍隊內務書》，或者對《步兵內務書》進行了修改。直到一八八一（明治十四）年才制定了各個兵種統一的《軍隊內務書》。

一八八八（明治二十一）年制定的《軍隊內務書》又一改以往推行的軍隊內務全軍統一主義的制度，讓各個部隊自行制定《內務細則》，各自訂出內務規定。

但是到了一八九四（明治二十七）年時，由於甲午戰爭的爆發，再次提出有全軍統一的必要性，所以在同年再次進行修訂。經過以上過程，直到一九〇八（明治四十一）年又進行了再次修訂。

由於一九〇七年七月二十四日，陸軍大臣寺內正毅發布了題爲《給軍隊內務所審查委員長的訓令》的通牒，一九〇八年的《軍隊內務書》遂得以開始正式修訂。

在通牒的開頭部分就對此次修訂的理由做出了說明：「現行軍隊內務書自制定以來，已經過了很長時間，其規定不僅遠遠不能滿足現行制度的要求，且其條文過於簡單，以至實施者需制定細節來規範內務」（教育總監部編《精神教育資料》

（第四輯・上））。而且，雖然有上次一八九四年的修訂，但是並沒有能夠徹底改變一八八八年提出的不搞全軍統一的基調，為了徹底實施全軍統一主義，有必要再次進行修訂。

在上述說明之後，進而明確指出本次修訂的目的——「本書修訂最為注重的就是全軍統一主義。軍隊往往是為了一個共同目的而被使用的。所以軍人的思想、意向、企望、目的都有必要歸於一致。也就是集百萬人心於一人之心的意思」（同上），也就是為了實現全軍統一主義而進行修訂。

在這裡所謂的「全軍統一主義」是指從徵兵的方法到軍隊的編制、教育訓練、兵器裝備、被服器具以及材料等一切都進行統一。

所以，從軍隊內務這一點上來徹底執行全軍統一主義是為了「彰顯團結主義這一軍隊的基本精神，注重軍隊的精神訓練、軍紀涵養、服從任務，透過教育的方法使軍隊成為國民學校，同時透過將軍隊家庭化，採用團圓主義來承認士兵的人格和社會化現象」。

而且，根據《偕行社記事》第三八七號（一九〇七年）刊登的《軍隊內務改正理由書》中的記載，一九〇八年的《軍隊內務書》的內容主要分為採取「全軍統一主義」、重視「精神教育」和擴大「軍容風紀」的範圍這三點（大江志乃夫《大正民主運動的前提》，高橋幸八郎編，《日本近代化之研究》下卷）。

其中之所以重視「精神教育」，是因為預測到日本的軍工產業的生產能力在相當一段時間都將處於劣勢，爲了彌補裝備上的不足，所以強調重視對士兵進行徹底的精神教育；擴大「軍容風紀」的範圍，首先就是爲了阻止日俄戰爭後的各種勞動運動、社會運動對軍隊內部的影響。採取「全軍統一主義」則是出於軍隊內部有必要培養出反映快速、絕對服從命令的士兵。

將一九〇八年的《軍隊內務書》修訂爲如此內容的目的，就是爲了將軍隊改編成適合帝國主義國家的軍事力量，同時也是爲了構建將來能確保大量兵源和大量動員的體制。

同時，《軍隊內務書》也是爲了呼應翌年一九〇九年實施的修改後的徵兵令而存在的。其中採用了地方部隊主義，透過嘗試讓各連隊打出地方特色，使軍隊能夠紮根地方。採取地方主義的目的，就是透過軍隊與地方的緊密聯繫來順利地推廣兵役，並且加強軍隊的國民化。

在這一系列的運作當中，日本的軍隊一邊懷著作爲天皇制軍隊的矛盾，一邊開始了爲了使軍隊走向近代化的工作。

將日本的軍隊改編成帝國主義軍隊的工作，並不僅僅只是修訂了《軍隊內務書》，翌年一九〇九（明治四十二）年修訂《步兵操典》、一九一〇（明治四十三）年修訂《炮兵操典》和《輜重兵操典》、一九一二（明治四十五）年修訂《騎兵操典》，又於一九一三（大正二）年和一九一四（大正三）年分別制定了《軍隊教育令》和《陣中要務令》，這些條文一直被使用到第一次世界大戰結束。

在這一連串的條文修訂工作中，此前一直模仿德國軍隊典範令的日本陸軍的規定中，開始呈現出了日本獨自的精神體系。在以上過程中，田中不僅積極參與了修訂《軍隊內務書》，在其他上述條文的修改工作中發揮到了核心作用。

在這些條文的修訂過程中，田中主要的課題就是強調自己反覆主張過的軍隊教育和國民教育的結合——也就是「軍隊國民化」或者說「國民軍隊化」。

軍隊教育和國民教育的相結合

軍隊教育的目的，就是培養出在完成戰爭任務方面能夠最大限度發揮自己才能的士兵。然而陸軍認爲軍隊教育的對象不應單單限於軍隊的士兵，特別是日俄戰爭以後，陸軍明確提出應該用軍隊教育的內容進行國民教育。

陸軍將此通稱爲國民教育，作爲日俄戰爭後的主要課題。爲了追求國民對軍隊的理解和幫助，陸軍希望透過所謂的「國民教育」來達到「國民軍隊化」或「軍隊國民化」的目的。成爲此舉之開端的，正是一九〇八年的修訂《軍隊內務書》。

當時的陸軍省軍務局長長岡外史曾談及修訂理由說，與軍隊士兵的教育並行的是「必須讓學校教育和軍隊教育密切結合起來，必須將社會教育引導成軍隊所希望的那樣」（《偕行社記事》第四〇八號附錄），進一步加深較前已經密切起來的軍隊教育和學校教育的關係，而且應將社會中的一般國民也作爲對象所實施的國民教育作爲軍隊教育的延長。

田中在此後多次就同時進行軍隊教育和國民教育的必要性發表談話。（田中義一《國家總動員的要素和軍人訓練的意義》，辻村楠造編，《國家總動員的意義》）。

首先，「雖然我國軍隊在日俄戰爭中取得了那樣的勝利，但從一九〇五（明治三十八）年的正月開始，在國內還是出現了種非國家的聲音」，田中在此不點名地指責了日俄戰爭期間，日本國內民間產生出來的反國家趨勢、勞動運動以及社會主義運動可能發展的危險性。「今後的戰爭不知道會持續多久，但此戰之後勢必會出現思想上的反動，戰場上的戰火熄滅之後必定會接著在國民思想上開始戰爭。為了打贏思想戰，就必須從今天開始做準備」。正是基於日俄戰爭的教訓，才有了這個透過使軍隊教育適用於國民教育以達到統治國民思想目的——「思想戰」的概念。

日俄戰爭後，田中對思想戰的概念就非常關心，第一次世界大戰的總體戰的戰爭形態又使田中有了新的認識，在總體戰階段，國民在精神及思想上的團結很大程度影響著戰爭勝負的最終歸屬。

因為未來戰爭將會帶來大量的破壞，戰爭的悲慘性有可能成為喚起民間反戰情緒的原因。該如何處理這個問題呢？這是一個；還有，即便在平時日本帝國在政策上也不迴避戰爭，既然如此，就有一個怎樣避開國民因國內矛盾而產生不滿和反抗的問題，這是另一個。「國民軍隊化」就是田中為了解決這兩個問題而給出的答案。

為了準備有可能到來的思想戰，田中設計的軍隊改革就是在修訂《軍隊內務書》的時候向部隊內導入了家族價值觀。也就是在一九〇八年的《軍隊內務書》中，最為主要的就是把兵營構建成「共苦樂、同生死的軍人家庭」，「要創造出和和睦睦的軍隊家庭」。與此相關，田中就軍隊的家庭化寫到：「中隊就是家庭。提倡中隊長和部下必須結成父子關係，老兵和新兵之間要親如兄弟關係，這樣才能達到目的，中隊就是軍隊中的一個家庭」（《軍隊內務書》正文）。而且田中主張的軍隊家庭化還有以下考慮。

也就是說，軍隊的根本是建立在公對公的統治和服從這一絕對的權力關係上的，維持這種權力關係的就是軍紀和懲罰。但田中認爲單憑軍紀和懲罰並不能喚起士兵對上司及國家足夠的忠誠，所以透過軍隊家庭化將家庭中的統治關係搬入軍隊，從而掩蓋了軍隊所擁有赤裸裸的強權性和暴力性。

換言之，對於士兵來說，中隊就是一個家庭，透過打造「對中隊長的服從就是對父親或者兄長的服從」這種觀念，就能夠消除士兵對上司的反抗和不滿。同時，讓士兵擁有「中隊就是家庭的延伸」這種觀念，就會有國家＝軍隊＝家庭的歸屬意識，或者說能讓士兵擁有共同體意識。透過這種意識來完成「軍隊的國民化」，正是陸軍的獨自見解。

這裡所說的家族主義，不僅僅只是軍隊內絕對主義的權力關係和暴力性的障眼法，而且還在家族主義的名義之下更加露骨地進行了軍隊內的暴力行爲——「私自制裁」。

田中就「私自制裁」這個問題曾指出，當前所處的狀況是國民「害怕軍隊，心懷恐懼地面對軍隊」，為了解開這個「誤解」有必要徹底地進行軍隊教育。但只要是將家庭主義作為軍隊教育的支柱導入部隊，那實際上就不可能消除軍隊內教育中的「私自制裁」。

同時，田中積極地對國民教育表現出了關心。這裡所說的「國民」是指將來能被直接徵兵的壯丁，以及服完兵役的退役軍人。田中把對這些人實施軍隊教育放在了一般國民教育的延長線上。田中曾指出：「該如何從根本上使軍隊教育和國民教育協調一致呢，該如何下功夫使軍隊和國民能夠緊密結合成為一體呢，說起來這些都是重大問題」。

為了能將此二者統一起來，相互有機地去結合，田中表示：「我（田中）於明治四十年春為了協調軍隊教育和國民教育，確立了良兵即是良民的意義。我認為如果不將此作為基調，則軍隊教育絕不可能成功」（田中義一《國家總動員的要素和軍事訓練的意義》）。

田中所說的良兵良民主義的根本想法就是「軍隊的精神即國民精神，所以若能鍛煉軍人精神、嚴肅軍紀、切實履行內務，則回鄉（退伍）後必定能成為忠良的臣民」（鉾田俊《有感於良兵即是良民教育》，《偕行社》第五三七號、一九一一年十一月二十日），也可以說是「軍隊既是國防學校，同時也是引導國民善良的修身學校」（田中義一《關於軍隊教育》）。面對「軍隊國民化」和「國民軍隊化」這個課題，田中提出的就是「良兵即是良民」的思想。

此後，田中曾就良兵良民主義說：「（國民）之所以是良民，也就是說他們是良兵。雖是良民，一旦有事，就能挺身而出為君國犧牲成為良兵。而在平時則可在農工商及學問等衆多領域付出努力，使國家繁榮富強」（田中義一《歐洲大戰的教訓和青年指導》）。

從這一點上來說，以田中為中心的軍事官僚所主張的將軍隊教育和國民教育相結合的意圖，就是在教育的過程中加上軍事因素，將教育軍事化，利用教育機關培養出的「良民」，同時也是戰爭時候的「良兵」。

也就是說，在未來的戰爭中有可能需要大量動員兵源，僅靠平時的兵營是遠遠不夠的，所以將教育設施變為「兵營」，以備到時的需要。這不僅能夠滿足戰爭時大量增兵的需要，還可以透過利用教育設施，省去相當的費用。

從統合國民的角度出發，在平時就培養出「良兵」＝「良民」成為陸軍重要的課題。田中所提倡的「良兵即是良民」，在此後經過數次變遷成為了具體的組織，其中之一就是帝國在鄉軍人會。

成立帝國在鄉軍人會

在擔任步兵第三連隊長時期參與了修訂各種條文的田中，於一九〇九（明治四十二）年一月二十八日就任了陸軍省軍務局軍事課長之職。當時的陸軍大臣是寺內正毅，軍事課長則是將來有可能成為軍務局長、陸軍次官、甚至是陸軍大臣的可以鯉魚躍龍門的重要職位。

寺內在大井成元之後，將同爲山口縣出身且能力超群的田中提拔爲軍事課長，再加上同是山口縣出身的軍務局長長岡外史，就形成了寺內－長岡－田中這個由長洲派構成的陸軍中樞線。寺內是想透過這種人事關係來具體實施修訂後《軍隊內務書》，從而達到鞏固體制的目的。

而田中主要奔走於成立從平時就支援日本陸軍的地方組織——在鄉軍人會。成立帝國在鄉軍人會是田中任軍事課長時期（一九〇九年一月－一九一〇年十一月）最爲重要的功績之一。

據《田中義一傳記》說，田中在一九〇三（明治三十六）年六月最初提出要成立帝國在鄉軍人會。此時田中接到派往俄國的命令，在送別會上他說了以下內容。

像日本這樣的小國，在打仗的時候，打甲午戰爭也好，不管今後打什麼仗也好，都是處於必須要和大國打仗的立場。國民的人數和大國相比也相差甚遠，所以如果戰事延長，就不得不召集在民間的部隊，將後備兵源源不斷地送上戰場。所以指導服完兵役的退伍士兵也是很重要的事情。應該讓軍隊教育在民間充分發揮作用，使之成爲鄉黨的中堅力量。

在這裡所說的「民間的部隊」，就是指在帝國在鄉軍人會成立以前，就在全國各自組成的尙武團體或在鄉軍人組織，這種團體組織的數量在一九〇六（明治三十九）年時有四千三百六十七個，到一九一〇（明治四十三）年帝國在鄉軍人會成立時，已經發展到多達一萬一千三百六十四個（藤井德行《近代日本政治史研究》）。

此時必定會和俄國開戰的氣氛已經很濃了，田中認爲如對俄開戰，日軍爲了對抗當時被稱之爲最強的俄國陸軍，僅憑常設師團（開戰前是十三個師團）是不夠的。

爲了應付戰爭中的兵力消耗以及俄國陸軍在數量上的優勢，田中考慮將「民間部隊」當做戰爭時常設師團的後備兵源。

實際上，日俄戰爭正如田中所預期的那樣，不僅將所有常設師團都投入了戰鬥，還動員了後備兵力。由此日本陸軍獲得了不得不盡一切可能進行動員，將兵力源源送入戰場的痛苦體驗。

正是有這樣的背景，一九一〇（明治四十三）年十一月三日，以陸軍大臣寺內正毅爲會長、伏見宮貞愛親王爲總裁，統一了全國的民間軍人會及尙武團體的帝國在鄉軍人會成立了。從此原本分散在全國各地，各自起著不同作用的民間軍人組織，開始統一進入到陸軍大臣的所轄範圍之內。

也是從這個時候開始，完成了統一整合各組織，明確了他們所承擔的任務。田中在帝國在鄉軍人會成立的第二年晉升爲少將，從軍事課長調任爲第一師團的第二旅團長。此時，田中曾做過一個題爲《關於地方與軍隊的關係》（帝國在鄉軍人會本部編《帝國在鄉軍人會業務指針》）的演講，其中對於帝國在鄉軍人會的作用做了如下描述。

日本在未來的戰爭中，無論如何都必須動用大量的軍隊。但如果說戰爭時要動用多少軍隊，平時就保持有多少軍隊，這是我國財政狀況所絕不允許的。所以，從今以後必須要把日本的軍隊變爲平時人數不多，但到戰爭時候就會變多的模式。說到如何使戰爭時候兵源變多呢？那就要靠在鄉軍人的各位了。

這裡，田中吸取了日俄戰爭中的教訓，同時預測到將來的戰爭中勢必需要動員大量的兵力，爲了能夠實現日俄戰爭後制定的戰時動員兩倍的原則，必須要從平時起就確保潛在的兵源。帝國在鄉軍人會就正是作爲能夠在平時保證潛在兵源的組織而設立的。

軍部在吸取了第一次世界大戰的教訓後，提出了戰時動員兩倍原則的必要性。也正是出於這個理由，在鄉帝國軍人會的職責就是成爲後來總體戰階段戰時動員兵力的培養機關。

田中在這個講演中還說：「說到從今往後日本的戰鬥力，必須認識到主力並非現役軍人而是在鄉軍人」，正是這些在鄉軍人，在將來的戰爭中處於戰時動員兵源的核心地位。當然田中將在鄉軍人提到如此高的地位，這個想法和參謀本部認爲戰時動員的核心應該是現役軍人，所以要從平時起就保有大量常設師團的想法是存在出入的。特別是負責作戰的參謀本部，此後始終堅持要求增加常設師團，明顯與田中的設想背道而馳，根本沒有表示出接納田中思想的姿態。

然而經一九二二（大正十一）年和一九二三（大正十二）年的兩次裁軍，也就是山梨裁軍，加上一九二五（大正十四）年的宇垣裁軍導致戰爭可動員兵力的減少，從需要彌補減少的兵力這個角度出發，開始考慮從軍事上利用帝國在鄉軍人會這個組織。

但是，不管是從純軍事的作用出發還是從非軍事（國防宣傳）的作用出發，之所以會對在鄉軍人會寄予厚望，都是出於需要在總體戰階段建立起國家總動員體制。這對陸軍來說也是最大的課題。

確立兵力動員體制

田中成立在鄉軍人會的最大目的就是爲了確立起從平時到戰時能瞬間完成轉換兵源的大量動員體制。在前面提到過的演講中，田中還說了以下衆所周知的話。

日本的人口雖然衆多，但經濟上卻並不富裕。國家並沒有足夠的實力在平時就保有衆多士兵。我等雖然很努力，但終歸能力有限。一個人被抓再撲上去二十人這種事，根本就是不可能的。所以聽憑自然是受到限制的，在今後的戰爭中爲了能夠儘快得到補充，我認爲儘早讓新手入伍，對日本軍隊來說是最爲必要的。

而且田中對帝國在鄉軍人會給予的最大期望，就是在上一節中所提到過的統合國民教育和軍隊教育，以此形成軍隊的國民基礎。此外，田中還在《關於地方和軍隊的關係》中，做了以下論述。

你們必須是鄉里中勤儉力行的模範，此外，你們對人要非常誠實，對工作要極爲勤勉，對自己的職業要盡心盡力，你們是受到這樣教育的人們。所以你們回到地方，必定會受到人們的尊敬。你們作爲地方軍人的一言一行，將得到各個町各個村的尊敬和信賴。正因爲有你們的存在，才能保障各個町各個村的秩序，形成良好的風氣。正是因爲你們勤於正業，才能增強地方的生產力。

也就是說，田中期待著在鄉軍人成爲地方社會中國民的模範。田中希望地方軍人透過維護地方秩序成爲國民的中堅力量，從而能夠阻止國民中道德、風氣的敗壞，同時透過對日常生產的貢獻進而成爲地方社會發展的帶頭人。

實際上，在鄉軍人此後慢慢成了統合國民的地方組織，爲地方社會的軍事化起了重要作用。

田中的這種設想，在下面的結論部分中做了簡單概括。

「所謂國民教育，我認爲必須要注入軍事思想。有必要讓軍隊和地方的人們始終緊密相連，爲地方的年輕人注入軍事思想，儘量使軍隊教育和國民教育協調統一」。從這一段話中就可以看出，在田中的使國民教育和軍隊教育協調統一這個構想中，帝國在鄉軍人會明顯被放在了媒體的位置上。

此外，田中在一九一九（明治四十四）年六月，擔任第二旅團長時發表過題爲《國民與在鄉軍人》（綾部勉編，《田中中將演講集》）的演講，他認爲作爲國民團體帝國在鄉軍人會有必要在社會中固定下來。

田中在演講中說：「從其性質內容來說，此會完全是國民團體，軍人爲其中堅力量，一般國民爲其助勢者、擁護者，我相信雙方必會相互協作，以其本來的大目的爲目標奮勇前進」。也就是說雖然組織的名字是帝國在鄉軍人會，但還是將其定性爲「國民團體」。

而且田中還說：「軍隊社會和國民之間沒有來往，如同住在不同社會的時代，已經成爲過去，今天的軍隊要堅信只有得到國民的同情支援才能順利完成任務，必須在此信條上努力奮鬥」。可以說在此，田中概括了他對在鄉軍人會的希望。

對社會主義的警惕

到了一九二〇年代，在不斷高漲的大正民主主義運動、社會主義．勞動運動中，建立以帝國在鄉軍人會爲媒體的「國民軍隊化」、「軍隊國民化」社會成了陸軍急需面對的課題。爲了應對這一系列的社會新動向，帝國在鄉軍人會作爲維持統治秩序的防波堤，不得不再次改編。

例如，爲了對付一九二〇（大正九）年二月五日的八幡製鐵所的大罷工和同年五月二日的日本首次紀念五一勞動節的活動等日益發展的勞動運動，帝國在鄉軍人會在其機關雜誌《戰友》上從同年六月到九月連續四次刊登了題爲《思想問題的是與非》的文章，對勞動運動表現出了敏感的反應。

《思想問題的是與非》是由《戰友》雜誌的總編山梨半造中將執筆寫的，文章中山梨主張過激派（共產主義）、民主主義、個人主義（自由主義）的思想是與軍人精神格格不入的，這些對於軍隊教育乃至國民教育來說都是危險的思想，因此山梨呼籲在鄉軍人會應密切注意這些思想（帝國在鄉軍人會本部編，《在鄉軍人會三十年史》）。

帝國在鄉軍人會從日俄戰爭後到第一次世界大戰結束，在日本國內混亂的社會秩序當中，爲維持並恢復國內社會秩序，展開了積極的活動。

再加上後來田中說：「結成在鄉軍人會並加以修養方面的鍛煉，則不僅能夠增加作爲一個軍人的價值，還能夠贏得國民的尊重和同情。基於國民的充分理解，形成了軍隊和國民相結合的良好關係」。透過使「軍隊和國民相結合」達到「國民軍隊化」的目的，從這裡也可以看出田中是試圖透過建立這樣的關係來阻止民主化的潮流。

在這裡需要強調的是田中如何看待社會主義的問題。不僅僅是田中本人，日本的軍人都認為社會主義就是破壞天皇制統治國家體制（國體）的酵母，歸根到底，軍隊的作用應該定位為撲滅社會主義、共產主義。

特別是一九五二年前蘇聯作為一個社會主義國家，開始了新的經濟計畫，日本在看到蘇聯迅速發展的同時，深刻感受到資本主義世界的不景氣，所以也就進一步加強了對蘇聯的戒心。

一九二四（大正十三）年一月二十七日，在從日本各地來到首都的在鄉軍人會聯合分會的代表們的面前，田中曾說：「在世界各國努力抑制社會主義、保護國家秩序，維護國民生活的都是在鄉軍人」。田中在此介紹了各國在鄉軍人會的作用，得出了「在鄉軍人當前應集中力量完成的任務是引導思想」的結論。（《田中義一有關文獻》）

在鄉軍人會為了阻止社會主義思想的滲透，明確了這個組織的目標就是「引導思想」。該會的總裁閑院宮載仁親王在一九二五（大正十四）年一月二十九日召開的在鄉軍人會第一次評議會上，強調了地方軍人的作用是要「努力彰顯國粹、成為國運興隆的中堅、國民思想的樞軸。」（在鄉軍人會本部編，《帝國在鄉軍人會業務指針》）

接到了載仁親王的指示後，在鄉軍人會於同年三月三日修改了該會的規章制度。在新的規章中作爲該會的業務專案加上了指導勸誘青少年、融合協調社會、維持治安、在非常時期援助救護工作等內容，將著力點放在維護地方秩序、抑制階級對立的改變之上。

正是從這次修訂規章後，在鄉軍人會提出了「應明確指出不應簡單地認爲對在鄉軍人的要求只是戰時的東西」（《戰友》第一七九號，一九二五年五月），也就是不論是否戰爭時期，都將完成思想動員的任務。

在鄉軍人會於一九二六（大正十五）年九月一日創辦了第三個機關雜誌——《教練》。這本雜誌主要介紹了青年訓練所、青少年團、學校訓練等內容，以支援在鄉軍人積極組建這些組織、展開這些運動爲主要編輯目的。

就在這樣的累積中，在鄉軍人會於田中義一就任首相期間，一九二八（昭和三）年五月二十日至二十六日召開了第二次評議會。第二次評議會的中心議題是國體論和思想問題。此後，在鄉軍人會最大的關心對象就是思想對策，同時也明確將警惕並阻止社會主義作爲自身最大的任務。

田中對在鄉軍人會有何期待

那麼田中對於這樣組織起來的在鄉軍人會到底有何期待呢？關於這一點，從田中自身的演講錄（《田中中將演講集》）中可以找到答案。

首先，田中於一九一二（明治四十五）年六月所做的題爲《國民與在鄉軍人會》的演講中，就在鄉軍人會是與國民一體化的組織，期待它作爲平時戰時化的嘗試發揮自己的作用。田中說：

所謂「舉國一致」，當然不僅是在國家多事之秋，即便在平時也是非常必要的。即家人必須爲家、村民必須爲村、國民必須爲國獻身，這絕不僅限於非常時期，而是必須從平日裡就時刻不能忘記的。

應該說田中的意圖在於將平時轉換爲戰時、或將戰時轉換爲平時，明確將在鄉軍人會放在了從平時就動員國民的位置上，也可以說田中在成立這個組織的最初，就試圖讓軍國主義滲透到地方社會中。

因此，田中把在鄉軍人會和國民的關係擺成了以下的狀態。

雖然說名爲在鄉軍人會，但從其性質內容來說，則完全是國民團體。軍人爲其中堅力量，一般國民爲其助勢者、擁護者，我相信雙方必會相互協作，以其本來的大目的爲目標，奮勇前進。

田中在這裡明確指出在鄉軍人應作爲地方社會的核心而存在，應在在鄉軍人會的領導下進行國民總動員。所謂非戰時的軍事化，就是構建軍人主導的社會體制，因此，田中希望在鄉軍人會能夠成爲構建地方軍國主義體制的排頭兵。

田中的這個構想，在帝國在鄉軍人會成立四年之後，整編青年團組織時，也被繼承了下來。

青年團組織的整編

田中在擔任了軍務局長（一九一一年九月—一九一二年十二月）及第二旅團長（一九一二年十二月—一九一四年八月）後，回到了參謀本部，於一九一四（大正三）年的二月開始了爲期半年的歐美考察。此次考察的中心內容就是歐美各國的青年教育情況。田中在回國後的第二年五月將其考察結果總結成了名爲《社會國民教育》的小冊子。

其中對於各國都重視青年教育的理由，田中說：「國家興隆的第一要素是人，這是不言而喻的。考慮到國家百年大計者，勢必會先下力氣振興承擔未來國家命運的教育，這也是當然的順序」（田中義一《社會國民教育》），因此田中開始重視以青年教育爲目的的青年團組織。

田中所設想的青年團組織，其團員爲受完義務教育至達到徵兵體檢年齡的不超過二十歲的青年，其性質是教育青年的而非領導性的團體青年團直接與在鄉軍人會連接，在結束了義務教育之後的青年，直接進入青年團，履行了服兵役的義務之後，再進入帝國在鄉軍人會。青年團就是這樣一系列進程中的一個部分。

青年會可以說是青年團的前身。特別是在日俄戰爭後的一系列擴軍路線當中，青年會在防止逃避兵役、協助軍事活動等對軍事有用的活動中，一步步建成了軍事化的組織。

青年會並不僅是陸軍主導下的組織，文部省和內務省各都懷自己的想法參與了組織，特別是一九〇八（明治四十一）年十月，由於有文部省和內務省的指導以及監督、獎勵，在地方行政當局的指揮下，青年會急速成長起來。

一九一〇（明治四十三）年四月在名古屋召開了全國青年大會，在這個會上提出了《青年團規十二條》和《實行要目十三條》。之所以會提出這些規定，是由於陸軍認爲「內務省、文部省參與了青年會的組織過程，賦予其行政代行機能，從而使青年會成爲公益事業團體=教化團體。」而陸軍希望透過這些規定能給青年會一個「新的組織方針和性格。」（大江，前引論文）。

陸軍對於青年團組織進行軍事整編表現出關心，最初是在一九一二年。乃木希典把從英國帶回的少年斥候隊的資料展示給當時還是軍務局長的田中義一，並指示田中以此爲參考，研究一下青年教育問題（前引書《田中義一傳》上卷）。

青年圖組織的具體整編始於一九一五（大正四）年九月十五日。第二次大隈重信內閣的內務大臣一木喜德郎和文部大臣高田早苗聯名簽署的給全國地方長官的訓令——《關於指導發展青年團體的通牒》。此後，在一九一六年又成立了中央德報會青年部，作爲全國青年團的中央統一機構，同時創辦刊行了題爲《帝國青年》的機關雜誌。

田中作爲常務委員在青年部裡取得了很大的發言權。雖然給地方長官的《關於指導發展青年團體的通牒》名義上是由內務省和文部省簽署發出的，但其內容實際上卻是全面接受了以田中爲中心的軍部的意向。

田中在一九一五（大正四）年九月一日寫給陸軍大臣寺內正毅的書信中提到了和這個訓令有關的一些情況。書信中記錄著正是田中處於內務省和文部省之間，就青年團組織和訓令的內容同兩部門進行了多次協商，最後訓令的內容「大體上如小生（田中）提案的那樣，由兩大臣聯名簽署訓令草案及組織草案已成定局，過兩三天就可以公布了」。

吸收青年層

田中希望透過青年團的整編，創建出一個能夠對徵兵前的青年層也就是所謂的壯丁進行軍事管理的組織。這也明顯地跟帝國在鄉軍人會的設立相同，本質上都是基於將國民教育與軍人教育相結合的思想。

只不過青年團組織裡面還有內務省和文部省的參與，再加上和帝國在鄉軍人會的關係，在實際運營上最初是不可能有統一路線的。

也就是說，文部省、內務省認爲青年團就是結束義務教育後的青年層的事業團體，是一個純粹的以青年活動爲中心的獨立組織。但是，陸軍卻認爲無論如何，青年團也是一個和帝國在鄉軍人會有直接關係的組織，當然要在這個組織中導入軍事要素。因此，文部、內務兩省和陸軍之間產生了越來越明顯的對立。

在帝國在鄉軍人會本部發行的機關雜誌《戰友》（一九一三年八月號）中，田中發表了題爲《作爲在鄉軍人會理事的希望》的文章。在這篇文章中，田中說：「青年會員就是軍人會員。爲了獲得優秀的在鄉軍人會員，培養青年會員是很重要的。青年會的內外當局者和陸軍當局者以及在鄉軍人會本部已經就此事做過多次商談，希望大家能夠認識到和青年會協同一致的重要性」。

田中不顧文部、內務兩省的想法，呼籲透過爲服兵役前的年青人普及各種軍隊教育的預備知識和軍事知識、以及介紹加入帝國在鄉軍人會等各種活動，使在鄉軍人會積極地作用到青年層之中去。

當時，田中提出了以下的青年團綱領。

「一、完成崇拜皇室、保護國體的忠孝大義；二、注重恪守規矩制度、服從命令的德義；三、鍛煉身體、以氣節爲貴、排除懦弱退卻的風氣。」

（前引《社會國民教育》）

這個綱領如實地表現出田中打算將青年團定位爲修養團體。正如前面提到過的那樣，這樣的定位和文部省、內務省將青年團當做是地域性的事業團體是有所矛盾的。而且，田中把青年團看做是未來的在鄉軍人會，曾說：「不可將他們放在安逸的環境之中，不可使他們沾染上社會上的惡習，要不間斷地指導他們，盡力使他們在將來能成為優秀的戰友，也能成為良好的國民。如果不能徹底明白這層關係，就不會明白在鄉軍人會和青年會相互提攜的眞正意味，自然也會產生疑問」。（前引《田中中將演講錄》）

由此可知，帝國在鄉軍人會和青年團是有直接關係的，這兩個組織被要求作為統合國民軍事的強有力媒體，承擔起成為軍隊在地方上的基礎的作用。這兩個組織成為了田中提出的「良兵即是良民」主張中的實際運作機關。

此後，青年團的組織在第一次世界大戰期間，反覆進行了數次改革。這些改革都是以一九一八（大正七）年五月的內務、文部兩省給日本各地方政府的第二次訓令；一九二〇（大正九）年一月的第三次訓令；以及同年十一月的第四次訓令為依據循序漸進地進行的。

其中第二次訓令中規定「回顧本團體的宗旨，獨立自主大力發展為我團體中頗為緊要之事，因此原則上本團體將努力進行自治，從團員中推舉管事之人」（前引《帝國在鄉軍人會業務方針》），由此青年團脫離了以內務、文部兩省為監督者的官僚管轄，變為自主運營的團體。

在隨後的第三次訓令中，將以前因官僚管轄而形式化的青年團活動啓動，進一步明確了其自主運營的性格，並將有能力對抗一九二〇年代初期的大正民主運動作爲其自身的發展目標。青年團原本起源於內務、文部兩省的所轄團體，卻因爲其有軍事上的利用價值，使得軍部的發言權不斷擴大。政府之所以發出這樣的訓令，也是因爲想對軍部表示不滿。

事實上，第三次訓令的內容與軍部的意見相反，在訓令中將團員的年齡提高了五歲，最高爲二十五歲。

正是這個訓令使得青年團脫離了迄今爲止的官方運動體質，以出乎當局意料之勢，青年團開始在全國各地自主展開運動。這樣的發展趨勢，與田中最初設想的將青年團與帝國在鄉軍人會相結合、組成青少年軍事組織的構想相去甚遠。於是，從一九二〇年代中期開始，陸軍展開了反撲運動。

青年團組織和在鄉軍人會

雖然青年團運動並沒有像田中所設想的那樣順利展開，但田中創造了包括青年團和帝國在鄉軍人會那樣的軍隊在地方的基礎。這些組織發揮彌補軍隊之不足的作用，同時也加速了整個日本國民的軍國主義傾向，對輿論的導向產生了重要影響。

從這一層意義上來講，可以說在第一次世界大戰後的總體戰階段中，田中在這個時期進行的一系列軍隊改革，就是陸軍主導的構建國家總動員體制的出發點。而且，構建軍隊的國民基礎，也是陸軍爲了使國民支援擴軍計畫，在製造輿論時所不可缺少的工作。

田中是怎樣說明青年團組織和在鄉軍人會之間的關係呢？還是引用一下他在「青年與在鄉軍人會」（一九一五年三月）的談話吧。

不可將他們放在安逸的環境之中，不可使他們沾染社會上的惡習，要不間斷的指導他們，盡力使他們在將來能成爲優秀的戰友，也能成爲良好的國民。如果不能徹底明白這層關係，就不會明白在鄉軍人會和青年會相互提攜的眞正意味，自然也會產生疑問。

雖然有些重複，但還是能夠說明青年會和在鄉軍人會這兩個組織具有連動性，青年會是爲了使年輕人能夠擁有成爲日本帝國軍人的素質而存在的。

從這方面來說，這兩個組織對於田中而言，並沒有什麼太大的區別。不難想像，田中認爲只有這兩者相輔互補，才能充分發揮各自組織的作用。

第三章　實現帝國擴軍目標

日俄戰後經營的課題

這裡首先把日俄戰爭之後到「桂園內閣」（譯者注：桂太郎內閣和西園寺內閣）時期的日本政局梳理一下，這段時期內，圍繞著擴軍問題，田中被迫捲入了軍部和政府、財界、新聞界之間的攻防戰之中。

日本在以俄國這個世界最大陸軍國爲對手的日俄戰爭中，投入了巨額的軍事開支，其中絕大部分都是從英國等西歐國家貸來的款。因此，戰後最大的課題就是清理因貸款而發行的外債和國債。換言之，行政、財政的整頓勢在必行，因之財政規模也勢必大大縮小。

但是，陸軍、海軍方面則以必須準備再次與俄國交戰爲藉口，企圖貫徹擴軍路線。另一方面，以政友會爲代表的政黨勢力懷著在地方擴充地盤的想法，力圖實現以整備鐵道網爲中心的積極財政計畫。

與此同時，以城市工人爲首，廣大民衆提出了希望制定減稅政策的要求、廣大農民提出了希望減輕地租。的確，由於日俄戰爭時期的加征賦稅，他們的生活十分困苦。

儘管政友會提倡積極的財政政策，但是，作爲政友會內閣成立的第一次西園寺公望內閣（一九〇六年一月成立）並沒有採用財政整理政策。反而在從一九〇六年至一九〇七年的兩年時間裡，開始著手進行增加六個師團，將陸軍常備兵力擴展爲十九個師團的大陸擴軍計畫。

西園寺內閣這樣的「積極型」財政政策當然遭到了輿論的反對。但是，由於在日俄戰爭中取得了「勝利」，在政治上也進一步加強了發言權的軍部的強硬姿態，再加上政友會明確與軍部和官僚機構保持一致的積極主義，擴軍得以實現。這種情況的背後，還有想要進一步發展事業的資本家們對戰後政策的期待，他們曾因日俄戰爭時，軍需需求的急速擴大而在生產設備上投入了大量資金。

隨著戰爭結束，軍需生產急劇減少，爲了避免發生收不回投資的事態，戰後經營做出了積極型的預算，希望能藉此將對日本經濟的打擊縮到最小。以希望透過緊縮財政早日實現財政健全化的大藏省爲中心的財政當局做出反擊的機會，也遙不可期了。但是，積極型的財政政策，自從一九〇七年開始了戰後危機後，就不得不進行修改。陸、海兩軍的擴軍計畫也因此不斷被推遲下來。

西園寺內閣之後的第二次桂太郎內閣，爲了對付席捲日本全土的經濟狀況的變化，制定了《財政十一年計畫》，打出了健全財政的路線。基於這個政策節省下來的剩餘財源，卻被一九一〇年的官吏加薪和減輕地租帶來的特別支出所抵消，到最後並沒有剩下錢來塡補財政赤字。

受到經濟危機的影響而被迫停止擴軍政策的海軍，到了桂內閣時期，再次要求政府早日實現擴軍。

海軍看到一九〇六年十二月，英國海軍造出了無敵級戰艦（排水量約一萬八千噸，裝有十門口徑爲十二英寸的主炮），就主張應追隨英國以建造大型軍艦爲中心進行擴軍。

從日俄戰爭之後到第一次世界大戰之間，英國帶頭進入了炙熱的海軍軍備競賽的時代。桂內閣無法抑制海軍的擴軍要求，最後只得承認用來建造一艘戰艦和三艘巡洋艦的預算，其總額高達二億四千八百六十七萬日圓。當然，這在桂內閣相當緊迫的財政狀況當中是勉勉強強能承認的極限。最初海軍要求建設成以八艘軍艦和六艘巡洋艦為基礎的「八‧六艦隊」，由於桂內閣承認的經費與最初要求的相差太遠，使得海軍對桂內閣的態度變得強硬起來。

與此同時，陸軍也向桂內閣提出增設兩個師團的要求。但是桂內閣拒絕了陸軍方面的要求。這兩屆內閣透過利用陸軍出身的桂太郎來拒絕陸軍的要求，再利用政友會出身的西園寺公望的第一次西園寺內閣來拒絕政友會提出的建設鐵路的要求，兩個內閣巧妙地分別使用了縮小預算和積極政策。正因如此，這段時期被稱為「桂園時代」，還得到了「情投意合」的評價。

關於日英同盟

當國內的政局按照桂太郎和西園寺公望的「情投意合」路線推進時，直接出現的外交課題就如何對待日英同盟以及圍繞對華政策日本國內各勢力之間的摩擦。

日俄戰爭結束後，就如何對待日英同盟問題，日本國內各個勢力之間存在著各種說法，但英國還是熱切希望能夠繼續和日本保持同盟關係。因為日俄戰爭之後，日本成爲遠東地區的新興國，英國和日本保持同盟關係的話，就可以透過日本海軍來保護英國在遠東的利益。

日本認爲英國的想法，對日本來說也能帶來切實利益。但是在一九一一年七月的第三次日英同盟條約中，英國暗地要求日本改變將美國作爲假想敵對國的現狀。當時的日本不管是在金融上還是技術上，都無法擺脫對英國爲首的歐美各國的依賴，因此也沒有力量拒絕英國的要求。最終接受了英國的這個要求，採取了從假想敵對國中排除美國的措施。

當然，作爲軍部來說，和一直想要入侵滿洲地區的美國的關係絕不能說是良好，而且將來還有進一步惡化的可能，但也存在希望透過日英同盟關係來改善日美關係的意見。

加上當時不僅是軍部，整個外交政策的最大課題是對華（清王朝）政策。如果英國能堅持採取支持日本的態度，那麼今後將會發揮很大作用。而且辛亥革命前的中國內政處於混沌狀態，是不能大意的。

的確就堅持日英同盟這點來說，日本國內各勢力之間大致取得了一致認識。但是海軍內部一直將美國作爲第一假想敵對國，主張擴軍路線、實施相關計畫，因此也有一股堅決反對不再將美國作爲假想敵對國、變更軍事政策的勢力。

一九一一年十月十日爆發了始於武昌起義的辛亥革命，使得原本國內就存在問題的日本，不得不重新審視對華政策。

這段時期，日本對華政策的依據，基本上是陸軍省的《對清策案》（一九一〇年十二月制定）和翌年五月參謀本部制定的《對清作戰計畫》。辛亥革命後，日本開始商討對於歐美列強趁中國社會動亂之機擴大在華權益的對策。

的確，英國在中國局勢不穩定的情況下表示了期待同盟國日本使用軍隊，從這一點來說，日本繼續和英國保持字面上的同盟關係還是有意義的。但與此同時，日本陸軍並不掩飾對英國這種姿態的警惕。

陸軍認爲英國是想讓日本承擔鎮壓中國排外運動之罪責，同時，再將國際輿論和中國國內的譴責都強加給日本，從而達到擴大其自身利益的目的。

在參謀本部制定的《對清作戰計畫》中寫有：「歐美列強在清國的利害關係與我國政策並不相容，故列強一旦得到機會，必會毫不猶豫地清除我國勢力」（山本四郎，《寺內正毅關係文書・首相以前》）的字樣，這表示陸軍非常不信任英國。而且陸軍事先就看透了英國的算盤。英國爲了對抗並制約日本的膨脹政策，準備了向涉及多國利益的中國長江流域派兵的計畫。

陸軍首腦們對中國的認識

日本要圍繞中國與以英國爲首的各國列強相抗衡，再加上中國國內政局的不穩定，使得日本陸軍及國內各種勢力只得改變對中國的政策。

本來，陸軍首腦們的態度，可以看山縣有朋的動向。即使是田中也並沒有承認滿洲地區作爲殖民地的價值。日俄戰爭之後，滿洲地區在軍事上及戰略上的價值都日漸降低，這種情況下，比起執著於滿洲來，能夠確保經濟利益的華北以及長江流域成爲了日本的重點關心對象。正如在前章論述過的那樣，「北守南進論」成了大多數人的共識。

但是隨著中國情勢的變化，日本再次改變了對中國的政策。山縣有朋在《第二對清國政策》（一九〇九年）中並沒有強調要積極地對南滿洲進行殖民統治。

而且對日本在滿洲地區的影響力，田中比山縣更沒興趣。田中甚至在《滯滿所感》（一九一四年）中寫下：「滿洲沒有不利於日本人發展的東西，這不過是不知道實際狀況的臆說罷了。」（《田中義一傳》上卷）

山縣、田中等陸軍首腦們再次研究了對中國的政策之後，對「北守南進」路線進行了修正，而且深深感到日本有必要具備同時進攻滿洲及中國其他地區的能力。但這並不是說日本放棄了南進論。也就是說，日本在增加對滿洲及中國其他地區關心的同時，也想獲得繼續入侵長江流域以南的機會。

這樣的計畫必然會產生的問題，就是需要加強日本的軍事實力，以保證能在這樣廣闊的土地上展開既有質又有量的軍事行動。山縣、田中等強烈要求增設兩個師團，也是出於這樣的背景。

增設兩個師團的經過和背景

一九一一（明治四十四）年九月一日，田中義一（時爲少將）從步兵第二旅團長調任至陸軍省的中樞機構——軍務局，擔任局長職務。當時的陸軍大臣是石本新六中將、陸軍次長是岡市之助中將，而田中直轄的部下就是擔任軍事課長的宇垣一成大佐。

迄今爲止，田中是在所謂「隊附」即陸軍中樞的外緣位置上，進行軍隊改革的。此次終於獲得期待已久的軍務局局長的職位，開始在陸軍中樞內部進行政治活動。其主要內容就是提高陸軍的政治地位，將其定位於「大陸國家」日本的根基骨幹。

這裡田中面對的最大課題就是日俄戰爭之後，陸軍一直懸而未決、並希望能夠儘早得到解決的增設兩個師團的問題。

本來，日俄戰爭後的擴軍計畫，是出於對日俄戰爭中痛苦教訓的反省而開始的。因爲在日俄戰爭中，大量動員、大量消耗兵員，表露出了日本軍事能力的界限。後來，看到和俄國再戰的可能性，爲了維護日本在大陸獲得的權益而需擴充軍備，將軍隊改編成適合「大陸國家」日本的軍事力量等等，總之將日本打造成能應對日俄戰爭後遠東新局面的帝國，就成了以陸軍爲中心實行擴軍計畫的共同目標。

在日俄戰爭之中，陸軍就已經拿出了戰後擴軍計畫的實施方案。大本營陸軍參謀部在一九〇五（明治三十八）年三月以後實施的作戰中，爲了彌補已經接近極限的動員兵力，向內閣提出了以新增設六個師團爲主要內容的《師團增設意見書》（陸軍省編，《明治天皇御傳記史料．明治軍事史》下卷）。但是，同年七月，內閣以財政惡化為由，駁回了這個意見書。因此，日俄戰爭之後，陸軍的兵力是十三個常備師團，二個後備師團，七個後備混成旅團，一個獨立重炮旅。

此後同年八月，滿洲軍總司令部作戰參謀兒玉源太郎為了應付因西伯利亞鐵路貫通而增強了俄國的軍事力量，向大本營陸軍參謀部提出增加四十八個步兵大隊、十二個騎兵連隊的大規模增兵要求，這就是《陸軍兵備急設案》。

陸軍的這個增兵要求也被內閣以財政為理由擱置下來。陸軍之所以會提出這些增兵的要求，都是因為在日俄戰爭中消耗的兵力遠遠超過最初的設想。

就在日俄戰爭臨近尾聲的一九〇五年，陸軍在提交以上擴軍草案的同時，也開始了實質上的擴軍。同年三月三十一日，從各師團中抽調出了兵力，並對第十三師團和第十四師團分別於三月三十一日、四月十七日下達了動員命令。

而且，七月十七日又相繼對第十五、十六師團下了動員命令。這一系列的動作都是按照《陸軍兵備急設案》的計畫進行。但是，在此期間，戰爭已經基本結束，陸軍在美國總統的周旋下，召開樸資茅斯和會的前夜，對第十五、十六師團下動員令，明顯是想將此作為日俄戰爭後擴軍構想的一個環節，是露骨的增兵措施。

大江志乃夫指出，這兩個師團的增設具有「為了戰後大量擴軍打下基礎、在簽訂合約的混亂時期利用臨時軍費「跑步增設」的性質（大江志乃夫《國民教育和軍隊》）。在日俄戰爭中就開始制定的增設師團計畫，到一九〇七（明治四十）年九月十八日發布《軍令陸第四號》，增設第十七、十八師團進入到了實質性階段。

此時雖然日本已經擁有十九個常備師團，但陸軍的最終目標是二十五個師團，所以擴軍計畫被分爲兩期，第一期計畫增設四個師團。

匆忙之中設置的第十七、十八師團是第一期擴軍計畫中的兩個師團。陸軍就是否增設第一期計畫中剩餘的兩個師團和政府之間展開了對立與抗爭。這就是所謂的「增設兩個師團問題」。

陸軍執拗的擴軍要求

這裡將時間倒退一下，看看日俄戰爭後，陸軍擴軍設想的概要。

一九〇五（明治三十八）年八月，山縣有朋在《戰後經營意見書》中斷言，日俄戰爭後日本最大的課題就是準備再次和俄國發生戰爭。山縣有朋說：「我等今後應大量擴充陸海兩軍，隨時準備應付敵人的復仇」，而且「戰後的擴軍對於帝國的存在來說，是不可不做的大事，即使是坐在薪火之上，也必須要實施擴軍」（前引《山縣友朋意見書》）。

同時，制訂每年年度作戰計畫的陸軍也在《明治三十九年度日本帝國陸軍作戰計畫要領》中明確提出，此後的大陸作戰將從以往的守勢作戰轉變爲攻勢作戰（前引《明治軍事史》）。例如在《明治四十年度帝國陸軍作戰計畫》第一章（目的）第一款中寫道：「帝國陸軍按照帝國軍隊的用兵綱領，以對俄國採取攻勢爲目的」（原綱

《日俄戰爭後的帝國陸軍作戰計畫及訓令》《軍事史學》第一八卷第三期，一九八二年十二月），此後陸軍的基調都沒有發生過變化。

導致日本在日俄戰爭後計畫擴軍的背景，是日本爲了準備再次和俄國交戰，在大陸作戰中改爲採取攻勢作戰。而攻勢作戰的前提就是需要構建能夠大量動員兵力的體制。但是陸軍提出並實施的一系列擴軍計畫，並非日本統治層的統一想法。因爲承擔陸軍擴軍的財政基礎實在是太脆弱了。

日本在日俄戰爭中雖說取得了勝利，但在和約中並沒有獲得俄國一分錢的賠償。這個時期日本的國債已經高達二十五億日圓之多，而且每年都需要負擔一億四千萬圓來支付外債的利息（由井正臣《二師團增設問題和軍部》，《駒澤史學》第十七期一九七〇年五月）。再加上南滿洲、樺太等新的殖民地都需要經費，在這種情況下的緊急擴軍，實際上是相當困難的。

事實上，在財界隱隱保持影響力的井上馨就曾主張「應減少擴軍，將經費用在實業上」（原奎一郎編，《原敬日記》第二卷續編，明治三十八年十二月十四日），而且他曾高度評價第一次桂太郎內閣在締結樸資茅斯和約前拒絕了陸軍增設六個師團要求的舉措。

在日俄戰爭之後隨著財閥的成立、金融資本的形成以及金融資本家發言權的增大，其政治地位也有所提高，以井上爲代表的財界逐漸表現出反對擴軍的姿態。特別是一九一〇年代以後的第二次西園寺公望內閣時期，整理行政、財政成爲這個內閣的重要課題，金融資本家們也隨之更是明確地表示出了反對增設師團的意見。

當時的陸軍之中，無論是陸軍省，還是參謀本部，都是長州軍閥，握有控制權，同時確立了陸軍省的地位遠高於參謀本部的趨勢。所以，在爲了實現擴軍要求和政府的交涉中，自始至終都是陸軍省的軍事官僚處於領導地位。

如上所說，站在要求擴軍的軍事官僚背後的，是擁有強大勢力的山縣有朋。山縣從一九一〇（明治四十三）年左右，就開始在非正式場合表示，擴軍是急需解決的事情。一九一一（明治四十四）年山縣向寺內正毅陸軍大臣提出擴軍的必要性，進而於翌年六月四日再次給寺內送去了意見書和書信。山縣的策劃就這樣得到了寺內承認。山縣的擴軍案，主要有以下三點：㈠改變常備軍數的比例，並增加常備軍數；㈡改變國軍編成的原則，儘量僅用常備士兵編成戰鬥部隊；㈢改善預備役軍官士兵。

依據山縣的擴軍案，最終要將師團的數量擴大到二十五個師團。當時日本有十九個師團，山縣計畫從一九一二年到一九一三年增設二個師團、一九一四年到一九一五年再增設一個師團，一九一六年至一九一八年增設二個師團，從一九一九年到一九二一年再增設二個師團。

在這一系列的過程中，第二次西園寺內閣（一九一一年八月三十日成立）時圍繞著是否增設二個師團發生了政治問題。由於對作戰構想的不同以及擴軍競爭加深的陸軍和海軍的對立意識，因此陸軍不得不和受海軍支持的政友會內閣進行對抗。而且金融資本家以及中小資本家和民衆都展開了反對擴軍的運動。

雖然如此，到了一九一〇年代，以山縣有朋爲中心的陸軍，還是進一步提出擴軍的要求。

例如，在一九一一（明治四十四）年七月三十一日的《對露警戒論》意見書中，山縣就主張說，不僅僅是對俄國，還包括對清國、對英國，要對抗這些國家，「我相信當務之急就是迅速對陸海軍進行整頓」（前引《山縣有朋意見書》）。但是對於山縣一系列的擴軍要求，桂和寺內並沒有表現出積極的反應。

桂和寺內之所以做出這樣的反應，是由於山縣的擴軍計畫過於激進，而且一九一〇年代時，日本的國家財政陷入進一步的危機當中，在這樣的情況下強行進行擴軍計畫是不現實的政治抉擇，所以桂和寺內認爲如果強行進行擴軍的話，對陸軍來說危險很大。可以說和山縣相比，寺內此時做出的判斷更爲合理，而此後這種關係將發生逆轉。

西園寺內閣的基本路線

第二次西園寺內閣，決定將執行行政、財政的整理作爲內閣最大的課題。所以一九一一（明治四十四）年十二月九日，設立了以西園寺首相爲總裁、以原敬內相爲會長的內閣諮詢機關——臨時制度整理局，準備在這裡研究並提出整理行政、財政的實施案。

西園寺首相曾對可以說是內閣副首相的原敬內相和松田正久司法相表明決心，希望能「在四十五年度的行政上進行大的改革，並拿透過改革得來的財富來塡補財政上的窟窿」（《原敬日記》第四卷，明治四十四年十一月二十日）。

但是，陸海兩軍無視內閣的行政、財政整理方針按照往年的慣例提出了擴軍計畫。

例如，海軍方面的齋藤實海軍大臣於前一年（一九一〇年五月十三日）向前內閣（第二次桂太郎內閣）提出要求建造七艘戰艦、三艘巡洋艦的題爲《海軍軍備充實之議》的大擴軍提案。在此提案中，明治四十四年至四十九年繼續追加費用爲三千九百四十六萬圓，此外還有三億六千七百四十五萬圓作爲明治四十四年至五十一年的補充費用。

在明治四十四年度的預算案中，海軍要求將這些實施案都編進去，甚至有人說海軍大臣齋藤就是爲了讓第二次西園寺內閣接收海軍的擴軍提案才留任的。

西園寺內閣把海軍擴軍案的預算減少到八千二百二十二萬圓後，得到了議會的通過。對於同爲懸案的在明治四十五年的預算中增設兩個師團的陸軍要求，內閣一步也沒有讓步。這也是內閣和陸軍對立的一個重要原因。

一九一二（明治四十五）年五月十五日，內閣執政黨政友黨在第十一次衆議院總選舉中取得勝利之後，西園寺內閣開始正式對行政、財政進行改革。

透過此次選舉，政友會增加了兩個議席，佔據了二百零九個議席，而官僚派的政黨組織——中央俱樂部則減少了二十個議席僅剩三十議席，除此之外，無黨派佔據了四十七個議席。政友會的勝利，意味著西園寺內閣的行政、財政改革方針獲得了選民的支持。

事實上，就像曾是記者的前田蓮山在其著作中寫的，「從桂內閣的末期開始，全天下的輿論傾向都是要求縮緊財政。以松方（正義）、井上（馨）兩元老爲首，澀澤榮一、高橋是清、近藤康平、早川千吉郎等財界都認爲有此必要，在西園寺內閣成立的同時，他們就以井上馨的名義向首相提出了建議」（前田《原敬傳》下卷）。由此取得自信的內閣，進一步推動了改革的實施。

這種情況，不管是對於要求擴軍的陸軍來說，還是對於對資產階級政黨——政友會以及支援他們的國民政治意識的提高，還有隨之而來的政黨勢力越來越大懷有戒心的官僚勢力來說，都不是希望出現的局面。

曾爲改革行政、財政負責人之一的原內務大臣在日記中說：「每次就行政、財政改革進行協商之後，在下一次議會上都不可避免地要和官僚派發生衝突」（《原敬日記》第五卷，明治四十五年五月二十日）。可見，原也認爲內閣和陸軍以及官僚的對立是不可避免的。

進入六月以後，內閣頻繁召開了以整理行政、財政爲議題的內閣會議。八月九日的內閣會議上，透過上原勇作陸軍大臣，陸軍試探性地提出了增設兩個師團的要求。

考慮到陸軍的擴軍方針與改革行政、財政方針相牴觸，西園寺首相爲了要求陸軍撤回增設要求，直接和身爲長老的山縣有朋展開了交涉。西園寺向山縣說明從現在的財政狀況來看，增設不可能實現，從而得到了山縣的讓步。但山縣提出，如果陸軍能從自身的經費縮減中找出增設師團的財源，內閣應該同意陸軍的增設要求（《原敬日記》第五卷，明治四十五年八月三十日）。

與此同時，作爲增設兩個師團的代替案，桂提出了一個提案：增設兩個連隊，同時將原本是臨時設置的韓國總監護衛轉爲常態。此時陸軍擴軍的內容並沒有被統一起來，也沒有制定出具體的實施案。

增設師團問題的復燃

進入十月之後，一度平靜下來的增設師團問題又死灰復燃了。身爲元老的井上馨轉變爲贊成增設師團，所以陸軍想要實現擴軍的欲望越來越強。

與此相對，原內務大臣則在日記中寫到：「西園寺認爲應向山縣和上原說明關於增設師團問題其後並沒有什麼進展，讓他們不要在今年提出」（《原敬日記》第五卷，明治四十五年十月十八日），原認爲有必要和以官僚勢力爲背景的元老們明確劃清關係。

到了十月下旬，上原陸軍大臣因爲有陸軍省裡的岡次官、田中軍務局長、宇垣軍事課長等人的推波助瀾，進一步強烈主張要求增設師團，並於十一月二十二日的內閣會議上正式提出了增設師團實施案。爲此，負責實行行政、財政改革工作的山本達雄大藏大臣對上原陸軍大臣展開了說服工作。山本達雄認爲如果陸軍強行增設師團的話，將有引起國民反對陸軍的情緒。

十一月二十一日，西園寺首相親自要求上原陸軍大臣在內閣會議上就增設師團問題說明理由。這是爲了讓宣稱如果沒有承認增設師團案的前提就不會向內閣成員說明增設師團理由的上原陸軍大臣也能做出讓步。在此期間，十一月十三日內閣會議通過了行政、財政改革案，並對上原陸軍大臣提出了延緩兩年實施增設師團的妥協案。

但是這樣的調整並沒有發揮作用，二月二日上原陸軍大臣單獨向天皇提出了有必要增設師團的上奏，並提交了辭呈。西園寺首相爲了解決陸軍大臣後任問題而請山縣協助，山縣卻提出來以下一年度即按陸軍要求實現增設師團爲交換條件。

至此西園寺內閣在選定陸軍大臣後任問題上，因爲陸軍方面拒絕推薦人選而陷入總辭職。但是透過對行政、財政的改革，內閣縮緊財政取得了以下成果。

除了陸軍省和特別會計以外，各省透過制度改革節減出二千萬圓，再加上年度自然增加一千六百萬圓，以及明治四十四年度剩餘的一千萬圓，共計四千六百萬圓。從這個財源當中支出了減稅彌補費一千萬圓，海軍充實費七百萬圓以及歲入不足補填費八百萬圓，合計二千五百萬圓，算下來共有二千一百萬圓進入到國庫之中（《東京經濟雜誌》第一六七六期、大正元年十二月七日）。

同時內閣對陸軍提出的改革要求是從八千萬圓的常備費用中節減出七百萬圓，而陸軍實際僅縮減了一百九十五萬圓。

陸軍中堅層迫使內閣實現增設師團

隨著一九一〇年代日本國內權力構造發生改變，再加上國家財政惡化及新的國際形勢等國內外諸多條件的變化，陸軍的擴軍計畫引發了領導層內部的各種摩擦。

第二次西園寺內閣施行的財政、行政改革＝緊縮財政是以最大限度的控制政府和國家的支出，打造樸素的政府、簡化的行政爲目標的。正因爲這次改革是以再次整編國家財政爲基本理念，所以需要增加國家支出且不能直接擴大內需的擴軍計畫和此次改革明顯是矛盾的。

能夠從擴軍中獲得利益的，只有陸軍和協助陸軍的官僚們。所以增設師團在這個時期，本來就不可能成爲政府以及領導層的共同目標。

田中在一九一一（明治四十五）年二月二十一日給寺內正毅（當時朝鮮總督）的書信中，對西園寺內閣在前一年中國爆發辛亥革命時，沒有積極擴大日本在華權益，提出了批評。

而且田中還將支持政友會內閣的海軍定位成「不喜歡帝國向大陸發展一部分人，也是只知道擴張自己的地盤不爲國家的存立著想的人」。田中認爲海軍支持內閣也是導致內閣對中國的政策很消極的一個重要原因。

田中後來把海軍定位爲妨礙陸軍實現大陸國家設想的枷鎖，並對海軍展開了批判。在同一封書信中，田中寫下了此時期陸軍的立場，同時也吐露出田中自身的危機意識。

特別是看看現在的情況和四周的趨勢，我深為未來我陸軍將遭遇非常的困境而痛心。當然還有更大的壓力將會出現在不遠的將來。能否發揮出足以抗拒的強大力量，則要看我等從現在起的所為。

特別是一九一二年初辛亥革命經過了曲折的過程，進入到迫使清朝皇帝退位、實現共和制的時期。陸軍曾把辛亥革命看做是能夠從經濟及軍事上進一步入侵中國的絕好機會，但內閣卻拒絕了陸軍向南滿洲增派一個師團的派兵計畫。

與此同時，在日本國內又由於西園寺內閣要實施行政、財政改革，要求擴軍的陸軍成為眾矢之的。田中不得不苦苦考慮該如何應對這一系列的情況。所以寫下了：「我很擔心隨著時間的延續，我陸軍將面臨危急存亡之時」的話。

在同年三月三十日，田中給寺內的書信中（明治四十五年三月二十日），直接將西園寺內閣當做了批判的對象。

我想您已經察覺到了，現任內閣只管制度改革，此外諸事似亦頗有打算。對此，陸軍的態度是製造不讓內閣介入的理由，同時，要考慮在策略上不能有以後會引起爭論的東西。

也就是說，田中認為西園寺內閣所謂的最為重要的課題——對行政、財政進行改革的目的就是要阻止陸軍擴軍。爲了使內閣的目的破產，就有必要製造一個「不讓內閣介入的理由」。換言之，從這個時候開始，田中就認爲打倒這個阻止陸軍擴軍的內閣是不可避免的事情。

田中在此信中說：「思前想後協調政治的立場和陸軍的立場，在此時期是非常重要的」，強調了協調政軍關係的重要性。但是這僅僅是指與承認擴軍路線＝增設師團的內閣妥協，也就是協調與理解「陸軍立場」的政府＝內閣的關係。

從這個意味上來講，在西園寺內閣的外交和內政中，未能站在實現陸軍擴軍設想的角度上採取強硬態度的石本新六陸軍大臣是不稱職的，所以田中暗中主張更換石本陸軍大臣。四月二日石本陸軍大臣病逝後，由第十四師團長上原中將擔任陸軍大臣，田中要求更換石本陸軍大臣的舉動也隨之落下了帷幕。

死硬派田中的舉動

此時的田中，爲了協調陸軍首腦們的意見及讓上原能夠當上陸軍大臣，表現得非常活躍。事實上，在四月三日田中給寺內的書信中，就向寺內報告了山縣推薦上原，此事在在陸軍內部已經取得一致意見的情況。（同「明治四十五年四月三日，田中寫給寺內正毅的信」）

陸軍爲了對抗內閣的行政、財政改革，於六月初決定了增設師團計畫的實施順序，其內容，可從接到山縣指示的田中在東京和寺內會談時，拿出的山縣給寺內的書信中知道其詳。

從這裡可以看出山縣的意圖是按照內閣改革行政、財政的方針，整理縮減陸軍的一般經費，透過轉用原有的軍費，達到推進並實現擴軍計畫的目的，而不給國庫帶來負擔。

很明顯，山縣並沒有把增設兩個師團的具體增設計畫和要求增加軍費開支當做陸軍的方針。但是在田中和寺內的會談中，卻以需要派兵朝鮮爲理由，一致同意應將增設兩個師團作爲近期陸軍的擴軍目標。

從此時起，寺內、田中陣營以對抗海軍擴軍、增設朝鮮師團爲公開理由要求西園寺內閣同意增設兩個師團，並且爲了能夠在下一年度的預算中展現出來，而開始上下活動。

進入到八月以後，受到寺內、田中指示的上原陸軍大臣在各省預算案交到大藏省之前，就已經向西園寺首相試探性提出要將增設師團的預算編列進去。也是從此以後，西園寺內閣就開始苦苦思考該如何應付陸軍正式提出的增設師團的要求。但是，陸軍內部對於增設師團的實施方法也並沒有取得完全一致。

西園寺首相於八月十六日就增設師團問題與桂太郎進行了會談，桂在會談中說：「山縣的主張，既然還只是派了使者去找寺內協商，倒不如我們直接去找山縣商議，這倒是一個辦法」（《原敬日記》第五卷，明治四十五年八月十七日）。桂還做出了如果說清楚財政狀況，山縣也不會不講道理地非要求增設師團不可的判斷。

八月二十八日，西園寺首相拜訪山縣，並向山縣說明增設師團實無可能，山縣表示予以理解。而且山縣也再次重複了以前的意見，那就是如果陸軍透過節儉自己的經費來實現擴軍的話，內閣應該認可。山縣還說，即便現在這個時期不可能增設兩個師團，上原陸軍大臣的手裡也有必要準備幾個替代方案。（《原敬日記》第五卷，明治四十五年八月三十日）

可見山縣、桂等陸軍最高首腦並不一定認為增設兩個師團是緊迫的事情。所以要求增設兩個師團，是在以寺內和上原陸軍大臣為首的田中、宇垣等陸軍省中堅幹部的主導下進行的。實際上，在西園寺和山縣會談的時候，山縣曾明確說，沒有從上原陸軍大臣那裡聽到增設師團案的事。（《大正初期山縣有朋談話筆記》，《史學雜誌》第七十五編第十期，一九六六年十月）

而且研究山縣有朋的記者竹越與三郎在他的《陶庵公》一書也有以下描述：「增設師團成為西園寺的難題，西園寺詢問桂的意向時，桂說也不是現在非要兩個師團不可，西園寺覺得也許桂這邊問題不是很大，又去問山縣的意向，山縣說現在已經不是自己說話就行的階段，應該請天皇下詔來解決這個事情。但是明治天皇在位的話倒還好說，當今天皇年齡太小，還是避免讓天皇擔心的好」。

由此可見，增設師團是田中、宇垣等人的要求，但這並不意味著山縣、桂等陸軍長老沒有發言權。山縣和桂，從其政治影響來說，是超越陸軍的存在，他們不得不站在國家的高度來全面領導陸軍的決策。因此他們也只不過是迫不得已地表面上迴避強硬姿態、抑制自己罷了。

就在以田中為中心的陸軍中堅層強烈要求增設師團的同時，西園寺內閣的行政、財政改革工作也逐漸具體化起來。

九月五日，後藤新平給桂送去了《政界通信》。《政界通信》中顯示內閣對行政、財政進行改革的目的是為了獲取充實海軍經費的財源、也為了實施積極減稅的政策（減稅金額為一千萬圓），而陸軍所關心的增設兩個師團之事則被排除在外。（《評傳田中義一》上卷）

從這裡也能看出西園寺內閣是真的打算具體施行行政、財政改革，這就進一步讓田中感到有危機。田中為了挽回陸軍的劣勢，決定向各方面遊說增設師團的必要性。

遭遇反對增設師團派的反擊

田中首先接近了將增設師團作為軍制改革的一環給予肯定評價的井上馨，透過井上的仲介，取得了十一月九日在首相官邸向內閣成員說明增設師團必要性的機會。田中極為活躍地向財界和西園寺內閣的成員們做了大量工作。但是，正如原在日記中記錄下來的那樣：「田中所說的，實在沒有什麼新意」（《原敬日記》第五卷，大正元年十一月十九日），田中的一系列活動並沒有取得什麼成效。

此後，田中也向大隈重信、《萬朝報》的黑岩周六等政界、媒體的人士提出要求，請他們將輿論誘導到對增設師團有利的方向上去。但最終輿論的走向也是和田中所期待的完全相反。

例如，《東洋經濟新報》就在題爲《斷不可同意陸軍的擴張》的文章中，就俄國威脅論——陸軍舉出的增設師團的理由之一發表了評論：「雖說陸軍的軍備擴張對於我國來說是毫無意義的浪費，但對俄國的影響卻全然不同，絕不能說是沒有意義。他們必然會覺得自己的地位受到威脅，更應擴充遠東軍備。其結果就是使我國感到不安，不得不再次擴軍」（第六〇三期，明治四十五年七月十五日），表明了反對增設師團的立場。

同時，《東京經濟雜誌》也發出了全面支持政府進行行政、財政改革的論調，發表了題爲《排除增設師團妥協說》的文章。該文章說：「西園寺首相和山本大藏大臣一樣，都反對增設兩個師團，之所以嚴厲拒絕是頗有根據的，這個根據如今已經成爲公開的秘密。山本大藏大臣甚至曾揚言稱新成立兩個師團，即爲對行政整理方針的正面打擊，自己也將斷然辭職。事到如今，即便有元老的忠言，或者民間有一二企業家聲援陸軍，首相都不應離開和自己意見相同的山本大藏大臣去容忍陸軍的主張」（第一六七五期，大正元年十一月三十日），表明了強烈支持政府方針的意見。這些報導也反映出當時民間反對增設師團的聲音。

同時，財界人士反對增設師團的運動也活躍起來。十月二十日，第十九屆全國商業會議決定支持政府對行政、財政的改革，該會的幹部們還在十一月七日訪問了山本大藏大臣，並對山本進行了鼓勵。（《東洋經濟新報》第六一五期，大正元年十一月

十五日）

此外還有中野武營等東京的少壯實業家們也決定反對增設師團（《東洋經濟新報》第六一七期，大正元年十二月二日），以國民黨議員澤來太郎、伊藤知也等人爲中心，於十一月二十八日結成了反對增設師團同盟。（《大阪朝日新聞》一九一二年十一月二十八日）

和這些反對增設師團運動並行的是，爲了達到抑制陸軍增設師團要求的目的，中野武營、山田英太郎、田川大吉郎等國民黨議員決定要求在政府內設置國防會議。之所以設置國防會議，是希望能由政黨、財界、官僚等各方面的人士組成一個專門會議，透過交換並調整各方面的意見來解決軍備問題。

軍備問題並不單單是軍隊獨自的問題，而是處於和國家整體政策息息相關的位置上。設置國防會議就是將軍備的性質、規模和國家政策以及國家財政緊密聯繫起來，同時也希望透過國防會議來抑制軍部的一意孤行。

但是，對於設置國防會議也有媒體提出了批評意見：「設置國防會議必定會與預期目標相反，只會助長軍人的跋扈，釀成陸海兩軍的爭議，開軍人插嘴國家政事之先河，危及國家財政基礎，妨礙制定軍國政策方針，製造軍政當局者逃避責任之口實等，其弊害舉不勝舉。」（《東京經濟雜誌》第一六八二期，大正二年一月二十五日）

即便如此，在此後一九一四（大正三）年一月三十一日，第一次山本權兵衛內閣的第三十一次例行議會上，國民黨總裁犬養毅還是提出了《關於開設臨時國防會議建議案》，至此，設置國防會議的工作正式啓動，並於同年六月二十三日，第二次大隈重信內閣時期以防務會議的名稱得以成立。

然而設置國防會議的設想，實際上也是山縣和桂等陸軍首腦爲了解決增設師團問題而提出的設想。其結果也只不過是爲了使擴軍正當化而採取的手段而已。以國防會議爲藍圖，在大隈內閣時期設置的防務會議最終所起的作用就是成了一個實現擴軍，具體來說就是讓各方面同意增設兩個師團的機關。

正是這一系列的反對增設師團的氣氛和運動，以及在設置國防會議的設想上，政黨勢力表現出對軍備問題的參與姿態，讓田中等陸軍省的中堅幹部感到實現增設師團的困難，並開始爲此摸索對策。

轉入反攻

就在增設師團問題進入最終階段的十一月，田中等人向各界發出說明增設師團必要性的意見書，試圖扭轉局勢。

根據《田中義一傳記》（上卷）中的記錄，西園寺內閣在這個時期對上原陸軍大臣所提增設師團的要求，依然以正在施行行政、財政改革爲理由堅持拒絕的姿態。爲此，上原以陸軍大臣的名義向西園寺首相提交了趣意書，而這個趣意書是由宇垣軍事課長起草，田中修改的。

同一時期，宇垣還寫了《主張增設兩個師團的意見書》（以下略稱爲「意見書」），衆所周知該意見書被田中修改後廣爲發送（《宇垣一成文書》）。井上清在《宇垣一成》一書中介紹說陸軍大臣的意見書和宇垣的意見書是兩個不同的東西。但是從趣意書和意見書的內容以及寫作時期大致相同這些地方來看，兩者很可能是同一東西。只是現在無法證明這個觀點。

不管怎麼說，這個意見書具體闡述了宇垣的上司——田中等陸軍省中堅幹部堅持增設師團的理由，這一點是毫無疑問的。例如，在意見書的開頭部分就寫著：「進取型的外交政策背後通常是需要相當充足的兵力支撐的，從過去衆多歷史到現在各國衝突的實際情況，都向吾等證明教導了這一點。對此已沒有必要在這裡條分縷析地贅述」，而日本要想發展成大陸國家，就必須依靠「進取型的外交政策」，那就需要有充足的軍事力量作爲基礎。這裡再次明確提出了陸軍一貫的主張。

但是，現狀是陸軍的這個主張，至今尚未得到各階層人士的徹底理解，不僅如此，還「蒙受了一些觀察邦國百年大計近視論者的批判」。這裡所說的「近視論者」指的是財界和媒體中反對增設師團的人們。接著又說：「當今我國政界的狀態，不得不讓我懷疑是以一些近視的政論以及有力的政論家爲首在不斷迷惑著廟堂之上的諸公」，批判了連政府相關人士也被「近視論者」反對增設師團論所「迷惑」的現狀。

特別是西園寺內閣所推行的行政、財政改革，實際上只不過是拒絕陸軍要求在朝鮮增設兩個師團的藉口而已。不得不說內閣的這種姿態，其實是「不忠於國家前途發展」的政策。

接下來就進入對增設師團的理由加以說明的部分了。之所以增設師團第一個理由就是，俄國軍事實力隨著西伯利亞鐵道的雙軌化而進一步增強，作爲對抗這一現狀的辦法，擴軍政策成爲必須實施的緊急事項。

特別是俄國在遠東地區軍事實力的增強對朝鮮半島構成了威脅，因此做了以下說明：「在朝鮮增設兩個師團已經成爲燃眉之急，仔細觀察計算彼此的形勢，爲了國家的前途，出於自己的責任斷不能淡然無視，不得不承認現在的事態令人痛心」。

雖然陸軍在這裡把俄國的威脅作爲了在朝鮮增設兩個師團的理由，但實際上，這一時期日本和俄國的關係並非如此。當年七月締結了第三次日俄協商，再次確認了彼此在中國大陸的勢力範圍。而且俄國在歐洲方面加入了協約國（英、法、俄），在與同盟國（德、奧匈帝國、義）對立的構造中支撐著一角，在亞洲方面，俄國採取了極力避免紛爭的方針。因此可以說，此時期日俄關係處於空前的良好狀態。

當然，對日本來說，軍事能力上俄國是第一假想敵對國，俄國也必然是一個阻止日本發展成爲大陸國家的重要因素。

但是，可以說至少在這個時候，俄國完全沒有和日本發生軍事衝突的意圖。所以，「意見書」中所說的，爲了對抗俄國而有必要增設師團，是無視現狀缺乏說服力的說法。

田中的「意見書」中蘊含的東西

「意見書」舉出的第二個增設師團的理由就是，爲了在辛亥革命以後的中國展開積極政策，使日本能獲得和其他國家同樣的權利，就有必要動員充足的兵力。「意見書」對中國的局勢做了如下概括：

看看去年年末支那之形勢吧。長江沿岸發生革命動亂以來，清廷覆沒，民國興起，從外觀上來看，似乎有點到了小康的感覺，雖說如此，但各省督撫依然擁有強大的部隊各自爲政，使中央政府統一的威令掃地，而地方上財政又已經達到極其匱乏的地步，四百餘州土崩瓦解的危機即將到來。處於此等時期的列國的態度，是誰都想擁有能夠排除錯綜複雜的利害關係，單獨解決支那問題的實力，所以各國都在用保全外國領土的美名來相互牽制，實際上是都在孜孜不倦地圖謀各自國家利益的增長和發展。

田中在其自身所寫《隨感雜錄》中曾認爲：「清國自己已不能維護國內秩序」，開始懷疑中國作爲主權國家的統治能力，並把中國當做是日本發展大陸國家時不可缺少的資源供給地。

基於此種認識，田中說：「他日最後解決支那問題時，從自衛的角度上，吾等一定要站在主動地位，至少要指導帝國能夠永遠地安寧發展。今日在朝鮮增設兩個常備師團，即是鞏固對支那政策上的主要陣地」。

田中指出爲了對應歐洲列強在中國的攻勢，確保日本的「主導地位」，就不可避免地需要以軍事力量作爲後盾，如果錯過時機，則日本想要在中國擴大勢力範圍，就有可能受到挫折。

這個時期，日本政府對華政策形成的共同認識是，從日本資本主義的後進性、以及工業生產能力較低的現狀來說，不可避免地要利用軍事實力獲得權利，但同時出於避免與歐洲列強對立、財政惡化等理由壓制了陸軍要進行「中國政策」的主張。

因此，陸軍爲了改變對中國採取消極政策的內閣方針，強行提出了增兵要求。也就是說，增設兩個師團追求的不僅僅是純軍事效果，還包含了這樣的意圖。田中看出了增設兩個師團的原本意義。

圍繞著增設師團問題，西園寺內閣最終被迫總辭職。對於陸軍來說，毫無疑問這只不過是爲了完成大陸國家構想的一個手段而已。

事實上，由井正臣指出「陸軍增設試圖的目的，就是爲了把中國變爲日本的殖民地時，日本能透過地理上的優勢和強大的軍事力量，佔據主導地位」。（前引論文「兩個師團的增設問題與軍部」）

《意見書》中舉出的增設師團的另一個理由，就是日俄戰爭中臨時接受了徵集教育的士兵，在大正三年時將服役期滿，這將會帶來國防上的重大缺陷，爲了彌補這個缺陷，因此有必要增設兩個師團。

陸軍提出增設兩個師團的出發點是「從戰時兵員減少的實際情況來打算的，如果把增設師團推遲到大正二年以後，不得不說國防上將變得非常危險。這也是爲什麼陸軍當局不能等國家財政完全緩和之後再提出增設兩個師團的原因」。所以陸軍主張，增設兩個師團看上去雖然是擴充軍備，但實際上只不過是補充兵力的減耗而已。

對於政府的反應，陸軍方面說：「雖然存在著這麼刻不容緩的緊急情況，但掌權的諸公仍只拿財政情況來當做拒絕的藉口，到底要怎樣才能讓他們承認這是關乎國家存亡的重大行動呢？」，尖銳地批判了以整理行政、財政爲理由，拒絕增設師團要求的政府。但是，陸軍的理由在前面已經分析過了，如果沒有迫切需要充實軍備的內外形勢，陸軍的理由就顯得蒼白無力了。

《意見書》接下來提出了陸軍算出來的增設兩個師團需要耗費的經費。從《意見書》中可以看到，爲了增設兩個師團，第一年度需要一千萬圓的經費，此後每年的維持費約爲七百四十萬左右。這些費用將依據國家財政的實際情況，不一定都需要國家來負擔，陸軍表示有透過對陸軍經費的調整節約，儘量自己負擔的思想準備。

對於財政與增設師團問題的關聯，《意見書》中寫道：「不管是從東西世界的現狀，還是從受過教育的在鄉兵員的減少等內外形勢綜合來看，毫無疑問增設二個師團都是明顯不該被阻止的緊急事情，而實施此計畫也絕不會阻礙帝國財政的改善，這是顯而易見的」。所以陸軍斷定內閣是出於誤解，才做出了以財政原因爲藉口，拒絕增設師團的姿態。

《意見書》最後是以：「居然能夠做出犧牲生存主自衛上不可或缺的諸多設施來阻撓本次計畫的實施這種事，吾等不得不驚訝諸公的偏見與無能。諸公到底是憑什麼以報天皇信任之國民信賴呢？還望勿嫌厭煩回答我們」來結束的。

這分《意見書》到底給哪些人看過，具有怎樣的影響力，現在已經無法考證了。但是從《意見書》是在十一月分——內閣與陸軍爲了增設師團問題的對立，已經進入到最終階段時完成的來看，《意見書》充分反映了陸軍中堅幹部試圖打破這種僵局的想法。這種企圖具體展現在了此後上原陸軍大臣所表現出的強硬態度之中。

也就是說，十一月二十二日上原陸軍大臣正式向內閣提交了增設師團案以後，到十一月二十八日內閣第二次討論增設師團問題會議之前，上原陸軍大臣在陸軍省內與岡陸軍次官、田中軍務局長等就在內閣會議上交涉的內容進行了溝通，並確認了必要時要表現出包括辭職在內的強硬態度的做法。

在這次內閣會議上，政友會出身的西園寺公望首相、原敬內務大臣、松田正久法務大臣以及出身財界的山本達雄財政大臣等官僚都發了言。他們一致認爲進行行政、財政的改革和增設師團是不可能同時實現的，作爲兩個問題，應該先進行行政、財政的調整，而增設師團是可以推遲的。

對於官僚們這些發言，上原陸軍大臣從以下的理由出發，對政府給出的妥協案——延緩增設師團，表現出了對抗的姿態。

陸軍進行的調整，是以增設師團爲目的的調整。雖說是按照內閣的方針進行的行政改革，但絕不能把調整和增設師團問題分開來考慮。增設師團所需的九百八十三萬的臨時經費完全可以從結轉的經費中支出。大正二年的經常經費中，還有一百一十萬圓左右，加上陸軍調整出的二百萬圓，都可以拿來支付這筆支出。說到新給國庫增加的負擔，不過是增設之後的二百八十萬圓而已。而且其中不管陸軍要求多少，都是四年以後的事情了。（荒木貞夫編．代表《元帥上原勇作傳》上卷）

原內務大臣提出希望上原陸軍大臣能在內閣會議上對增設師團計畫及陸軍調整的詳細狀況進行說明，對此，上原陸軍大臣表示如果內閣不打算同意增設師團案，就無法滿足原內務大臣的要求，拒絕做出說明。不僅如此，上原陸軍大臣還反而指責政府正在推行的對行政、財政進行改革是爲了給海軍補充經費。

寺內軍部內閣設想受到挫折

上原陸軍大臣爲了實現增設兩個師團而進行的單獨上奏行爲，可以說是有預謀的政治行動。《寺內正毅文書》中保存下來的《二個師團增設問題意見書》說明了這一點。

根據這個史料可以看出，陸軍認爲西園寺內閣進行行政、財政改革的目的，是爲了增強政友會的聲望、鞏固政黨內閣的基礎，政友會面對陸軍的強硬態度會搶佔先機進行總辭職，然後將總辭職的原因和責任都轉嫁給陸軍。內閣是想透過這種做法在各個部門孤立陸軍，進而對陸軍大臣提出勸退，同時也透過山縣有朋、桂太郎等陸軍的最高首腦來壓制陸軍中要求增設師團的派別。

這份資料是幾月寫的，現在已經無法得知了。但是，不管西園寺內閣是否眞的有像陸軍所說的那樣的意圖，至少從這裡可以看到西園寺內閣對陸軍採取的應對措施。

在這裡，我們要看的是在此背景下，陸軍對內閣採取的行動。在該資料中，將「陸軍對策順序」歸納爲六條。其中十一月以後，以上原陸軍大臣爲代表的陸軍所採取的一系列的行動，都出自於此。圍繞著增設師團，陸軍在此闡述了陸軍與內閣對立的意義：

也就是說，在當今這種情況下，已經不是單純增設師團的問題了。政府意圖借此機會結成政黨內閣，所以增設師團問題不過是政府的犧牲品而已。對我國而言，現在實際上是重大時機，也就是日本帝國到底是成爲民主國家呢？還是成爲君主國家。站在此分水嶺上，我們必須依靠頑強的意志和堅實的合作來大力促成此事。

這裡最爲値得注意的，就是陸軍之所以和政府對立，是因爲陸軍並不是把增設師團問題僅僅當做一個單純的擴充軍備問題，而是將其作爲界定政黨內閣是與非的根本問題，同時，陸軍也持有深刻的危機意識。

日俄戰爭結束後，日本的政治權力構造是處於一個由官僚、軍部和新抬頭的政黨勢力三分天下的狀況。特別是政黨勢力的抬頭導致了官僚、軍部的地位相對下降。權力構造發生這樣的變化，也是引起統治層內部形成對立關係的重要原因。從這個角度出發，可以認爲軍部是將實現增設師團＝擴軍，當做提升其政治地位的第一目標來考慮的。

而且，改革行政、財政必然會縮減行政組織，因此官僚勢力的許可權也受到了威脅。對於官僚勢力而言，如何能夠阻止政府進行行政、財政的改革，也是一個重要的問題。所以在增設師團問題上，官僚勢力有理由和陸軍保持一致。

但是，官僚勢力雖然一直保持著反政黨的姿態，但在政策決定階段卻表現出和陸軍不同的圓滑應對。對陸軍來說，政黨勢力的發展必然會立刻導致陸軍政治地位的低下，因此陸軍對此保持了高度警惕。

從一九一二年末開始，行政、財政改革更爲具體了，同時西園寺內閣對陸軍的嚴厲態度也超出了陸軍的想像。在這種情況下，以田中義一爲首的陸軍中堅幹部們，爲了強化陸軍的地位，迅速實現陸軍構想出的政策，開始盤算建立以寺內正毅爲首的軍部內閣。

此計畫實施的順序如下。首先，西園寺首相在和山縣有朋會談後，得不到下任陸軍大臣的話，會就陸軍增設師團的要求不符合內閣的方針這個問題進行上奏。在這樣的情況下，天皇必定會詢問桂太郎的意見，可以透過桂太郎動員天皇反對內閣的上奏。

接下來，「首相必定會奏請內閣總辭職，天皇會將各位元老召集到宮中詢問意見，此時天皇會同意內閣的總辭職奏請，然後請桂太郎大將發言推薦寺內大將組建新內閣，山縣、大山兩位元帥都隨聲附和，再加上井上侯的贊成，國事則一舉可定」，田中等人想透過以上辦法來實現尚是懸案的寺內軍部內閣。

如果寺內內閣得以成立，由元老井上馨提出國防統一的必要性，內閣就可以此爲機會「根除海軍的野心，謀求國防的鞏固」。從以上內容可以看出，寺內軍部內閣的目的就是打破政黨內閣、積極實施對華政策和阻止海軍的擴軍計畫這三點。

寺內軍部內閣胎死腹中

寺內軍部內閣能否建立起來，取決於山縣有朋和桂太郎的動向。田中等人的設想是以他們一貫支持寺內爲前提的。但是，正如前面所述，山縣有朋和桂太郎雖是軍事領袖，更是政治領袖，他們有時不得不優先政治上的判斷，並不一定會支持寺內正毅。

這裡所說的政治上的判斷，是指爲了平息民衆的反對增設師團的運動，不宜成立軍部內閣這個判斷。正因爲田中本身知道山縣有朋和桂太郎的立場，所以更重視對其他元老的活動。但是，從結果來看，成立寺內軍部內閣的設想，依然是以失敗而宣告結束。

西園寺內閣總辭職之後，爲了選定繼任首相，元老們十二月六日到十七日之間召開了十次元老會議。在會上，松方正義、山本權兵衛、寺內正毅、還有桂太郎被提名爲首相的候選人。但是，從會議遲遲不能定下首相人選來看，可以說此時已經表現出元老們已經逐漸開始失去原有的政治實力。

從幾位候選人的背景來看，也能夠看出各有各的打算。比如說松方正義主張緊縮財政、山本權兵衛主張擴充海軍，而寺內正毅則主張實現增設師團。（坂野潤治《大正政變一九〇〇年體制的崩潰》）

這也是權力結構三分天下的證明。但各位元老們不得不考慮該如何應對當時民衆反對陸軍、反對增設師團的運動無比高漲的背景。在元老會議召開期間，田中等人按照先前的計畫，爲建立寺內內閣頻繁展開活動。

在此期間，田中向在朝鮮的寺內詳細彙報了從西園寺內閣總辭職前後到選定首相的經過。（田中義一寫給寺內正毅的信函《寺內正毅關係文書》）例如在十二月五日的電文中，田中做出了如下描述。

內閣已於今日總辭職，好像明日（六日）將在宮中召開元老會議。相信結果一定會像預料的那樣，雖然也會提名政友會的桂大將，但相信大將並不打算出任首相，而且現在也不是時機。總體來說，現在希望閣下能不做明確表態，閣下如能抓住此時機按照預定的方針與大將進行溝通，相信前途絕不悲觀。目前推薦桂內閣的聲音越來越強，迫切希望閣下能自朝鮮返回東京，待歸京後再做進一步的打算。

從這裡來看，田中認爲成立寺內內閣的可能性是非常大的。田中判斷的依據是桂太郎的行動，在第二天的電文中，後藤新平也做出了和田中同樣的判斷。在七日的電報中，田中彙報說元老會遲遲下不了結論，井上馨和大山岩提出了請松方正義組閣的方案，但遭到了松方的拒絕。從桂太郎那裡得知組建松方內閣的設想是牧野伸顯、松田正久等向西園寺活動的結果。九日的電文又描述了以下情況。

山縣、井上、桂三公十有八九是眞的想要啓用松方，其他方面薩摩出身的人也聯合海軍在不斷推動想要啓用松方，故相互作用形成了即便松方拒絕也要強迫他出任首相的形勢。但同時西園寺說松方不想出任也是事實。

也就是說，元老中想要建立松方內閣可以說是大勢所趨。之所以出現這樣的局面，主要是因爲松方的觀點是應該縮緊財政，如果松方出任首相，其內閣很可能採取和西園寺內閣相同的路線方針。長老們認爲實施財政、行政的改革是平息民衆反對增設師團運動、再建財政的最好方法。

但是，從十日和十二日的電文來看，建立松方內閣又完全沒有希望了。而且平田東助以及已被提交了內閣案的山本權兵衛都表示辭退。此時所剩下的首相候選人已經屈指可數了。十二月十三日的電報中，田中向寺內報告了想要成立寺內軍部內閣的想法，事實上已經失敗。

「桂公向山縣公商議請求擁護閣下（＝寺內），今早山縣公說，雖說不到亡國地步，桂公可能不會出馬，但此次首相還是非桂公莫屬。如果桂公肯出馬，他一定是自己下了決心，勢必會認為這是最後的效忠。桂公到底肯不肯出馬，今天的會議上該會有個大致結果。」在電報中，田中不得不承認桂太郎出馬的可能性極大這個事實。

至此，田中認為寺內應採取的態度是「切望閣下固守朝鮮勿動，以待他日再行改變時局」。

第三次桂太郎內閣的成立

就這樣，桂太郎被定為西園寺的繼任首相，於十七日開始進行組閣，二十一日桂太郎第三次內閣正式成立。

關於決定桂成為繼任首相的過程，田中在十五日向寺內報告的電文中，吐露出了他對山縣從一開始就為了讓桂出馬大肆活動的不滿。

當今時局，桂公終於從宮中出馬，按順序來講就該下詔勒了。山縣公對閣下的前途表示擔憂，加上西園寺侯辭職之際的一些言語，山縣公更認為不可讓閣下出任首相，所以才從一開始就下定了讓桂公出馬的決心。雖然平田子爵獻策提出可以讓松方侯暫任首相，但最終還是會請桂公出馬。為了能讓桂公出馬，在桂公自己表示願意出馬前，山縣公曾多次入宮費盡心思。

在電文的最後，田中說：「下官認爲從本省（陸軍省）去掉這回的人情世故和對世俗的妥協是非常必要的。如能這樣，相信一定能達成國防統一的目的。俟有決定再行彙報」。爲此，田中決定承擔增設師團問題的責任，辭去軍務局長之職。同時，田中還認爲，爲了達成陸軍的一貫主張，有必要繼續謀求「國防上的統一」。

從被田中等準備推爲軍部內閣首相的寺內作爲來看，寺內自己在十一月時就表示出了組閣的決心。

例如，在寺內十一月一日給田中的書信中，寺內表態說：「固然才疏力微難勝其任，但國難當頭之際，絕不會袖手旁觀」，「萬一大任降下，必以此心報答聖上」。（前引《田中義一相關史料》）

當桂內閣的成立已成定局時，寺內在給田中的電報中表明了自己的萬念俱空的心情：「承蒙厚愛不勝感激。小生不過是對君國一片忠誠，自最初起就毫無對名利等欲

望。」（前引《寺內正毅相關史料》）

而且，就桂內閣成立的過程而言，寺內表示：「如果是山縣公確如貴公電報所說決心已定，那眞是太不幸了。望跟後藤男爵商量後，後藤男爵能爲啓用桂公而盡力」。由此可以看出寺內做出了如果山縣想要成立桂內閣就無可奈何的判斷，既然這樣，不如就尋求官僚派中的有力人物，而且對成立寺內內閣也持積極態度的後藤新平的幫助，以求朝著實現陸軍要求的方向努力。同時，寺內也對田中的遭遇表示：「貴官此次不得已辭去現職，還望儘量尋找合適的後任」。

這就是從西園寺內閣辭職到桂內閣成立期間，田中與寺內之間電文的大致內容。由此可以看出田中等陸軍中堅幹部們的寺內軍部內閣的設想，並沒有得到山縣、桂等的充分支持。寺內、上原、岡、田中、宇垣這條陸軍中樞線和陸軍出身的元老們以及桂等，在對現實狀況的認識上存在根本差異。

不管怎麼，陸軍中樞線試圖以擴軍問題爲突破口推翻政黨內閣，獲得官僚勢力的支持，一舉成立軍部內閣，進而達到陸軍長期未決的議題。這個計畫最終被以山縣爲中心的元老勢力們所阻止，因爲他們懼怕反擴軍運動的進一步高漲。

對於海陸軍的擴軍計畫的暫時延期和軍備問題，各位元老要求桂內閣在國防會議的制度中逐件予以研究。

後來，田中曾這樣評價自己當時的行動。

有種看法認爲由於那個問題致使內閣倒臺是山縣、桂等的陰謀，這種看法是錯誤的。我們做的，只是爲了解決需要擴軍這個陸軍多年來懸而未解的問題，當然我們沒想到會成了這個樣子。我們只是統一了中堅力量的意見，遊說內外。元帥（＝上原）不過是被我們拉進來的，而不是煽動者。如果說有人對我們有所不滿的話，那既不是桂公也不是山縣公，而是井上。（小泉三申《策太郎》，《隨筆．西園寺公望》）

即便是不能光看字面上的意思，但也可以看出擴軍問題是由田中等陸軍中堅幹部們主導而成的。在西園寺內閣總辭職這件事中，正如上文所說，陸軍是有計劃的行動，而上原陸軍大臣不過只是傀儡罷了。

上原在後來評價自己當時沒能成功實現擴軍時，表示「輸掉了一個大博弈」，吐露出了後悔之意（前引《元帥上原勇作傳》上卷）。因爲當時田中等人告訴上原，此次實現擴軍的可能性相當高。擴軍問題的另一方當事者西園寺公望在後來也曾回憶說：

我並不是否定增設兩個師團，而是將它延期至財政整理結束。對此山縣也沒有意見。但是軍部內的大勢所趨，即使以山縣的威力，也未能改變局面。（中略）但是，山縣和桂都沒有愚蠢得與我正面敵對。更不會使出用

陸軍問題讓我倒臺的拙劣作法。（小泉策太郎筆記，木村毅編《西園寺公望自傳》）

但實際上，西園寺內閣倒臺的直接原因，是被田中等人推到前臺的上原陸軍大臣的強硬姿態，以及山縣拒絕推薦後任陸軍大臣。田中此時「不斷強調要立刻實施擴軍，並努力爭取輿論的支持」（前引《世外井上公傳》第五卷）。從田中的行動中，也不難看出田中心裡對政黨政治存在著強烈戒備之心。

在此時期，政友會不僅僅是整理行政和財政，還向議會提出了小選舉區制法案，這些都是以強化政黨政治爲目的。在田中的預測中，如果政黨政治得以發展，勢必會與陸軍的大陸國家論相牴觸。

對此，由井正臣在他的論文中指出：「田中批判西園寺內閣的背後，是將政黨政治視爲阻礙推行大陸政策的因素，所以擺出了明確姿態。」（由井正臣前引論文）而關於田中等人的寺內軍部內閣設想，坂野潤治指出：「從打算用兩個師團問題讓西園寺內閣垮臺，然後再建立寺內內閣時起，田中就已經充分認識到了政黨勢力的重要性。以建立寺內＝陸軍系內閣爲目標的田中，是反對純政黨內閣的，同時他所考慮的寺內內閣也是以政黨＝桂新黨爲基礎的內閣。所以他絕不是以君主內閣或者政黨內閣那樣單純的二選一的態度來看待這個問題。」（坂野潤治《大正初期的陸軍政黨觀》，《軍事史學》第一一四期，一九七六年三月）。

兩位學者的見解從根本上來看是不同的。由井是以田中在增設師團問題中的行動為焦點而做出的評價；而坂野則是將大正政變以後的田中的行動也放在了視野中得出的結論。實際上正如坂野所指出的那樣，透過大正政變，田中認識到了政黨政治的作用，開始對政黨組織抱有強烈的關心。

這是因為，為了將在大正政變之中顯露出的民衆政治能量吸收到體制之內，就不可避免地要依賴於政黨政治。從這個角度來看，增設兩個師團的失敗以及成立寺內軍部內閣設想的受挫，都是迫使田中從根本上修正他的政黨觀的一個機會。

第四章 政界與軍界之糾紛

對桂新黨設想的應對

無法實現增設兩個師團要求的田中，於一九一二（大正元）年十二月十七日引咎辭職，在第三次桂內閣成立之時，再次出任步兵第三旅團（東京）長的職位。

可是，田中對於走馬燈似的西園寺公望和桂太郎的輪流執政，對於官僚政治和政黨政治之間所謂「情投意合」相互妥協的政權交替劇，感到相當不滿。

這是因為田中認為，只要這樣的妥協政治依然持續，那麼增設師團問題就一定會成為一個常常為政治所左右的，充滿不確定因素的大問題。首先出生於陸軍的桂接近政友會的意圖過於明顯。事實上，陸軍的宇都宮太郎（時任參謀本部第二部長）和海軍的財部彪（時任海軍次官）加上田中等陸海軍的中堅幹部們，都對於桂突然接近政友會產生了危機感、警戒感。

不僅僅是像這樣的軍隊中堅官員們感到恐慌，正如政友會實質上的最高領導者原敬在日記中寫到的那樣「余曾以為，他日藩閥或者官僚的殘黨們必有守衛孤壘反抗余等之時，然此時因桂之英明決斷，使藩閥與官僚得以絕跡於表面」，可見政友會和桂的關係已很親密。（原奎一郎編《原敬日記》第四卷，明治四十四年一月二十六日）

事實上，在這以前就存在著桂成為政友會的領袖，進而結成官僚與政黨之大聯盟的猜測。但是，直到桂第三次組閣，在政友會內部，除了企圖與桂合作並且向陸軍妥協的原敬的方針以外，主張強化與薩摩海軍關係的一方也發展起來。

桂透過和政友會（原敬）的合作，運營著第三次桂內閣，當時他面臨的最大問題，是如何實現將陸海軍的擴軍計畫延期一年。這個問題使桂對於政權的維持感到了不安。

事實上，他們曾向原敬提議「此時除整理事務以外，中止一切事務（包括減稅問題和陸海軍的擴軍問題）如何？」（同上，第五卷，大正元年八月十二日）。因此，就是否能夠實現擴軍，不僅陸軍，海軍對桂內閣的不信任感也有所增強。

桂的意圖

在這樣的背景下，這一時期，桂爲了親自奠定政權運營的基礎，開始積極組建新黨。

桂在組建新黨的名義下，吸收了一部分政友會會員，再加上自己本來的基礎——官僚政黨，又對所謂「情投意合」路線後的新統治基礎進行了改編。

根據山縣有朋的《大正政變記》（山本四郎《大正政變的基礎研究》資料編收錄），桂於一九一二（大正元）年十二月十八日向大浦兼武（時任貴族院敕撰議員）表明了組織政黨的意圖，山縣也對此表示了同意（事實上山縣並不同意）。並且，翌年一月十三日，桂向杉山茂丸（玄洋社社員）也表達了相同的意思，且桂在寫給山縣的書信中透露，計畫在不得不解散議會的階段，落實組建政黨一事。

對於桂組建新黨一事，以山縣爲首的大浦、平田東助（時任貴族院敕撰議員）等，即所謂山縣派的人物都表示了反對之意。接著，一月十九日，桂深感爲了對付議會，有必要公布組建新黨之事，他透過入江寬一（當時山縣有朋的秘書官）向山縣表達了這一意願。

此時，關於組建新黨的理由，桂是這樣向入江說明的。

余過去在內閣之中，雖常常使用政黨，然余制定之政策，十中只行之八九，仍有二三不得不以讓步而告終。而今余自行創立政黨，若能左右，則余之抱負無一能去，因可充分爲國家實現理想。（同上）

總之，桂希望透過組建新黨，結成一個能夠影響官僚政治和政黨政治兩方面的政黨，並使之成爲自己的政權基礎，以在山縣具有壓倒性統治力量的官僚派系和貴族院中取得優勢。

與此同時也希望組建一個能夠擁有對抗政友會和陸海軍勢力的力量，對內施行「皇室中心主義」，對外施行「帝國主義」的「國民大政黨」（德富豬一郎《公爵桂太郎傳》乾卷）。

最終，桂新黨於一九一三（大正二）年十二月以立憲同志會（一九一六年十月十日解散）之名結成，加藤高明、大浦兼武、大石正巳、河野廣中、若槻禮次郎，安達賢三、箕浦勝人、片岡直溫、島田三郎等人出任黨幹部。

可是，桂所說的組成「國民大政黨」的建黨目標，實際上因爲政友會的瓦解而使其影響力減弱。結果對政友會員的影響遠低於預期，相反迫使政友會與海軍開始了合作。

特別是，以山縣爲首的陸軍認爲，因爲政友會與海軍在阻止陸軍增設師團計畫上是保持一致的，所以桂組建新黨最終會成爲無法實現增設師團的重要原因。因此，山縣由於增設師團計畫的關係，再三提醒桂應愼重採取行動。

雖然山縣是將爲實現陸軍擴軍而積極行動的田中和桂同等看待，但田中的目標是在實現陸軍增設師團的同時，建立起旨在擴大軍部勢力基礎的寺內軍部內閣。可以說這時的統治層至少是政友會・海軍聯合、桂新黨以及與其劃清界限的陸軍這三權分立。並且除此之外，還存在著對於桂新黨和陸軍依然保持著很強影響力的元老山縣。

在這種領導層內部權力分立的情況下，桂的意圖是克服權力分立，掌握政治主導權。其具體表現就是改編並強化中央俱樂部等官僚政黨。

加入桂新黨的財政官員若槻禮次郎（後任首相）對此曾在《古風庵回顧錄》（一九五〇年刊行）中寫道「桂公此前在對政友會的妥協中吃盡了苦頭，雖然政友會也代表了國民的一部分，但自己也是和一部分國民在政局下，在議會中努力鬥爭」。桂就是在這一系列的變動中開始第三次組閣的。

田中怎樣理解、應對桂組建新黨這一當時的政治動向呢？下面，我們看看田中寫給寺內的書信從而做一追溯。

首先，田中認爲第三次桂內閣成立後，組建桂新黨的活動必定會出現在第三十次議會解散後的政治日程上，關於如何應對組建新黨，他留下了以下記錄。

萬一成爲海軍聯合政友會，陸軍聯合新政黨的格局，對國家而言，實是令人擔憂之一件大事。今後最爲重要之事，就是陸海軍合作獨立於政黨圈外。另外最應注意的是，若妥協於社會趨向則政府就失去權威，若政府沒有權威，最終必會關係到皇室尊嚴，以至於社會最終會將此欽定憲法解釋爲源自英美流派。（〈大正二年二月二日．田中寫給寺內的書信〉《寺內正毅文書》）

田中在此將陸海軍分裂成政友會（海軍）與桂新黨（陸軍）這一事件用「爲國之一件大事」這一詞語來表述，認爲陸海軍應該與政黨劃清界限。同時明確說明軍隊和政黨組織的不同，認爲允許政黨主導成立內閣，將會牽扯到承認用英美的方式解釋憲法。

田中擔心政黨政治的發展會導致軍隊勢力的衰退，而增設師團這一陸軍當務之急的政治課題也會被政黨政治中的黨利黨略所左右。對此，山本四郎認爲「田中在這一時期的政治思想與元老幾乎沒有不同」（山本，前引書），並指出田中的政治思想屬於山縣流派的超然主義。

不過桂新黨的實際狀況與田中心目中的政黨相去甚遠。但是，組建新黨時，他對桂在吸收國民黨加入新黨的過程中所表現出的態度，多少心存不滿。

於是，在同一書函中，田中寫到「桂公為了組建政黨，竟向國民黨低頭，十分令人遺憾」（大正二年二月二日〈田中寫給寺內的信函〉前引《寺內正毅文書》），並認為桂對國民黨內改革派屈從的態度，必然會對桂新黨的將來產生重大的影響。也就是說，即便桂新黨本質上具有官僚政黨的性質，但是面對已經存在的政黨時，也有可能不得不迫於政黨倫理來採取行動。

從這裡我們可以認為，此時的田中，是把政黨當做是民意的代表或者資產階級的政治勢力，因此將政黨放在了絕對主義勢力——軍部、官僚、元老等的對立面。

政黨觀的改觀

第二次西園寺內閣瓦解的原因是，陸軍堅決要求增設兩個師團而決定採取反政府行動，隨著這一事實的公開，政友會的地方支部、商業會議所、新聞記者團等就以「打破閥族、反對增師、擁護憲政」為口號，在全國各地展開了擁護憲政的運動。

這次運動中，漸漸擁有政治力量的資產階級，特別是工業資產階級，以及其在政治上的政黨勢力（政友會、國民黨）將絕對主義勢力以及藩閥勢力從權利主體的寶座上拉下，將自身定位為新的權利主體，企圖參與政策決定過程或者進一步確保自身影響力。

於是，在運動過程中，在民眾發揮了一定作用的背景下，這次運動的最終目標確定爲推翻藩閥內閣——桂內閣。

透過擁護憲政運動，推翻第三次桂內閣的一系列過程，史稱大正政變。這是一場以工業資產階級爲中心，透過民衆廣泛參與反政府運動進而推翻內閣的政變，田中又是如何看待明治國家體制開始以來這場最大的政變呢？

田中在一九一三（大正二）年二月十五日寫給寺內的書信中寫到「最近之政變實在荒謬絕倫，正如閣下所知，一般社會狀況陷入如此險惡之境，傷及皇室尊嚴，進而危害國體之結果實屬堪憂」（大正二年二月十五日〈田中致寺內信函〉前引《寺內正毅文書》），他指出在擁護憲政運動中表現出來的民衆活躍動向，有可能會動搖絕對主義權力或者天皇制統治結構本身。

另外，田中還預料可能出現社會主義者的抬頭和無政府狀態。從這個甚至可以說是過敏的反應中，暴露出了田中作爲絕對主義軍事官員的政治觀。在混亂的形勢下，田中認爲最好的方法就是動用軍隊來收拾事態，透過投入軍事力量來確立秩序，從這一態度中，我們也能看到田中的政治觀。

另一個方面，對於因爲大正政變而倒臺的第三次桂內閣之後出現的山本權兵衛內閣（一九一三年二月二十日成立），田中是這樣分析的。

山本只是政友會的影武者，故斷無新意。此人，或依從敕命，擔心錯過鎮撫政友會的機會，必會親自出動。

即，田中判斷山本首相作爲政友會的「影武者」，「被西園寺、原等人利用的形勢十分明顯」（同上）。但山本是海軍以及以薩摩藩閥爲首的藩閥勢力中的一大勢力的代表，這樣的人卻向政友會表示了妥協，對此田中感到十分不安。

因此，山本內閣的出現，正如該信最後所寫的那樣，顯示出了陸軍的危機，這也被直接和「國家危機」連結在一起。

由政友會和海軍在背後支持的山本內閣，「強陸軍之所難，要求陸軍自行精簡，不提增設師團，比今年多招人員並修繕其場所等也被要求不要過分，余深感有借長州藩閥之名破壞陸軍之意，需大加注意」。（大正二年七月十五日〔寺內寫給田中書信〕前引《寺內正毅文書》）

田中的反政友會行動

山本內閣提出將行政、財政的精簡方針作爲內閣重要課題。這種情況下，本來把重點放在如何對付政府拒絕陸軍增設師團要求的田中，看到長閥（長洲藩閥）對薩閥（薩摩藩閥）在藩閥層面上的對立已經到了不可避免的地步。

如果以這種對立爲前提條件，田中所提出的應對方法，歸根究柢就是支持桂新黨。桂新黨的實際情況姑且放在一旁，對於原本不認可政黨組織存在的田中來說，這是一個巨大的方針轉變。

所以，田中向寺內進言，請求他代替病重的桂，支援桂新黨。山本內閣的行政・

財政精簡方針使得陸軍的擴軍計畫不得不暫緩，對於田中來說，這件事正反映了政友會的「蠻橫」。

爲了反抗這種「蠻橫」，田中說「作爲過渡時期的權宜之計，將大隈重信選爲黨首，各自保持寬容謙讓的風度，與國民黨除摒棄異議一同合作設立收容所以外，別無他策。如此操作起來並不十分困難，若干歲月之後或可出現合適的變體」（同上），認爲在與政友會對抗中，桂新黨加上國民黨，結成反政友會聯盟也是「一時的權宜之計」。

這裡所說的國民黨，並不是指參與策劃桂新黨的黨內改革派，而是指不斷加強與政友會合作的反改革派（犬養派）。

對此，坂野潤治認爲，田中推舉改進黨時期以來犬養的老師大隈爲桂新黨的黨首，就是爲了吸引犬養到反政府這一方來（坂野，前引書）。

在這一時期，大隈在民衆中的人氣依然很高，而且改進黨一貫給人的印象都是政黨政治的代表者。田中現在將保持強烈的政黨政治家代表形象的大隈推選爲新黨領袖，他的意圖十分明顯，這是要在政治上利用大隈進行反山本內閣運動。

推薦大隈，並不是田中深切感受到自身擁有政黨政治的必要，對此有足夠的理解。最終只是從政治的觀點來講均衡論，這絲毫沒有脫離作爲機會主義者田中的思想領域。

事實上，田中認爲「大隈的政綱，正如過去主張政黨內閣主義時一樣，新政黨和主義雖不相容，但如果是大隈的話，總會靈活處理隨機應變」（大正二年七月十五日（田中致寺內書函）前引《寺內正毅文書》），顯然田中設想的新政黨並不標榜政黨內閣主義，而是一個以皇室中心主義爲基調的政黨組織。

此後山本內閣於同年六月發布了總額高達七百零三萬日圓的行政、財政精簡大綱，以此爲契機，通過修改文官任用令，開闢了政黨人員進入官場的途徑，另外爲了應對反軍閥情緒高漲的民意，著手修改了陸海軍官制。不言而喻，在這背後有著政友會的強力支持。

與山本內閣的攻勢相比，對於新黨參加者中，最受期待的後藤新平（時任貴族院敕撰議員）、平田東助等人，田中感到十分不滿，這是由於田中對新黨的期待沒有得到充分實現，由此產生了焦躁感。這一點我們可以從下面的文章中清晰地看到。

> 陸軍屈從於原、松田的狀態，嚴重損害陸軍之威信，破壞立軍之根本，相當於我們自行將陸軍拉入政黨的漩渦中，此時不如改變局面順應時勢，並應採取措施維護陸軍的威嚴。（大正二年十月二十八日（田中致寺內信函）前引《寺內正毅文書》）

田中想要透過支援、強化政友會的對抗勢力——桂新黨來達成目標的想法，最終未能奏效，他表現出只能再次將陸軍置於政黨圈外，以此來保持陸軍威信的消極姿態。

這是因爲田中出於政治判斷，認爲山本內閣會確立海軍優勢和政黨優勢的領導方針。另外，田中在其他的書函中寫下了受到壓力的心情「最近的問題從擴軍問題轉移到統治權問題，陸軍現正面臨成爲從屬於政黨的陸軍這一危機」。（大正二年十一月二日（田中致寺內信函）前引《寺內正毅文書》）

也就是說，在陸軍從屬於政黨統治的情況下，現在已經不是僅僅圍繞是否應該增設師團的問題了，而是事態已經升級爲「統治權的問題」。

同時，山本內閣的陸軍大臣木越安綱雖然身在陸軍內部，但不單沒有強烈要求內閣解決陸軍要求增設師團的懸案，還被拉攏進了政黨內，另外作爲靠山的山縣也沒有任何措施能夠有效地解決現狀。對此，田中在寫給寺內的信中，表示出了強烈不滿。

值此之際，苟著軍服者則不可旁觀，若陸軍因個人關係，將陛下之陸軍責給政黨，只能像此前向宇佐川閣下說明的那樣，除了秘密進言拯救陸軍於危境之外，斷無他法。（中略）如到萬不得已的狀況，小生有主動進入漩渦，採取行動扭轉局面之覺悟。若無人積極研討脫困之策，陸軍則已墮落，毫無軍紀可言，喪失軍人士氣，終致從根本上破壞陛下的統治權，對此余深感憂慮。（同上）

這裡田中對政黨（政友會）的不信任，基於他不認可政黨。因此，這裡說的「拯救陸軍於危境的方法」或者「扭轉局面的方法」是指「在定額外多增加一個旅團，然後陷入爲了去年的善後，不得不增設師團的地步，這樣就可達到陸軍的目的」。（同上）

田中堅決要求擴充軍備，以此爲突破口，推翻山本內閣，實現建立寺內軍部內閣的設想。透過這些，他最終希望達到的政治目標就是一舉打破由政黨主導的局面。

這也意味著田中放棄了政黨聯合論。但是從另一個方面來看，也可以說田中在用極其靈活的姿態對應政黨。總之，田中是依據能否協助和支援陸軍實現目的，來決定是否與政黨合作。

而且，即便是透過展開擁護憲政運動來推翻藩閥內閣這樣戲劇性的政治變動，田中的政黨觀念也沒有發生改變。

因爲在田中看來，當時的政黨並沒有充分將擁護憲政運動的主體——工業資產階級和民衆的政治能量吸收到政黨組織之內，所以並沒有成爲有能力抑制陸軍實現增設師團要求的政治力量。

假如說大正政變觸發了田中的危機感，令他感到危機，必定是統治階層內部的權力鬥爭，而不是階級層面的鬥爭。

因此，可以說田中依據政治狀況的變動，改變了他對待政黨的策略以及他的政黨觀。

得出這個結論，與其說是從田中當時的政治觀提取出來的，不如說是由大正政變的性質所決定的。大正政變雖是明治國家開始以來最大的民衆騷亂，但從同樣是藩閥的山本內閣能夠代替桂內閣，進而壓制該運動這點來看，這場運動還存在很大的侷限性。

從這一意義上說，在大正政變這一政治變動過程中，我們看到田中的反應正說明了田中確實是一個政治現實主義者。

與工業資產階級的聯合

第一次西園寺內閣（一九〇六年一月七日成立）實施的積極政策使得國家財政支出過於巨大，因此內閣以第二十四議會（一九〇八年三月二十六日開會）爲契機，斷然採用行政．財政精簡方針。

與此同時，西園寺內閣爲了重建處於失敗危機中的國家財政，決定加徵酒、糖、菸草等稅。這引起了全國實業團體的反對。

在這樣的背景下，經濟界人士進行了第十次總選舉（一九〇八年實施），並以此爲轉機，開始正式向政界發展。

此時，豐川良平（三菱管事）、中野武營（東京商業會議所會長，關西鐵道社長）、仙石貢（九州鐵道社長）、片岡直溫（日本生命保險會社社長）、岩下清周（北濱銀行專職董事）等人成功進入政界，並結成戊申俱樂部。他們的目的是透過進入政界，確保在議會上能夠直接維護經濟界、資本家階層的利益。

在這種情況下，陸軍固執地要求增設師團，無疑加強了資產階級反陸軍、反藩閥的意識，也強化了對支持擴軍的閥族、官僚政治的批判。

資產階級的軍備論，總體來說，就是「經濟軍備論」（信夫信三郎〈大正政治史的根本問題〉《眞說日本歷史》第十一卷），對於阻礙資本累積和擴大市場的擴軍論，資產階級是持反對態度的。

例如，東京商業會議所會長中野武營就陸軍要求增設師團問題，在題爲《增師問題和我們的立場》的評論中談到「本來我們商業會議所在戰後經營中堅持的唯一方針是培養國力，以期發展實業。換言之，就是從根本上改變重武的政策以及政府萬能主義的政策，以此來鞏固財政，謀求改變苛重的稅收制度」（《東京商業會議所月報》第五卷第十二號，一九一二年十二月二十五日）。

但是，資產階級內部並不是堅如磐石的，最受因擴軍而增稅影響的工業資產階級，以及城市中小資產階級在政治上的反應最爲敏銳。而以支持桂內閣的澀澤榮一（澀澤財閥創立者）、益田孝（三井聯名理事）爲代表的金融資產階級，未必會採取同一步調。

尤其是，大正政變期的擁護憲政運動是在聚集於交詢社的朝吹英二（元鐘紡專務董事）、門野幾之進（千代田生命社長）、池田成彬（三井銀行常務董事）等工業資產階級的主導下開展的，他們反陸軍的姿態也最爲明確。

他們參與政友會的組織策劃並且給予支援。政友會也接受他們的策劃與支持，並且採納他們的政治要求，因此政友會作爲資產階級政黨的性質日益濃厚。

進入大正政變期，由這些工業資產階級所支持的犬養毅（時任立憲國民黨常務委員）、尾崎行雄（時任政友俱樂部幹事）等人爲中心組成了憲政擁護會，透過標榜「施展政黨主義」，將確立能夠反映民意的政黨政治作爲基本運營方針。

另外，支持工業資產階級利益的經濟雜誌《東洋經濟新報》擺出了辯論陣勢，在整個大正政變期，始終在批判軍閥蠻橫和官僚專權，主張發展政黨政治，以此提高工業資產階級的政治地位。例如，該雜誌的社論《爲什麼不能著手官制改革》（第六一六期，一九一二年十一月二十五日）發表了如下主張。

陸軍跋扈專橫，極盡跳樑之醜，所以如此皆因官制。只要現在的官制一日不改，則若非陸海軍一派，無論何等政治家都不得不在陸海軍人面前屈膝，否則絕無法組成內閣。（省略）實現現行官制的改革，讓沒有任何軍事履歷的人出任陸海軍的大臣和次官，這是解決時局的根本問題，且也是軍閥以外，全天下的夙願。

另外，一九一二（大正元）年十一月三十日，東京商業會議所會長中野武營基於陸軍單方面擴充軍備必使國庫財政狀況惡化，因之增稅進而損害工業資產階級利益的判斷，爲了防止發生出現這樣的局面提議設立國防會議。

國防會議以「整頓帝國的國防」（《大阪朝日新聞》一九一二年十二月二日）爲目標，意圖通過由工業資產階級自身提出國防方針，來抑制無視經濟合理性的陸軍擴軍路線。

工業資產階級的真心話

通過在擴軍、增稅等政治焦點問題中的活動，工業資產階級的政治地位不斷提高，大正政變期他們爲了擴大政治發言權，最終將口號歸結爲「擁護憲政，打破軍閥」。他們的目的就是要使權力從絕對主義勢力轉移到由工業資產階級支持的政黨勢力手中。

「護憲運動的展開不管怎樣都說明了資產階級的成長。因爲議會多數派普遍形成了應該建立政權的想法，這表示對所謂確立「憲政常道」對於統治階級來說是便利的構造」，對此，正如上山重二郎在「議會的政治發展」中（《新日本史講座・資本主義時代》一九四九年）所寫的，工業資產階級作爲新的政治力量正式登場，在這個過程中，政治權力組織的多層化變得明顯起來。

但是，當時的工業資產階級們，並不是爲了擴大經濟基礎而意圖建立純粹的資產階級政權，說到底，他們只不過是在維持與既存政治勢力實力均衡的同時，維持並擴大自身的利益而已。

關於這一點，中瀨壽一指出，資產階級的眞正意圖就是「希望抑制過去絕對主義勢力自命不凡的專制，逐漸樹立起自己的政治領導權」。（「擁憲思想的進入與展開」《史學雜誌》第七十二編第二期，一九六三年二月）

然而雖說是民衆廣泛參與的運動，但實際上民衆的「擁護憲政」、實施「憲政常道」、擴大政治上的權力等要求尚未實現，運動便已結束。這表明大正政變最終只不過圍繞著統治權力內部權力定位，如實地反應了體現統治權力內部的不穩定和對立。

在現實的政治過程中，大正政變是在桂內閣對政友會、陸軍對海軍、絕對主義勢力對資產階級、長閥對薩閥、金融資本對產業資本這樣的「統治內部多元的矛盾、對立」（同上）的形勢中出現的。因此，當時統治階級內部處身於這種政治狀況的人中，大多都是與其中幾個勢力利害相關，遠沒有能力客觀觀察政變並看透其本質。

與桂有相近立場的德富豬一郎談及大正政變時，說道「總之擁護憲政運動的最終結果，不過是消滅了長期橫行於政界的長閥，迎來雌伏於政界一隅的薩閥。（中略）事實之眞相，一言概之，就是討伐長閥，擁護薩閥」（德富《大正政局史論》），他認爲這次鬥爭最終不過是派閥層面的鬥爭罷了。

另外，當時身爲政友會會員的木下成太郎議員說「被置於悲慘境地的軍閥一類，在其死期將至之時，垂死掙扎，奮力一搏，插手政黨組織設立政治立憲同志會，以掩飾其末路。那些國民黨的脫黨者和舊中央俱樂部成員，同流合污，不過是閥族政治家的走狗。」（木下《回顧大正政局》一九一四年）

從中我們可以推知，政治統治層內部有很深的對立和矛盾。因此大正政變也有試圖調整並解除對立和矛盾的一面，並借此達到改變權力結構的目的。這就是大正政變。

問題是調整與解除的方法。其中，正如尾崎行雄一語道破的，「擁護憲政不僅僅是爲了打倒一個內閣，是打破閥族的根據地，建立立憲政體的基礎」（尾崎行雄《尾崎行雄全集》第十卷），這一主張是有力的調整、解除的方法。但是，這一點在絕對主義勢力當中，特別是陸軍是難以接受的。

因爲確立立憲政體正是爲了構建議會多數派掌握政權的政治構造，這裡面包含了從根本上打倒作爲少數派的絕對主義統治構造的內容和邏輯。也就是說以軍部爲代表的絕對主義勢力最爲警惕的是，能夠吸收資產階級多樣化政治要求的政黨內閣主義。

對此，京口元吉評價道「大正政變，是深信政黨內閣主義爲憲政常道的政黨者們，在民眾持有相同想法的背景下，對以山縣爲首的專橫跋扈的保守超然內閣主義官僚一派，毅然發出的挑戰，是開創出大正七年九月原內閣以後的政黨內閣時代的前哨戰。」（京口元吉《大正政變前後》）

石井金一郎也發表見解稱「民黨提出口號『打倒閥族、擁護憲政』，並且以民黨取得壓倒性的勝利而結束——在這一意義上說是開創了所謂『政黨內閣時代』之路」（石井金一郎「大正政變」廣島大學史學研究會《史學研究》第五十期，一九五三年），這是至今爲止對大正政變性質的普遍見解。

迫在眉睫的政黨政治時代

關於政黨政治，正如上一節提到的，從田中的書信當中也能十分明顯地看出田中的觀點，現在看看除田中以外，一部分軍事官僚的見解。這樣做是爲了弄清楚田中與他們在大正政變觀和政黨觀方面的差異，進而確定田中在陸軍內部的地位。

首先，關於桂新黨的動向，參謀總長長谷川好道在寫給寺內的信函中說：

> 我完全不能同意桂公組織新政黨並以其爲基礎組建內閣，那還不如現在組建一個最爲頑固的超然內閣，然後予以解散，如解散還不能滿足他們的意願，則除以拿破崙爲例使用武力改變人心外，再無他策。（大正二年二月十八日·長谷川致寺內函，前引《寺內正毅文書》）

從這段話可以看出，面對桂新黨誕生之類組建政黨的新動向，長谷川持有十分過激的見解，甚至不惜透過軍事政變來樹立軍事政權、進而達到排擠政黨的目的。特別是長谷川認爲尾崎行雄等尋求擁護憲政、憲政常道的運動是與天皇制國家統治原理相牴觸的，也可以說直接關係到破壞國體。這一點他和田中的見解是相同的。但是，田中並不認爲桂新黨和政友會是同等同質的政黨組織，因爲他們在利用並操縱國民黨方面所做的事截然不同。

另外上原勇作派系中的一員——參謀次長大島健一，在給上原的書信中寫道：

國防成爲黨利之犧牲品，重大事項均由黨議決定，外交、財政也都陷於這種狀態。因此在這種政治時期不免會受到純正政客之攻擊，隨之內閣之命運也不得而知。而且在數次交迭中以政友會爲基礎成立的內閣也並無特別出色之處。如今惟願能出現超脫於國家政黨之外的公正有力的內閣。（上原勇作關係文書研究會編，《上原勇作文書》）

由此可以看出，大島不能容忍因黨的利益和策略而左右國防方針的政黨政治，同時也表達了他期待著完全不受政黨干涉的超然主義內閣的出現。

大島沒有像長谷川那樣提出用武力手段解決問題，然而，不難想像超越政黨的內閣就是軍部內閣。大島的見解，總而言之是完全否認政黨，與田中對政黨的態度相比，更加保守，其立場與長谷川接近。

總而言之，長谷川和大島的見解是徹底實施軍部所堅持的統帥權獨立的原理和原則，由此使軍隊完全獨立於政治。這一主張的眞實意圖在於，不管發生怎樣的政治變動，軍隊在政治上的地位都不會發生動搖。

從這點來看，我們可以知道田中的政黨觀和應對政黨的對策十分靈活，這在陸軍當中恐怕是少數意見。但是，出於預測到今後政黨勢力將會擴張，田中的應對策略就是找出和解點，保持政治領導層內部的統一性。至少在陸軍內部普遍認爲，田中的政治資質對陸軍而言是不可或缺的。

即，田中的政黨觀是給予新興工業資產階級和政治勢力一定程度的好評，與其妥協也在所不惜，以此達到提高軍部地位的目的，這與由長谷川和大島代表的一類軍事官僚有根本的差異。

資產階級和政黨勢力以大正政變爲契機，蓄積了力量，陸軍在與相妥協對抗的過程中，爲了確保自身的地位和正當性，已經不可避免地需要和這些新勢力進行合作了。在這個意義上說，田中早已看到了這一事實，並將其具體轉化爲現實中的政治行動。

對此，藤原彰在「第一次大戰前夕的軍部㈠」中指出「軍部在大正政變前後的政治危機中，並不是深化了與資產階級和政黨的對立，而是加強了與他們的接近、相依，作爲帝國主義勢力的推進者找到了自身存在的意義。」（《歷史學研究》第三百八十三期，一九七三年四月）

軍部在大正政變期以後漸漸開始將資產階級作爲自己的代言人，資產階級爲了克服和補充資本蓄積水準低和市場狹隘性這一日本資產階級的侷限性，和軍部合作也成了不可避免的。

爲了進一步闡明這一事實，下面談談山本內閣時期，陸海軍軍制改革問題，探尋這一問題給予了軍部怎樣的衝擊，田中又是如何應對的。

軍部大臣現役武官制改革問題

第二次西園寺內閣的瓦解，是強烈要求增設師團的上原陸軍大臣單獨上奏宣告辭職，而陸軍又拒絕推舉後任陸軍大臣造成的。這是陸軍依據軍部大臣現役武官制（一九〇〇年五月確立）做出的判斷。

歷代內閣只要不服從軍部的意願，就沒有軍部大臣，反之軍部會以此為盾牌推進倒閣，透過這種牽制來實現自身在政策上的要求。

同時這樣也可以阻止政黨出身者擔任軍部大臣。因此，開展擁護憲政運動之時，確保軍部在政治獨立性的統帥權獨立制和軍部大臣現役武官制成為輿論諫諍「軍閥橫暴」的攻擊對象。

受到這些輿論的影響，第三次桂內閣成立之後不久，在第三十次議會（一九一二年十二月二十七日召開）上，中元田肇（政友會）、尾崎行雄等人向桂內閣提出了《關於內閣措施及政治綱領的質詢書》。（前田蓮山《歷代內閣物語》上卷）

其中的第二項是「依據現行官制，陸海軍大臣只能為現役大中將。現行內閣是否認為這是憲政運用時的障礙？」。對於這一質詢，桂首相回答道「並未看出這對於憲政運用是個障礙」。

但是，之後擁護憲政運動逐漸發展，桂對他的親信田健治郎（當時為貴族院敕撰議員）說道「應該進行革新，讓文官擔任陸海兩相」（國立國會圖書館憲政資料室所藏《田健治郎日記》第四冊、大正二年一月八日之項）。就連陸軍出身的藩閥代表者桂，都提出要修改現役武官制，可見國民輿論對藩閥及軍部的批評有多麼激烈。

桂內閣總辭職後，與對陸海軍大臣現役武官制改革持積極態度的政友會結為政治夥伴的山本內閣，正如所料，將這一問題提爲了內閣的重要課題。

政友俱樂部（尾崎行雄派）與國民黨，向一九一三（大正二）年二月二十七日再次召開的第三十次議會共同提出了有關該問題的質詢書，山本首相對此回答道「關於陸海軍大臣的現行任用制度，在憲政運用方面無法保證不成爲障礙。因此希望政府能對此愼重審議，並實施修改」（井上清《宇垣一成》），明確表示將實施改革列入政治日程。

另一方面，田中在寫給寺內的書信中提到桂的態度，他「擔心這次桂公的政黨反而會主張修改有關陸海軍大臣的官制」（大正二年二月二日・田中寫給寺內的信函・前引《寺內正毅文書》），提出有必要趁早防範。

在山本內閣中積極推進官制改革的，是作爲內務大臣入閣的原敬。爲了順應國民要求打倒軍閥的輿論，他表示政友會一定會在政策上反映這樣的輿論，以求抑制軍部，特別是陸軍的權力，降低其政治地位。事實上，原敬在日記中寫道「修改只能由現役軍官出任陸海軍大臣的規定，能夠緩和國內輿論」（前引《原敬日記》第五卷，一九五一（大正二）年三月六日之項）。

因此，第二年三月八日，衆議院犬養毅、林毅陸（政友俱樂部）等人質詢山本政友會內閣是否認爲軍部大臣現役武官制是憲政運用上的障礙（大日本帝國議會志刊行會編，《大日本帝國議會志》第八卷）。對此山本首相的回答和三月十一日對先前質疑書的回答相同，官制改革問題就這樣在議會上可以公開談論，實施改革的趨勢高漲起來。

山本內閣改革官制的動向，是爲了回應政友會與擁護憲政運動對軍閥的批判而做出的行動。山本內閣的齊藤實海軍大臣也表示對改革官制並無異議，木越安綱陸軍大臣也提到「以該問題來同政府爭鬥，是內閣更迭的一個原因，不能保證它將來不會成爲解決增設師團問題的障礙」（前引《公爵山縣有朋傳》下卷），由於這個理由，木越安綱贊同山本首相改革官制。

陸軍早已查知山本內閣實施改革官制的意願越來越強，便加強了反抗。例如，陸軍次官岡市之助在山本議會答辯的前一天，向寺內發出如下電文，主張對這些動向採取對抗措施。

> 山本伯爵留任陸軍大臣之時，明明表示不會同意陸海軍機關的官制改革，但因政友會的頑固，而迫不得已會在明日議會上做出今後應予修改的答辯。本來陸軍大臣不同意，也仍可爲了總理的名義來說服，其內心所想是今後不久的將來，自己獨立處理（〈大正二年三月十日，岡市之助電報留底〉國立國會圖書館憲政資料室所藏《岡市之助有關文書》）。

陸軍強硬的反對姿態

那麼，陸軍反對的理由是什麼呢？參謀總長長谷川好道提到「軍事上任用預後備役大臣雖然也不要緊，如果允許預後備役士官加入政黨，將加入政黨之人任用為陸海軍大臣，恐怕會洩露軍部的秘密」（前引前田書，下卷）。

也就是說長谷川認為預後備役軍人加入政黨，事實上是沒有得到承認的，但是與事實相反的是，擴大任用資格的範圍必然會相應地增加後備役軍人加入政黨的可能性。

長谷川反對的根本原因是對政黨的警戒之心。另外，陸軍中也有很多人認為改革官制本身是政黨對陸軍的攻擊，關於此時，陸軍應該採取的應對政策，木越陸軍大臣說「關於陸海軍官制的現役大中將在憲政運用上的影響，最初回答沒有影響，但出於政黨的關係，陸軍大臣應在總理大臣沒有明確表示要改革官制之時，向其說明這是關乎現任內閣去留的大事」（國立國會圖書館憲政資料室所藏《山縣有朋文書》第七卷內其三），這表明了倒閣的決心。

但是，也有一些人看透了陸軍的想法。比如西園寺公望就認為陸軍反對改革官制的理由「說到底，這是為了防止政黨中人成為大臣」（原田熊男述《西園寺公與政局》第五卷）。

在陸軍中以元帥奧保鞏為首的老人們有許多是強硬的反對論者，但是作為主力的岡等人考慮到「若這麼做，增設師團問題就肯定解決不了，更不能阻止對陸軍的批判

與攻擊。」（〈大正二年四月（日期不明）岡寫給寺內的電報底稿〉前述《岡市之助文書》）

岡在山本內閣實施官制改革已確定無疑之時，說道「官制問題是因爲這一原因（因爲不便明說，容後日再說）而修改。」（〈大正二年四月二十七日岡寫給上原的信〉前引《上原勇作文書》）

但長谷川參謀總長並未改變他的強硬主張，並於四月二十四日上奏表示官制改革實乃不妥。但因爲山本首相已經向天皇上奏說明官制改革的必要且已得到允許，所以陸軍反對派也不得不認可實施改革（於大正二年四月二十六日寫給寺內的信，前引《岡市之助文書》）。

基於這樣的來龍去脈，內閣會議五月二日決定修改陸海軍大臣現役武官制。六月十三日公布了結果，削去「現役」二字，將軍部大臣任用資格擴大到預備役與後備役。陸軍放棄反對官制改革，確實與天皇的旨意有直接關係，也與增設師團問題這一背景有關。

木越陸軍大臣儘管受到陸軍內強硬派的攻擊，但從加入山本內閣之初，就明確表示從增設師團的角度來說，進行官制改革也是別無選擇。之後，寺內也最終認爲實施官制改革是好計策，在給岡的信中寫到：

值此陸軍軍部內可能再次分裂，輿論批判再次高漲之令人擔憂之際，陸軍省對於此事不絕對拒絕，放低姿態卻並不明說，所謂以柔克剛，之後正好傾注力量解決增設師團問題，這樣做如何呢？（大正二年四月三十日．寺內寫給岡的信，同上）

田中也有同樣的想法，在給寺內的信中寫到：「官制問題解決反有增設師團問題以落空告終之虞。毋寧官制問題成爲懸案，以此換取強行增設師團，此爲最佳之策」（大正二年五月一日．田中寫給寺內的信，前引《寺內正毅文書》），他想同意實施官制改革，以此作爲實現增師的交換條件。

寺內、田中這些陸軍主流主張靈活應對，將增設師團作爲交換條件，以期強化參謀本部的權力。因此陸軍內部的官制改革反對派也做出了收兵姿態。就這樣，陸軍達成了與山本內閣的和解。之後，陸軍最大限度地利用這次和解的成果，最終實現增設師團。

不管怎樣，在這一系列的過程中，田中的見解是，只要山本內閣得到政友會的支持，那麼軍方單方面的強硬反而會有利於政友會。換言之，田中認爲，順應政黨動向採用均衡論，是實現增設師團的捷徑。

與此同時，田中敏銳地感覺到官制改革問題中的政黨政治力量，並對此懷有深刻的危機感。

圍繞著進行官制改革的利弊，山本內閣與陸軍的對立變得更加嚴重。田中於當年三月寫了題爲「關於擁護帝國建軍根本意義的意見」（《田中義一文書》）的文章。其中表示官制改革對憲法運營有害，力主官制改革是爲了增強政黨的權力。下面大段引用其內容。

目前持有政黨內閣主義的政治家中，認爲現行陸海軍省官制與組織內閣的要義存在矛盾，所有主張改革之人，即是完全對照帝國憲法也只能視爲謬見，依據帝國憲法第十條，決定行政各部官制、任免文武官員完全屬於天皇大權，不能僅僅依據行政上的需要，就酌情決定制度，根據帝國憲法，國務大臣的任命首先承擔著天皇的信任，國務大臣應該各自盡到直接輔佐之責，是否能像英美那樣，由議會中多數人控制的政黨組成內閣，有違主旨不言自明，宣導這一論調之人絕對是誤會了憲政的好處，完全是將是否便於維持政黨政派權力作爲基礎，這種做法是破壞了神聖而且卓越得遠超他國的帝國憲法之根本。

這裡我們看到的是明治憲法的絕對主義解釋，本身是十分不講理的解釋。在此，田中斷然拒絕引入英美流的自由主義資產階級政黨政治，可以說是因爲原本的基本政黨觀完全沒有改變。

照此說法，政黨方面爲了正常運行憲政，要求改革官制反而成爲了對憲法的錯誤解釋，政黨內閣制也變成了違反憲法的制度。作爲田中來說，他考慮到，政黨要求改革官制是與明治憲法的絕對主義解釋相排斥的，進而會使自由主義的解釋（即英美流的憲法解釋）變爲既成事實。

因此，雖然田中最終考慮到爲了實現增設師團而與內閣達成和解，但是可以看到他根本的政黨觀自始至終沒有改變。田中計畫在現實的政治過程中，透過以退爲進來實現陸軍目的的策略，實際上他是個反政黨主義者。在此，田中具有兩面性的特點，值得我們關注。

即便做出了這麼多的妥協，若是仍陷入無法實現增設師團要求的境地，必將強烈批判與山本內閣保持一致步調、對實現增設師團缺乏熱情的木越陸軍大臣（於大正二年五月十五日．田中給寺內的信，前引《寺內正毅文書》）。

另外，對於公布實施精簡行財政，對實現增師採取消極態度的山本內閣，田中說它是「借長閥之名破壞陸軍」（大正二年七月十五日，田中寫給寺內的信，同上），所懷敵意毫不掩飾。

參謀本部強化論的意圖

在陸海軍官制改革問題上妥協的陸軍，接下來透過強化參謀本部的許可權，開始積極推進軍內部的組織改編。

田中認爲，主要因爲將有關組織、動員的責任交給了內閣成員陸軍大臣，所以會受到政黨的介入。他認爲，要消除政黨的干涉，需將組織、動員的許可權從陸軍省轉移到參謀本部，因爲參謀本部是天皇直屬軍事機構，憑藉統帥權獨立制和帷幄上奏制等特權制度，能夠在法制上堅定地保護自立制。

所謂田中的參謀本部強化論，在第三次桂內閣之時早已出現。桂內閣因大正政變陷入危機時，田中給寺內寫信說「此時特別需要的是，考慮到參謀本部的活動以及今後的趨勢，不如像以前那樣，將動員組織許可權轉移到參謀本部，使其成爲政黨以外的堅固根基，這一舉措十分重要」（於大正二年二月二日，田中寫給寺內的信，同上），即爲避開政黨的干涉，將組織動員的許可權從陸軍省轉移到參謀本部。

確實，除非組織動員屬於陸軍省管轄，否則伴隨著經費等問題，定會受到內閣政策方針的左右。政黨勢力會利用這一點來抑制擴軍，田中的說法在軍內有很強的說服力。

對此，和田中持有相同看法的人絕非少數。退役陸軍步兵少校田邊元二郎在題爲「軍制改革意見」的報導中提到「如果以軍部的利益爲重，將組織、動員依然作爲參謀本部的業務，如果相信將陸軍省獨立於俗務以外是有利的，陸相就不得不與內閣同進退，因此能夠除去將國防捲入政治鬥爭這一弊病」。（《太陽》第十九卷，一九一三年四月一日）

但是，陸軍的參謀本部強化論受到了輿論、媒體的如下批判。陸軍預備役軍官西本國之輔在題爲「留下禍患的軍相官制改正」的報導中提到強化參謀本部的原因，看穿了以田中爲代表的參謀本部強化論的政治意圖。

在長閥軍人認可文官出身的軍部大臣之前，可以意料輿論一定會予以討伐，只能採用任命參謀本部寵臣的方針。如果將來有了出身文官的陸軍大臣，參謀本部與之對抗，會使陸相進退維谷，十分爲難。另外，這是一個透過大臣來操縱內閣的狡猾策略，這一點路人皆知。（《日本及日本人》第六百零九期，一九一三年七月一日）

另外，政友俱樂部成員法學學者林毅陸提到「由立憲政治的本義出發來思考，憲法上擔任輔佐職責的國防大臣被賦予許多權力，同時也不得不肩負著許多責任。作爲所謂天皇直屬的特別機構，被賦予極大的權力絕不是應該高興的現象，這會成爲正確運用憲政的障礙」。（同上，第六百一十期，一九一三年七月十五日）受經費問題制約的組織、動員等許可權，倘被政治力量完全不能干涉的參謀本部取得，這會是憲法運用上的重大障礙。尤其，林的批判是爲了擁護憲政運動所提出的「憲政常道」在政治上得以實現。在這一範圍內，就會重視政黨以及資產階級的權利獲得。

總之，參謀本部強化論首先在六月三日的「統帥命令等省部間協議案」達成協議（大正二年六月三日．岡寫給寺內的信函，前引《寺內正毅文書》），六月六日陸軍三長官（陸軍大臣、參謀總長、教育總監）上奏了「三官衙業務擔任規定」的必要性，又於第二年七月八日擬訂出「陸軍省、參謀本部、教育總監部有關業務擔任規定」的文件並即上奏，十日得到批准。

據此，統帥命令、組織、動員、人事等有關的許可權轉移至參謀本部，比起陸軍省的許可權範圍更有優勢。具體來說，戰時編制、作戰計畫、訓令、動員計畫令、動員計畫細則、年度動員計畫令、年度動員計畫細則、動員令、復原令、動員軍隊的任務和行動、向國外派遣軍隊、向國外派遣軍隊的任務行動等等，參謀總長是這些法案的草擬者，也有這些業務的最終決定權。

軍事行政的主要事項決定權幾乎都由參謀總長掌握，在這樣的背景下，非常明顯，徹底強化統帥權獨立制的用意就是爲了抑制政黨勢力的發展。在反陸軍、反擴軍的輿論高漲情況下，陸軍以實施官制改革爲交換條件，強化了參謀本部，毫不鬆懈地消除政黨的影響力。

這樣統帥權獨立性在制度水準上的徹底化，使之後反陸軍的輿論成比例相應增長，結果是陸軍擴大了自立範圍，提高了政治發言權。

在這一意義上，即使將當時陸軍官制改革和參謀本部的許可權強化稱之爲軍強化政治地位變遷史上一個轉捩點也不爲過。

這一過程中，固執地堅持主張陸軍擴軍的田中等陸軍中堅幹部們與陸軍高層之間，圍繞擴軍的方法論開始產生微妙的分歧。陸軍的高層在當時的態度是認爲擴軍只會徒然增強反陸軍情緒，所以應該透過與山本內閣的和解，等待時機。

在這時，田中的出國旅行計畫開始浮出水面。進入十月以後，田中給寺內寫信說：「我的突然離開能夠使我的苦心因這次旅行而讓人知曉，從公事上看，並不是視我爲累贅而放逐國外，需要注意的是上原中將閣下的意見，雖然我也認爲是理所當然，還請對那邊做好特別注意的準備」（於大正二年十月六日，田中寫給寺內的信，前引《寺內正毅文書》），這裡暗暗指出陸軍內部的對立狀況。

田中也與山縣會面，得到了山縣對出國旅行的贊同（大正二年十月十日，田中寫給寺內的信）。另一方面，寺內也在寫給上原的信中說「知道了您對田中一事的意見。當初我的想法是對他充滿了希望，對公私都有利，現在增師問題又成爲了陸軍內部需要解決的重要事件，有無必要感到憂心忡忡呢？」。（大正二年十月十一日・寺內寫給上原的信，前引《上原勇作文書》）

田中是陸軍中堅幹部的代表人物，在增師問題、官制改革問題中辯論最爲活躍，山縣、寺內、上原等軍部高層，當時不得不將其隔絕於政治鬥爭之外。

田中退出陸軍中央，意味著陸軍的政治活動也暫時後退。這證明了田中大體確定了作爲政治中堅軍事官僚的地位。同時，也可以說當時陸軍內部實質的主導權正在下降到田中代表的中堅層。

因大正政變而表面化的資產階級登上政治領域，政黨擴張這一新的政治狀況出現，這必然使得陸軍內部的政黨觀或者政治觀發生改變。因此，陸軍需要保持自身正當性，積極尋找存在的理由。在這一意義上說，田中是最符合陸軍這個時期要求的一個人選。從第一次世界大戰前後期，陸軍及田中與資產階級合作起來推進中國大陸政策這一實際情況，我們也能看清這一事實。

對田中期待的下一個任務是，領導陸軍透過與那些新興勢力更加強有力的聯合，扮演新時代狀況下，帝國主義勢力一員的角色。陸軍從此開始走向尋求自身存在意義、擴大勢力以及提高政治地位的道路。

第五章　對中國侵略之演進

田中的對滿蒙政策

在此讓時代再一次回到大正初期，追尋當時田中的以對華外交爲中心的外交姿態。爲了探尋田中就任首相後對華強硬姿態的背景，有必要追溯到大正時期。

一九一三（大正二）年十月十四日，具有參謀本部身分的田中接受了視察歐美的命令，於翌年十一月二十二日從東京出發。途中，田中在大連生病，結果不得不在當地住了三個多月的醫院。

在這三個月期間，田中寫下了題爲《滯滿所感》的關於滿蒙政策的概括性意見書，它被認爲是「後來大陸政策的基礎」（高倉徹一編，《田中義一傳記》上卷）。《滯滿所感》包含了對第二次大隈內閣所推行大陸政策的直接或間接的牽制，以及田中暗自要求轉換政策的內容。我們先來看看其中高度概括當時大陸政策構想的《滿洲善後私案》。田中首先對鐵路政策做了以下的記述。

> 這些鐵路（滿蒙五線——筆者注）爲滿鐵之基礎，同時亦應有成爲我民族發展根基之重要目的。從根本的理由來看，此鐵路不同於其他列強，列強係爲賣材料而貸款修建鐵路，單純仿照他國貸款並非上策，必須謀求以某種手段使其與滿鐵合二爲一。（〈滿洲善後私案〉《田中義一文書》）

也就是使滿蒙五線和滿鐵線一體化，以作爲擴大在滿蒙地區權益的利益手段。但是，充分考慮到中方的反應，也爲了避免受到批判，有必要對中方使用懷柔政策，迫使中方讓步和妥協。

若從軍事觀點出發，田中認爲就滿鐵完全掌握管理權來說，將路線的起點設在奉天最爲合適。從其他角度看，考慮到與中國平時的經濟關係，最終將起點定在奉天以外的地方。

作爲田中，他是期待著滿鐵和滿蒙五線合併之後，以奉天爲起點以發揮其在軍事上和經濟上的作用。因此他認爲若將殖民地政策作爲支柱，把滿鐵的人事交給受政治情勢影響的政黨出身者來管理是不合適的。他這樣寫道：

作爲滿蒙拓殖、民族發展之中心機關，負有重大任務的滿鐵首腦即使在任之時不懷有政黨觀念，卻也會因政黨派系的此消彼長而更迭。將此國家事業置於政治鬥爭的漩渦之中，著實不能不令人憂慮。（同上）

田中在執筆此意見之前，滿鐵的人事調動剛剛結束。由於此前滿鐵的正副總裁爲政友會派系人物，陸軍對此強烈反對，所以進行了這次人事調動，產生了許多位非政黨出身的理事。田中的排除政黨政治之理論再次得以實踐。特別是因爲滿鐵經營規模的擴大和強化，對於一向提倡鐵路政策中心論的田中來說，滿蒙地區的軍隊控制滿鐵，成爲了理所當然的歸宿。

其中，田中將鐵路政策的中心放在奉天，不光是因爲奉天具有在滿蒙地區高效利用鐵路網設施的地理條件，還因爲奉天很適合成爲「大陸國家」日本的「第二首都」。田中之後一貫主張奉天中心主義，與寺內正毅等朝鮮總督府的中心官僚們意見相左。他們主張作爲「大陸國家」日本的玄關，應採用京城（現首爾）中心主義。

換言之，田中在《滯滿所感》中的「關於滿洲經營私案」一項提到奉天中心主義，並敘述了以合併朝鮮鐵路和滿洲鐵路，設立「滿洲鐵路會社」爲支柱的鐵路統一經營方針，同時得出了將南滿洲經營機關的首都設在奉天的結論。他寫道：

南滿經營之首腦機關偏在關東州，並不利於開發，尤其將來南滿內地大爲開放，內蒙亦進入我經濟圈內，統一朝鮮施政，鐵路、拓殖也與之靠攏，爲此須將滿洲所在各首腦機關北移，置於四通八達之奉天，以圖擴大經營計畫之便。（同上）

大連、旅順是滿洲經濟的中心地，各種經營機關也都集中在此，田中認爲應該從大連、旅順向北移。奉天中心主義以戰略上的前進爲目的，它意味著滿洲殖民地化的堅實部署。

對南滿洲關心的膨脹

提到滿洲鐵路公司設置的具體理由，就有必要先看看田中在南滿洲地域的地位。當時，奉天和吉林二省有大面積耕地，並有豐富的地下資源，但是兩省人口密度不大，即使將兩省合併，人口也只不過一六六〇萬左右。田中認爲將來人口有可能會增加二、三倍。他甚至指出「利用我們的政策，使日本人佔領這裡絕非難事」。（同上）

另外，關於南滿洲地域的經濟活動，他提到「說到南滿的企業狀態，由於乃係別國領土，沒有其土地的所有權和居住的自由權，尙不能提出使其大爲發展的實際政策。但是要想從俄國繼承滿鐵會社的事業，使之脫離與支那官僚的關係自由掌權，必須不斷年復一年地展示好的成績」（同上），這指出了經濟發展的可能性。

關於日本企業在南滿洲活動不充分的原因，「不是因爲南滿的經濟價値低，而是因爲支那官僚固守條約款項，不歡迎在滿日本人的自由規劃，日本政府也沒有建立固定的對滿方針，所以導致了本國資產家不能放下心來投資此地的企業」（同上），田中闡述了日本企業受到種種條件制約的現狀以及找到打破現狀方法的必要性。所以，爲了打破這些制約條件，日本人全體必須有這樣的共識：「須謹記大陸發展乃我民族生存之第一要義」。

對於宣導積極向以奉天爲中心的南滿地區發展的田中來說，在滿鐵的主導下，統一經營管理朝鮮鐵路和滿洲鐵路的主張，是爲田中「大陸政策」的構想著想。田中希望以大戰爆發為契機，擴大南滿洲的經濟權益，確立殖民地化的方向。

但是，作為擴大滿洲權益的途徑，應該是「在外交上獲得排他性、壟斷性鐵路權益，接著利用借款、投資使其實體化，再在鐵路周邊設置日本人的殖民地，以從總體上擴張日本的勢力圈」（金子文夫〈第一次大戰期殖民地銀行體系的再編成〉《土地制度史學》第八十二期，一九七九年一月）。首先是軍隊和對在滿洲獲得權益持積極態度且投下資本的產業、金融資產階級願意這樣做。這是鐵路主導型帝國日本在海外確保權益的典型模式。

實際上，在田中宣導滿鮮鐵路一體化的前後，日本政府以〈關於貸款修築滿蒙鐵路的交換公文〉（大正二年十月五日）從中方獲得了滿蒙五線的鋪設權。並且，正如〈對南潯鐵路問題牧野外相談話〉的內閣會議決定（大正三年四月）和〈關於錦朝鐵路問題等的帝國政府的聲明〉（大正三年六月十三日）等象徵的那樣，對跨越滿蒙地區、中國本土、朝鮮的鐵路問題表示了積極的關心。（外務省編，《日本外交年表並主要文書》上卷）。

除此之外，由於安奉線（安東—奉天）的改造工程和鴨綠江架橋工程的完成，《減輕過滿鮮國境鐵路貨物關稅的協定》（大正二年五月二十九日）（同上）的簽字，還有滿洲和朝鮮間關稅減輕到三分之一的幫助，滿朝鐵路一體化的氣氛逐漸高漲了。

一九一七（大正六）年七月二十八日，根據第九十號敕令，朝鮮鐵路的經營在形式上轉讓給了滿鐵，田中提出的滿鮮鐵路統一化的方針得以實現（南滿鐵道株式會社編，《南滿州鐵道株式會社．第二次十年史》）。

爲了發展田中主張的「大陸國家」日本，以滿州的中心地奉天爲起點，我們承認它是合理的。之後，奉天作爲滿州殖民化的據點，因鐵路的主導作用，使它在經濟和軍事上都成爲了槓杆。

就這樣，田中所提出的滿鐵吸收朝鮮鐵路，使得日本認知到了滿州和蒙古在經濟上、軍事上的重要，因而在殖民地朝鮮之外，也加快了滿蒙地區的權益擴大。同時，想要順利地擴大當地的權益，還有一個手段，就是設置強有力的金融機構，這是下一個課題。

關於南滿的金融問題，除橫濱正金銀行外，雖然也有正隆、南滿、北滿、鐵嶺四個銀行，但是，應對將來在南滿的企業活動和資本投入的增加，還是不充分，田中做了以下的構想。

> 雖然朝鮮銀行擴大了其在滿州的營業，但未能準備充足的資金以適應滿蒙需要，特別是土地所有及居住自由開放後，法人湧入內地，各種企業也接踵而至，資金需要量甚大。因此，爲了不使滿鐵社會受到損失，應該訴諸金融事業。爲滿蒙著想，或須建立特種銀行，以圖調節金融。（前引《田中義一文書》〈滯滿所感之一〉）

為了應對在滿洲及中國本土的權益的擴大，產生了設置金融機構的要求，這一動向以大戰爆發（一九一四年七月）為契機，逐漸活躍起來。比如，當時相當於關東都督地位的中村覺向大隈重信首相、加藤高明外相提出了〈關於設立拓殖銀行的意見書〉（一九一五年五月），東京商業會議所向政府提出了〈設立日支銀行的決議案〉（同年六月）。另外，同年六月五日，石本鏆太郎、加藤定吉等向第三十六次議會的衆議院提出了〈關於在南滿洲設立特殊金融機構的決議案〉，並且在議會上開始了討論。

提出滿洲特殊金融機構設置論

走在這一系列設立對華金融機構要求之前的是田中的滿洲特殊金融機構設置論。但是，田中的提議並沒有涉及任何具體內容，不過正如波形昭一所說「作為將滿洲和朝鮮進行統一、合併加以統治這個構想的一個環節，它的提出具有重要的意義。」（波形昭一〈日本帝國主義的滿洲金融問題〉《金融經濟》第一百五十三期，一九七五年八月）

在鐵路問題上，滿洲鐵路吸收合併朝鮮鐵路，形成一體化，與此構想並行的是，在金融方面以滿州地區為對象設置金融機構，開發包括蒙古地區在內的滿蒙地區，使之有別於殖民地朝鮮。

這代替當時積極從事滿蒙殖民地化或滿蒙獨立運動的陸軍以及支持它的殖民地官

僚們陳述了對本國政府的要求。實際上，此構想變成了大隈內閣向議會提出的《滿洲銀行法案》，從而登上了具體的政治日程。

接受這些動向的大隈內閣，一九一五（大正四）年七月，在大藏省內設立了日支金融機構調查會，調查會擬定並向第三十七次議會提出了《日支銀行法案》和《滿洲銀行法案》。

其中《滿洲銀行法案》提到設立滿洲銀行的意圖是作爲《對華二十一條》要求實現的滿蒙地區新權益的對應措施。以此爲契機，作爲大隈內閣，以適應促進各方面金融機構統一的要求形式，決定提出法案，以便確立對中國的主導權。

關於這些問題，波形昭一在題爲〈經濟調查會和日支．滿洲銀行構想〉的論文中說「（大隈內閣的）滿洲銀行構想給予了二十一條奪取的諸利益以資金的支持，一舉解決了正金．朝銀．興銀並存的錯綜複雜的滿洲金融狀況，也解決了滿鐵、關東都督、軍隊，還有滿商工業者的金融機構獨立運動，如果順利，也不露聲色地開拓了滿洲幣制統一的途徑。」（《社會科學討究》第二十六卷第二期，一九八〇年十月）

二月十六日，兩個法案在執政黨立憲同志會佔絕大多數的衆議院如所預期地獲得了批准，但是在貴族院卻被否決了。這是因爲在議會上，朝鮮總督府擬定的《東洋拓殖股分公司法修正案》（以下簡稱《東拓法修正案》）與兩法案發生了直接競爭。

也就是說，朝鮮總督府想讓朝鮮銀行和東洋拓殖股分公司（以下簡稱爲東拓），即所謂的總督府系列的金融機構進入滿洲，在自己的管轄內開發滿蒙，擴大利權。在這個意義上，無論如何都有必要阻止大限內閣提出的兩個法案。

實際上，東拓法修正案和兩個法案在業務內容和營業地域上是基本一致的。貴族院議員後藤新平、田健次郎等接受了朝鮮總督府的意向，阻止了大限內閣爲中心的滿蒙中心主義，同時逼迫大限內閣陷入了總體辭職的境地。

抑制政友會勢力的擴大，實現陸軍增設兩個師團的懸案對於統治階級來說，是要求大限內閣予以解決的問題。現在所有目的都已達到，大限內閣也就完成了它的使命。

在這個意義上，貴族院對兩法案的否決是和殖民地朝鮮休戚與共的殖民地官僚以及與其相關的貴族官僚層共同協作的政治策略。

同年十月，接替總辭職的大限內閣，朝鮮總督寺內正毅就任首相，這意味著對中國的金融政策發生了轉換。換言之，和日支．滿洲銀行法案一起，寺內內閣向第三十九次議會再次提出了《東拓法修正案》，並透過了衆、貴兩院，得以成立。

東拓法修正明確記載了營業地域加上之前的朝鮮，東拓擴大到外國去，事業內容以金融部分爲中心，以朝鮮、滿洲爲目標地域，期待著東拓能夠發揮第一大拓殖金融機構的作用。

滿洲殖民地化的開始

東拓法修訂的意圖是透過朝鮮總督府體系的金融機構，開始將滿洲的日本金融機構進行一元性的改編，以「實現鮮滿一體化的計畫」（大谷正〈滿洲金融問題與朝鮮總督府〉《日本史研究》第一百七十六期，一九七七年五月）。這和田中之前主張的，重視滿洲地方獨自的利益，給它設置合適的金融機構，以圖滿蒙殖民化，吸收朝鮮鐵路、金融體系的滿鮮一體化政策從根本上是不同的。

田中在《滯滿所感》中關於東拓的作用，寫有如下字樣。

從滿蒙資源培養的觀點看，必須要講求更加積極的手段，爲此，可使東拓擔此事業，即以此爲目的，增加東拓資本和信用債券發行額，投資由滿鐵沿線逐漸深入滿蒙內地，密切維繫日滿關係，方可發揮東拓的眞正作用。

田中與寺內不同，將東拓的作用僅集中在資源和拓殖業務上，沒有涉及金融部門的發展。

另外，田中對朝鮮銀行在滿州的發展，對以前一直對滿洲殖民地化起了一定作用的橫濱正金銀行都抱有懷疑，他希望在滿洲設置獨立的特殊金融機構，以在滿州擴大利權和發展經濟，與殖民地朝鮮不相關聯。

田中在《滯滿所感》中〈關於滿洲經營私案〉的項目裡，概括以上諸點，列舉了以下內容作爲目標。

其一，整理合併關東都督府和朝鮮總督府，設置滿鮮施政的統一機構
其二，使滿州各地的領事隸屬於滿鮮統一機構的長官
其三，合併鮮鐵和滿鐵，使其成爲滿鮮鐵路公司開展工作
其四，使東拓會社擔當滿蒙開拓的事務
其五，應獲得在滿蒙的土地所有權和內地居住權
其六，應設置特殊金融機構
其七，撤銷全部關東州的防務，轉移至朝鮮
其八，南滿經營機構的首都轉移至奉天
其九，滿蒙的創業資金應依靠向法國借款

總之，田中認爲大陸政策的中心目標地域應該從之前的朝鮮半島向中國，特別是中國東北部（滿洲地域）和內蒙古地區轉移。所以，首先改變關東都督府和朝鮮總都督府的二分法統治模式，使之一元化，賦予其比之前更大的權利，旨在「本國政治爭鬥圈之外，建立堅實一貫的施政」（同上）。

這些不只是以強化殖民地經營和伴隨著的軍隊政治上的地位上升爲目標，而是有強烈意識地擴大日本在滿洲地域的權益，並且爲了形成田中在日俄戰爭之後構想的「大陸國家」日本的據點而構造根據地。

這件事從主張將滿洲（姑且認爲是南滿洲地域）和內蒙古經營機構從之前的大

連、旅順，向內陸的奉天轉移也可以得知。這顯然是適合「大陸國家」日本的政策，關於實現政策的方法，田中概括爲以下結論。

總之，由統一機構統一處理施政、外交、經營，從而逐漸實現滿鮮事實上的共通經營，這樣，就要求滿鮮統一機構的長官在指導監督滿鐵、東拓兩公司的同時，負責保護從事其他事業的資本家，彼此相依以求地方全面開發。（同上）

其中，滿洲、朝鮮的殖民地經營機構持有極大的許可權，透過與資本家強力的合作關係，以滿洲經營爲基點，促進擴張更大的殖民地經營和新的利權，這一意圖是不難解讀出來的。

締結日俄協議問題和對華外交

在此，連結其對華政策，研究一下大隈內閣時期的外交課題，即在締結日俄協議問題上，政府內部的對立和妥協。首先來看看田中當時的中國觀。

日俄戰爭中，國際秩序發生變化，若將日本的外交政策進行大的分類，可分爲兩條對立的路線。換句話說，是繼續以日英同盟爲基軸，堅持歐美協調路線，還是締結日俄協議，修復日俄關係，相互承認日俄兩國分割的滿蒙地域這兩條對立的路線。

特別是日俄戰爭之後，對於政治指導層來說，主要的外交課題是朝鮮支配權的確立（殖民地化）和滿蒙地域的利權擴大。這兩條對立路線，都是圍繞是否適合這個外交課題的實現而產生的問題。兩條路線的對立與諸勢力間的對立和妥協有關，這是以第一次大戰爲契機，呈現出來的政治爭鬥的表面化。

換言之，以日英同盟爲外交基軸，向中國政府強硬提出《對華二十一條》要求，希望以此掌握外交政策主導權的外務省主流以及大隈內閣的加藤高明（立憲同志會總理）外相的路線，另一方是指出日英同盟的侷限性，以日俄同盟對決來準備大戰後可以預測到的和美英圍繞中國利權對立的井上馨等人的路線，兩者之間發生了對立。最後終於發展到了加藤辭職的地步。

日俄協議的提倡者田中在〈滯滿所感二．俄國在滿蒙的行動〉（《田中義一文書》）中，關於曾爲對立關係的英國和俄國逐漸接近，對以牽制俄國在印度發展爲目的而締結關係的英國來說，日英同盟的意義逐漸下降的現狀和中國政策相關聯，做了以下的記述。

> 現今計畫在支那西境新疆、甘肅方面鬧事的俄國以十年知己的態度取悅於我國，已取得西藏，懷有得隴望蜀之志的英國對此表示歡喜，這也不足爲奇，然若任此趨勢發展，支那將來命運如何？又將給標榜保全支那領土，以東洋永治爲根本要義的帝國東亞政策帶來何等障礙？

田中認爲，英國和俄國的接近，甚至兩國的同盟關係，說到底也只不過是基於一時的利害一致產生的，但是即使它的流動性很強，以兩國的同盟成立爲契機的日本在中國的孤立也是必須要警惕的。

特別是在以滿蒙爲中心的中國，日本對英、俄關係的變化，加藤外相等人沒有做出靈活的對應，田中對外務省主流派的對應，表示了強烈的不滿。他對於此事做有以下的記述。

英俄的直接握手即日可見，如同日英同盟一般，此亦全爲無用之物，若今有鼓吹同盟效力者，徒取有識之士嘲笑而已，若果如此，實際支那完全是英俄提供的誘餌，以此導致分割支那局勢失敗，此說法絕不爲過。（同上）

在此情況下，爲了防止日本被孤立，而不單方面地與英國、俄國形成對立狀況，田中認爲應該即刻恢復日英同盟，加快與英國、俄國的接近。

他還寫道「爲了東洋永治，爲了維持日英同盟的精神，帝國務必要極力打破英俄聯合」（同上），他一方面認識到了日英同盟作用的侷限性，一方面迴避了即刻廢棄同盟的方法。

作爲此意見書的結論，田中寫道「爲了破壞英俄的合作，要講求各種必要的手段」，但是，田中的接近俄國策略的導入論，是以日俄協議合作補足日英同盟的實際效力低下爲目標。另外，透過同時進行的日英同盟迴避日本的孤立化，取得三國在華利權競爭中的穩固地位。

從田中的想法看來，加藤外相推行的與俄國對立固定化、對日英同盟絕對依存，會縮小日本在遠東的外交選擇幅度，長期來看，大有可能會使得日本的大陸政策（中國、滿蒙地方的殖民地化）產生波折。

田中面臨的課題是牽制甚至阻止俄國在滿蒙地域利權的擴大，他在日俄同盟論中也提到「暴戾俄國的侵略政策會逐漸助長分割支那的局勢，然而分割支那會導致整個東洋的滅亡，滿蒙的喪失直接意味著帝國的危殆」。這是從對俄國的戒備心所考慮的。與此相關，山縣有朋說道：

> 依靠日英同盟來維持將來的東亞永久和平，恐怕不能作爲政策的全部，即日英同盟之外再締結日俄同盟作爲完善達成我目的的手段，這是今日的當務之急。（中略）目前英國也對我與俄國同盟表示歡迎，絕不能對此不滿而加以反對。（山縣有朋〈日露同盟論〉，大山梓編，《山縣有朋意見書》）

田中、山縣認爲總的來說，日俄協議論就是英國、俄國、日本三國之間相互承認分割方針，在此框架中找出在中國獲得利權的餘地。

山縣、田中等人的日俄協議論一舉變得表面化，是由於以大戰爲契機的兩個原因。一個原因是在大戰間隙，加藤外相等外務省主流派提出的《對華二十一條》在實際上行不通，另一個原因是伴隨著大戰激化，俄國方面向日本提出的兵器彈藥等軍事品相關的經濟援助的請求。

日俄協議還是日滿同盟

和山縣同爲元老的井上馨積極宣導締結日俄協議，與堅持主張日英同盟，否定日俄接近的加藤外相是對立的，而且這種對立日漸激烈。

當然，井上對加藤的批判是出於對政黨出身者佔據外交政策的中樞，而且重要外交事項也不再跟元老協議等做法的反對。但是，井上更擔心的，是以大戰爲契機所形成的英、俄、法三國的團結。

他透過望月圭介對決定參戰的大隈首相表示了以下意見。

一、隨著此戰局的發展，隨著英、法、俄的團結一致更加穩固，日本和這三個國家團結一致，此中，日本不能不確立自己在東洋的利權

二、英國人近來對日英同盟的情感逐漸冷卻，在此時局下，必須採取讓英

國人立即後悔的方法。

三、日俄協議在此數年間只是紙上的協議，日本必須以此爲基礎，籠絡支那的統一者。（井上馨侯傳記編纂會《世外井上公傳》第五卷）

井上主張的中國策略是以日本同盟的形式，名副其實地加入與德國的聯合中，特別是相互承認基於與俄國協議產生的在中國以及滿蒙地區的既得權益，另外，利用和法國的同盟導入法國資本，以取得該地區利權的擴大。

井上不顧病軀積極地調整元老間的意見。一九一四（大正三）年九月二十四日，舉行了山縣有朋、大山嚴、松方正義三元老和大限首相的會談，交換了四元老署名的《備忘錄》。

這使得加藤外相在事實上放棄了日英同盟堅持論，承認元老對外交政策的干預成爲了第一重要的事情。另外，作爲《對支那的根本方針》，「掃除包括袁世凱在內的支那人對日本的不信任和疑惑，使他們信賴我們乃是根本之關鍵」（同上），加藤外相的強硬手段所得到的《對華二十一條》要求結果，使得中國國內增大了對日本的不信任，成爲日本在國際上孤立的原因。

關於日俄關係，他寫到「試探英國的意向，而不一味依賴英國，同時締結與俄國的同盟關係，以此作爲將來日英俄法同盟或者協議的基礎」。井上的日英俄法四國同盟論，在日本試圖擴大對中國的利權上確實是合理的方法，是充分考慮了和列強間均衡的外交方針。

但是，加藤外相無視井上爲首的諸元老的意見，於一九一四（大正三）年十二月三日向袁世凱提出《對華二十一條》（一九一五年五月允諾）。理所當然，這導致了正如井上所擔心的結果。

加藤外相和諸元老在締結日俄協議上的對立，結果成了在對華策略上領導間的對立。在此期間，軍隊，尤其是以田中爲中心的參謀本部的態度也持續發生動搖。

關於這一時期締結日俄協議的問題，田中說：「當然，在此期間促進日俄同盟的關鍵是顧念日俄德之間的親善關係，間接地與德國親善」（大正四年六月三日，田中給寺內的信）《寺內正毅文書》）考慮到在大戰初期，連續取得勝利處於優勢地位的德國，此時田中締結日俄協議意在阻止俄國和德國接近，如果德國勝利，他構想的是締結日俄德三國同盟。

田中在此之後給寺內的書信中，詳細描述了以井上爲首的諸元老與加藤外相的對立已經激化到不可能妥協的程度，還講了諸元老向大隈直接間接地要求加藤外相辭職的經過。

田中自己批評加藤外相的主要內容在於，擺脫加藤外相的「政黨者之流爲所欲爲的弊端」的特徵，此時逼迫加藤外相辭職，以「與政黨政派無關，順應四周的情勢，矯正被政黨觀念驅使的弊政。」（〈大正四年七月三日·田中給寺內的信〉同前）

雖然當初包括田中在內的軍隊也強力支持《對華二十一條》中的要求，現在田中政策的轉換是因為中國民衆對《對華二十一條》的反對，和隨著大戰的進展，參戰列強的勢力發生了變化。

到了一九一五（大正四）年，圍繞《對華二十一條》，與袁世凱政權的交涉並沒有如當初預期那樣順利進行，中國民衆反日運動的高漲和加藤外相對中國政策招致的批判，變得更加明顯。

看到這些，田中堅定了締結日俄協議的想法，開始了和俄國的接觸。

將擴大在中國的利權放在第一位

那麼，這個時期田中設想的日俄協定到底是怎樣的內容，尤其是與對華關係有何關係，對此田中做了如下的陳述。

> 俄國表現出不願簽訂日俄協議而希望簽訂日英俄法四國同盟協定，這是從他們的對策上可以明顯看出的，俄國尤其難以同意的地方是日本想要和支那締結某些條約的款項，這就限制了日本對支那的自由行動，所以對於反對支那加入聯合國的日本來說，為此結果限制了自己，這是毫無益處的事情。（〈大正五年四月九日，田中給寺內的信〉同前）

也就是說，田中認為俄國方面透過建立四國同盟，尤其是在中國，使列強間的，尤其是在中國獲得利權的競爭形成一定的格局，這裡就有牽制日本趁大戰期間佔據有利地位的意圖，他認爲俄國的這個意圖是危險的。

田中也曾說過有必要戒備俄國牽制日本在華利權擴大政策。「（日俄的）協議無論如何也不能接受對支那自由意志的限制，若因此導致協議最終不成立，那也決意如此，也是沒有辦法的事情。」（〈大正五年五月六日，田中給寺內的信〉同前）

田中如此地將在華利權的擴大放在首位，將保證它實現的同盟關係的成立作爲最大的課題，最終只不過是承認了日俄協議的利用價值。

但是，對於俄國強烈主張四國同盟，田中認爲只能接受。田中的日俄協定締結論是有彈性的，它的原因之一就是他對俄國與德國存在接近的可能性，抱有極強的戒備心。

事實上，在這以前，同年三月十六日，在小泉策太郎家中，田中與原敬會談時，原就提出了與德國和俄國單獨講和的可能性，同時他還表示，應該與英國、美國保持一定的距離以爲戰後做準備，特別是與俄國的尙未解決的事項，也就是滿蒙的問題，根據兩國商定的滿蒙分割方式來解決滿蒙問題才是至關重要的。田中對此表示了同感。（原奎一郎編《原敬日記》第六卷，大正五年三月十六日）

另外，山縣有朋也對俄國和德國的接近認爲是「不得了的大事」（德富蘇峰《公爵山縣有朋傳》）提出了應予警惕的看法。他還表示爲了阻止它，日俄同盟是不可或缺的。不管怎樣，包括英國在內的四國同盟都是爲日俄同盟能夠成立的不可避免的選擇。

尤其是大戰中，俄國開始出現了脫離戰線的可能性，英國邀請日本參加英國、法國、俄國三國的不單獨講和宣言，於是在一九一五（大正四）年十一月三十日，日本接受、簽署了由四國組成的不單獨講和宣言，這可以說是四國同盟締結的前提。

結果，日俄協議的締結、進而曾經批判四國同盟成立的英國外交姿態的變化，削弱了加藤外相的立場。加之，以大浦兼武內相在總選舉時收受賄賂事件為契機，對大限內閣實施的內閣改造，使得加藤外相辭職了。

這樣，一九一六（大正五）年伊始，要求日本供給武器彈藥的俄國代表藉著來日本的機會，提出應該果斷締結日俄協議，並採取具體的措施。

換言之，同年二月十四日在臨時內閣議會上，決定了締結日俄協議的提案大綱。其中關於中國的定位，「鑑於日俄兩國以支那將歸第三國政治掌握為由，相互承認對兩國各自的主要利益的侵犯，基於以上協定，雙方約定如一方所行措施招致了與第三國發生的迫不得已的戰爭，另一方必須援助其同盟（包括兵力援助）」（外務省編纂《日本外交文書》，大正五年第一冊）日俄協議締結的意義是，阻止了除日本、俄國以外的第三國獲得在中國獨佔利權的可能性，當下在滿蒙地方，透過相互承認與日本利權爭奪最激烈的俄國之間的既得權益，迴避了兩國之間圍繞利權的對立。

在這種情況下，第三國無疑是指英國。如果遠東地區的國際形勢緊張起來，日俄協議可立即使日俄兩國和英國對立關係的固定化。在此意義上，日俄協議的締結，實際上是意味著對日英同盟路線的放棄。

日本與俄國方面交涉的結果，同年七月三日在俄國首都聖彼德堡簽署了〈公開協定〉和〈秘密協定〉。〈秘密協定〉的第一條是「兩協議國為顧念切身利益，掌握對支那、日本國、俄國有敵意的第三國的政治是非常緊要的，應根據需要隨時融洽地誠懇地交換意見，協商為防止前述事態發生而應採取的措施「（外務省編纂，《日本外交年表和主要文書》上卷），結果，日俄協議清楚地表達出了日俄兩國在華利害的一致。

另外，日俄協議是為消除了日本在華擴大利權時的阻礙因素，應對大戰後諸列強之間再次展開的新利權擴大競爭，而產生的。根據日俄協定，對於利權擴大不可或缺的投資資本，日本意圖接近與俄國有著親密關係的法國，從法國引進，以迴避在國際社會的孤立。這樣，井上和田中等軍方的日俄協議路線取得了勝利。

但是，正如原敬對此作出的評價，「僅僅憑兩三條的內容很難想像對將來產生多麼重大的效果」（前述《原敬日記》第六卷、大正五年六月二十九日），不少人對它的效果抱以懷疑的態度。

日俄協議的締結使得中國對兩國獲取利權的高漲勢頭更加抱有戒備心了，而作為日俄協定的物件國，日本與逐漸對日本更加不信任的美國之間的對立也隨之加快了。

為了對抗日俄協議的締結，美國於當年七月二十一日，上議院通過了建造軍艦的法案，八月二十九日威爾遜總統簽署了「一九一六年建造軍艦法案」，開始了空前的建造計畫。

另一方面，中國政府認爲日俄協議締結的眞實意圖是日俄兩國對中國市場和利權的壟斷，對此抱有戒備心理。所以，中國政府向日本政府發問：在日俄協議中把中國放在了什麼位置？

日本政府對此在七月五日，通過日置益公使做出的回答是「日俄兩國沒有想要排除正當行使在支那所享權利的意思，兩國協商保護本國權利和利益的手段，並沒有與支那的權利發生衝突。」（外務省政務局編《日俄交涉史》下卷）

但是，實際上與日本政府的回答不同，日俄協議的締結，如前所述，是構想在大戰已經形成的中國情勢中，擴大利權和尋求構造滿蒙殖民地的途徑。

如果是這樣，即使是田中，也會在發展「大陸國家」日本的同時，下定決心和將來有可能成爲最大障礙的俄國實現協議。在這個意義上，日俄協議締結的交涉過程呈現出的日本政府領導層內部的對立和妥協，幾乎都在與對華政策的關聯上表現了出來。

另外，作爲形成「大陸國家」日本過程中的一個暫時性變通辦法，田中絕對不會固定不變地對待協議。這樣的田中在外交姿態上，顯著地表現出了所謂的「狀況主義」，同樣，從大隈內閣到寺內內閣，對於袁世凱政權、段祺瑞政權的應對姿態上也可以看出。

混亂的反袁、援袁政策

當時陸軍的有代表性的中國政策構想大概是一九一四（大正三）年八月，山縣有朋給大限重信首相、加藤高明外相、若槻禮次郎藏相提出的《對支政策意見書》中展開的「對支提攜援助論」。

山縣在其中寫到，「有人過分相信社會或是帝國的武力，認爲只要對支那施以威壓，就能夠達到目的，但是人世間的事不是僅憑暴力就能決定這麼簡單」（前引《山縣有朋意見書》），他否定了以對中國行使武力爲前提的威懾外交，提出參與到西方諸強形成的以中國爲中心的亞洲地域，「日支親善，相互促進利益，免除不利，認爲非此不可」。

而且，山縣爲了建立這種日中關係，作爲基礎，構想了和歐美諸國的協調以及和俄國之間日俄協定的締結，主張在遠東和平的國際秩序當中謀求日本的權益的擴充。以此實現不與歐美諸國因日本在中國的權益擴充而產生不和，爲此，要對中國的長期經濟援助和中國國內的政治安定也是不可或缺的。

以田中爲首，對對華政策從來都很關心的陸軍，特別是參謀本部的中堅層的政策構想又是怎樣的呢？我們將焦點集中在大限內閣期的對中國政策的具體課題，即對袁世凱（當時的總統）的援助問題上，進行一下梳理。

日本政府認爲，中國國內政治安定的必要條件是中國政治權利的集中和以個人形式展現的唯一最高權力者的存在。而這個人就是袁世凱。

但是，參謀本部的陸軍中堅層認爲，中國辛亥革命（一九一一年）以來，在透過援助袁世凱建立的中國政治安定中，與其創造擴充權益的機會，不如趁中國內政混亂，確保留給日本介入的餘地更划算。所以，也同時援助著與袁世凱對立的革命派和滿蒙獨立運動。

參謀本部的這種姿態是以第一次世界大戰爆發爲契機，關聯對德參戰的主張，以此爲機會取得德國在中國的權益，一舉對中國施壓。關於此事，田中給寺內的信函中有如下記述。

（中國）最近的形勢與去年如出一轍，受到英國愚弄，主要的依靠是袁世凱，他的幕後無疑有美國的存在，目前尚有躊躇未決之事，或者最終不了了之，既然已經顯示了除去此人的氣勢，就必須要有對袁加以匕首的決心。（〈於大正三年八月十二日，田中給寺內的書信《寺內正毅文書》〉）

也就是說，田中在歐美列強因爲大戰而對中國的關心程度已經降低之時，主張終止對袁世凱的援助。袁世凱是作爲比較安定的勢力，已經擁有相當的勢力。田中強烈要求採取反袁政策的背景是，正如在之前的《滿洲善後私案》中所說，他判斷袁因爲與歐美勢力間關係的強化，應該不會答應日本對於在中國滿州地域獲得極爲廣泛權益的要求。

實際上，袁的意圖是透過調節與歐美列強的關係，巧妙地運用外交手法，以對抗日本擴大權益的要求。特別是袁透過親英美的態度，牽制了《對華二十一條要求》象徵的權益擴大和各方面的影響力。

所以，田中爲了不讓袁的意圖實現，從一九一四（大正三）年年初就多次提出要對中國採取以武力爲背景的威壓態度。事實上，於同年二月三日給寺內的書信中，田中寫道有必要覺悟到「此時帝國爲了貫徹自己的主張，可不惜使用武力」（同上）但是，這一年夏天以來，袁就任皇帝恢復帝制的計畫明朗起來，圍繞此問題，日本政府和陸軍內部見解的對立變得表面化了。

換言之，一九一五（大正四）年八月，實施內閣改造的大隈內閣，起初推出了支援帝制和不干涉中國內政的方針。但是，十月十四日的內閣會議，預測到實施帝制將導致中國內政混亂，從而可能侵害日本權益，所以與歐美列強一同向中國政府表明了勸告中止實施帝制的態度。

對此，中國政府雖然進行著實施帝制的準備，但是在十一月十一日，通告了帝制實施延期，第二年二月，再次通告了實施的意向。

大隈內閣在第二年三月四日的內閣會議上，放棄了之前支持援助袁世凱的方針，決定了試圖確立代替袁的新勢力方針。在這個過程中，中國內政的必然不安定，想要新製造一種能夠滿足日本政府要求的政治勢力。

搖擺不定的對袁政策

這樣，關於帝制問題，大隈內閣的態度轉了一百八十度，從支持袁變成了打倒袁。在這期間，田中對此事態的推移又有怎樣的看法呢？

一九一五（大正四）年十月四日，取代明石元次郎，就任參謀次長的田中，在十月十三日給寺內的信中，關於帝制問題，寫有如下文字。

需要立刻解決的問題是帝國要決定對於支那帝制的政策。前兩日陸軍的意見是，在適當的時機承認帝制，甚至對其進行援助，在此意義上，必須要愼重對待我權內的革命黨和與之有關的人物，若發生騷亂，帝國必須要有自衛性保護自身權利的思想準備。（同上）

此時田中與內閣的方針幾乎一致，主張明確對帝制計畫的支持，對袁進行經濟援助，鎭壓與袁敵對的革命派。這意味著改變了之前田中等人的方針。但是，田中等人持此意見的背景，有兩個。

一個是，田中預測到因爲實施帝制，中國國內的反帝制的政治勢力必然訴諸更加強硬的手段，政治混亂擴大，袁必定會向日本求助更多的經濟和軍事的援助，這樣干涉中國的機會就擴大了。

第二個是，透過大隈內閣的改造，掌握外交主導權，批判陸軍對華工作的加藤外相辭職了，這樣，陸軍方針的選項增多，就有了根據情況轉換方針的可能性。

所以，田中姿態的變化，與其說是同意大限內閣，不如說是爲了實現自己的政策，根據狀況做出的判斷。

所以，根據袁世凱對日本的態度，有可能馬上轉變成反對帝制、反袁的政策。事實上，受田中指示負責袁世凱工作的坂西利八郎，也贊同田中之前的「中國政府的行動欠缺對日本的誠意」的說法。他說「我認爲日支兩國關係作爲特別的存在」，有必要「在內政和外交上進行開誠布公地商議，達到讓日本作爲其他國家也能提出異議的程度」，從結果來看「目前的情形，尚未達到使支那有此認識的程度」。（〈大正五年一月三日，坂西給田中的信〉《田中義一文書》）

或許，田中也和坂西一樣，對中國政府的不信任感增強了，可以認爲他們此時察覺到了對袁指示的侷限性。到同月十八日，田中終於表明了反對帝制的意向，讓坂西把這個想法告知了中國政府。

田中對袁世凱政府的態度，在他給岡市之助陸相的書信中，進一步表明了以下意向。

> 支那問題，近來袁已呈人心盡喪眾叛親離的態勢，（中略）日本人爲保持支那和平這個重點，目前要尋求使袁退讓的手段，同時，要謀求扶植我政治勢力的手段，這才有利。（〈大正五年二月二十一日，田中給岡的信〉

《岡市之助文書》）

做爲「使袁退讓的手段」，田中在給岡的書信中，敘述了「對支政策已經逐漸決定，與袁決裂之後將面難纏之事，大體上是取先助長南方的方針」（〈大正五年三月九日．田中給岡的信〉同上），兩日前，透過援助南方革命派實現倒袁的方針，在大隈內閣會議上通過，田中確認了與內閣採取共同步調。

也就是說，大隈內閣在三月七日的內閣會議上，通過了《對中國目前的局勢，帝國應該執行的政策》（外務省編，《日本外交年表與主要文書》上卷），決定了倒袁方針。

其內容在政府三月九日向各有關方面發的《閣議要領》中有所闡明。主要大綱是「一帝國在支那確立優越的勢力，使支那人意識到帝國的勢力，確立日支親善的基礎爲此，採取排斥袁的政策」（前述《原敬日記》第七卷，大正五年十一月九日）。

接下來田中的作用是，籠絡甚至瓦解在寺內周圍的官僚層、貴族院議員等支持袁世凱的那些人，他們是一直批判反袁政策的以山縣和寺內正毅（時任朝鮮總督）爲首的陸軍上層、後藤新平、勝田主計等人。

在陸軍上層，參謀總長上原勇作支持田中和明石等爲中心的陸軍中堅力量的反袁政策，上原是岡陸相的後繼者，他所說的大戰結束後，「爲便於與各方交涉，相信推舉田中中將是順應時事的」。（〈大正五年三月七日，上原給寺內的信〉《寺內正毅

文書》）

三月四日，在大限內閣決定倒袁前後，山縣和寺內對帝制問題的陸軍中堅力量中心人物田中說，希望中止因倒袁而使中國內政不穩的方針。

比如，寺內的主張有如下內容。

目前滿州時有騷亂，終將使整個支那全體陷入騷亂之中，因向俄國供給兵器之事，遂使我國也不得不投入戰火之中，如此不利，我認為不能忍受，此事請慎重考慮妥善處理，是為至要。（〈大正五年二月二日・寺內給田中的信〉《田中義一文書》）

寺內認為中國內政不穩可能會招致俄國等歐美列強介入，這樣的話，反而會使日本喪失行使影響力的機會。

寺內在大限內閣決定倒袁之後，始終堅持認為透過支持袁使中國內政安定，不丟掉建立以袁為中心的中國政府和日本政府的和平同盟關係才是最佳方針。

逐漸增強說服寺內的工作

田中為了改變寺內的方針，一邊與其他陸軍中堅力量、上原勇作參謀總長等取得聯繫，一邊親自連續致函說服寺內。在此期間，和田中等人同樣從事說服寺內工作的立花小一郎（時任第一九師團長．朝鮮），在給上原的書信中寫道「實際在京中，我和田中、明石的三人會議兩人都對寺內大將帶過忠告的口信，本人逐一做了陳述，但是卻遭到反駁，本人深感遺憾」（〈大正五年四月二十七日，立花給上原的信〉前引《上原勇作文書》），他對說服寺內表現出了焦慮。

另外，四月九日的書信中，田中關於反袁政策的妥當性，有如下記述。

（在日中關係上）難以認同的是想要與支那締結某種條約時，有些條款的存在需要俄國的承認，這使得日本對支那的自由行動受到了約束，日本反對支那加入聯合國，結果因此使得自己受到約束，再沒有比此更不利的了。（中略）大體上說，目前的形勢，支持袁是不合理的，結果反倒使事情都陷入到了糾紛中。（〈大正五年四月九日，田中給寺內的信〉《寺內正毅文書》）

田中認為現在已經不能期待袁對日本的絕對忠誠，中國從屬於日本的可能性很低。

從這件事可以得知，田中等人利用大戰的良機，運用威壓的手段，試圖一舉在中國樹立日本穩固不可動搖的傀儡政權。田中試圖實行透過對袁的排斥，以「有利於謀求扶植我政治勢力的手段」（〈大正五年二月二日，田中給岡的信〉前引《岡市之助文書》）的思想。

與此相關，坂野潤治有這樣的論述，關於在中國確保軍事資源和戰略要地這個問題上，山縣、寺內等陸軍上層和田中、明石等陸軍中堅力量是一樣的。但是，實現確保在中國的軍事資源和戰略要地的方法，前者認爲應該在與安定的軍閥政權之間建立同盟關係從而實現，與此相反，後者認爲應該創造順應日本需求的完全徹底的傀儡政權（前述坂野論文）。

無論如何，關於田中等人排斥袁的計畫，不僅是山縣、寺內等陸軍上層，同樣在陸軍中堅層和外務省、甚至後藤新平等官僚勢力中也有很多批判者。從整個領導層來看，田中等人是少數派。

比如，陸軍的奈良武次（青島守備隊長，大正五年三月三十一日成爲陸軍省軍務局長）寫道，「帝國的政策儘管一時會有猶疑，最終也要確定。雖然治理支那的混亂局面前途莫測，但是身爲反對黨中堅力量的革命黨既無錢又不統一，終究不能成大事。（中略）需要形成的觀念是，對此，日本應該採取的大方針是絕對不能使帝國政策和袁繼位之事得以成立。」（〈大正四年十一月二十四日，奈良給上原的信，前引《上原勇作文書》〉）

加之，町田經宇（時任中國公使館副武官）說：「正如所料，眼下若除去袁，找遍支那也無一人可以取代。但他一旦稱帝，由於不平嫉妒之心，國內勢必更加動盪，加之財政缺口與日俱增，袁所受的痛苦當會不少，袁處於困難之境地，就會東顧，窺我日本之鼻息」（〈大正四年九月十九日，町田給上原的信〉同上），他和奈良一樣，表示了透過援助袁，而實現擴大日本權益，才是良策的判斷。

另外，宇都宮太郎（時任第七師團長．旭川）也說過，「他（袁世凱）的手段並非泛泛之輩，目前就先成全他的志向也是一個辦法」（〈大正四年九月六日，宇都宮給上原的信〉同上），他分析了與其對袁絕對支援，不如採用暫且支持袁的策略，隨機應變地在情況的發展之中，準備替代政策的見解。

町田和奈良的側重點雖然不同，但結果是和宇都宮的這個想法相同。

官僚勢力的代表後藤新平，對田中等陸軍中堅層的對華外交的介入和陸軍的獨自行動一貫持批判態度，後藤對反袁政策的批判是以同時確立官僚主導的外交權、保護和擴充在大陸的既得權益爲目的的。

換言之，後藤認爲大隈內閣的反袁政策會招致袁與英美接近的結果，「對支那政策的確屢屢失敗，之後如何構建回復的政策，對於現內閣是頗爲困難的」（〈大正五年五月一日，後藤給寺內的信〉《寺內正毅文書》），後藤對大隈內閣表明了自己的不滿。後藤一貫批判大隈內閣的對華政策、特別是反袁政策的採用，他認爲有必要聯合亞洲人，以支持袁的理由對抗歐美諸列強。

比如，後藤在給金子直吉（參與企劃日本製粉．六十五銀行的設立）的書簡中說「目前東洋各國在歐美人的壓迫下，如果不抹去各國的邊境建立新的大聯合，即不實現大亞細亞主義，相互都能保全生存是不可能的」。（〈大正三年五月十四日，後藤

給金子的信〉《後藤新平文書》）

政府內部圍繞反袁政策的對立，因六月六日袁去世，擱置下來了。但是，在對立過程之中，政府內部在中國獲得權益的方法的差異被顯現化了，同時，使得反對大隈的勢力集結起來，這個勢力之後形成了支持寺內內閣政策的智囊團。比如，後藤新平、勝田主計（元大藏時期，貴族院議員，朝鮮銀行總裁）、西原龜三等，即朝鮮幫就是他們的成員。

看到了這些勢力的組成，圍繞反袁政策的對立成爲了作爲殖民地政策的最重要據點，應該使朝鮮和滿州哪一個優先的問題。寺內等人始終爲了強化朝鮮的殖民地，認爲應該去除在滿蒙的不安定因素。雖以鮮滿一體化作爲基本政策，但否定田中構想的鮮滿一體化。

援助段祺瑞政權的理由

一九一五（大正四）年末到第二年，統治階層在對袁政權問題上的分裂是有決定性質的。但是，隨著一九一六（大正五）年六月六日袁的死亡，又展開了新的情況。其中因爲《對華二十一條》和反袁運動進展不利而受到責難的田中，認爲應該支持在袁之後就任大統領的黎元洪新政權，在外交上迴避對陸軍的批判和孤立，想要重新掌握主導權。

田中在袁去世的第二天，執筆寫成了《對支意見草稿》（山口利昭〈濱面又助文書〉，近代日本研究會編，《近代日本和東亞》）。這篇文章開頭寫道，「袁世凱死後，黎元洪根據約法，當然應該成爲大統領，藉此機會，帝國應擁護黎元洪，幫助南方派，從根本上踐行扶植支那的政策」。

總之，支持黎爲中心的中央政府，實施對南方派的援助，對以孫文爲中心的南方派和黎元洪、段祺瑞、徐世昌等北方派的和解和妥協，助以一臂之力，實現對華外交的介入。

爲此具體的措施是，若黎有要求，便可答應派遣軍隊以維護北京治安，同意予以貸款，勸其邀南方代表北上實現南北代表會談。

這樣，田中推出了南北和解・妥協路線，但是這並不是他想使中國正常化。對於田中，支援南方有如下的意義。

田中在袁剛剛去世時，給在中國工作的青木宣純（參謀本部仰付，後黎元洪軍事顧問）發去了這樣的電報。

關於支那現狀，有人認爲到了干涉的時機，但我認爲爲時尚早。我估計南北武力相爭的事態即將到來，諸外國也感到危險，因之力促日本予以干涉，此時日本可以做出雖不願如此，事出無奈只好干涉的姿態。（中略）使南方增強實力事，必須考慮是否符合這個目的。即作爲日本政策上之需要，供給兵器等事，必須要考慮是出於哪一個方面能達到目的。（〈田中

義一給青木宣純的電報稿案〉同上）

綜上所述，田中支援南方派的眞實理由是，南方派與北方派（中央政府）相比處於劣勢，給南方派加個撬槓可以縮小南北間實力的差距，使得兩者的內部糾紛恆常化，以至中國政情的不安定成爲常態化。

結果，試圖找出干涉中國內政的空隙，乘機奪取中國本部的利權。關於這一點，高橋秀直指出，「（陸軍，田中的）支援南方派被認爲是基於南方派比北方派弱小，適合被日本傀儡化的判斷」。（《日本歷史》第四百三十四期，一九八四年七月）所以，袁去世後，田中推出支援黎元洪中央政府的背景，可以認爲是，袁死之後，中央政府（北方派）的相對優勢消失，南北間力量不相上下，而且黎政權成立不久，沒有深入解讀其政治力量。

總之，陸軍（尤其是參謀本部）和田中的想法是，正是因爲反袁工作使得中國內政混亂，才給了日本進入的前提條件，到袁死後，這個想法也沒有改變。

田中的這種南北妥協論是以援助南方派爲中心，和陸軍（田中）一樣，在袁死後，和支援黎元洪的外務省對南方派的應對上，也表現出了根本上的差異。

石井外相在同年六月二十四日，與在日本的黃興會談時，表明了外務省的見解，「此時南北雙方意見存在分歧，既然在根據舊約法恢復等根本主張上沒有變化，就以求同存異，迅速使時局穩定才是上策」。（前引書，《日本外交文書》大正五年，第

二冊)

另外,石井與田中一樣,表面上是南北妥協論,他說道,「觀察眼下的狀況,大局上同意南方的主張,雖然北方派也知道不應對抗潮流,但爲了保持自身地位,也不能立刻向南方屈膝」(同上),歸根究柢是希望與南方派劃清界限後,再向南方派妥協。

這一點上,外務省的方針是以中央政府(北方派)的優勢地位爲前提的南北妥協論。有人認爲此外務省方針的基礎是「支那被各國分割之時,日本明顯將直接受到可怕的影響,保全支那的領土是符合日本利益的」。(同上)

也就是說,外務省比照加藤前外相強行進行的《對華二十一條》,使得日本孤立於國際社會,中國國內的排日、抗日運動致使外交失敗這些教訓,便提倡「保全支那領土」,藉以來修復與中國的關係,重新取得國際信賴作爲了緊急的課題。

事實上,此時外務省在袁世凱死的時候,透過駐華總領事和領事等外務官僚,與北方派、南方派的重要人物分別會了面,積極開展行動,力圖使南北兩派能以黎元洪爲中心互相妥協。

田中(陸軍)和外務省存在著這樣的差異,另一方面以參謀本部爲中心,不管政府、外務省的意向,陸軍依然透過在中國的武官,反覆向黎元洪提出要求。

認爲在中央政府之下,南北妥協統一,樹立安定政權爲當下對華政策課題的山縣有朋、松方正義等元老,還有下屆首相候選人寺內正毅、貴族院議員的官僚勢力代表後藤新平等，都對參謀本部這種獨斷提出了尖銳批評。

結果，陸軍表面上不得不放棄以援助南方派爲契機進行武力干涉的機會，田中等人秘密進行的滿蒙計畫，事實上也只好無可奈何地中止了。但是，喪失武力干涉機會的陸軍大爲不滿，這種不滿情緒成爲了引起八月十三日中日兩軍衝突（鄭家屯事件）的原因。

這使得陸軍逐漸喪失了對華外交主導權，陸軍陷入了只能與政府、外務省的對華政策保持一致的狀態。關於這件事的意義，關寬治說：「這表示辛亥革命以來，反覆推行的參謀本部計畫常常依靠駐外機構的強硬情報的田中參謀次長爲中心的這個團體的國家陰謀宣告失敗」。（《現代東南亞國際環境的誕生》）

尤其是一九一六（大正五）年一月九日，有望改變對華政策的寺內內閣成立，陸軍內部也對參謀本部的批判增多，要求處分田中、參謀本部孤立的形勢凸顯出來。

比如，三浦梧樓和後藤新平（時任樞密院顧問官）向寺內提出調動田中的要求，其中後藤最爲強硬，對於以消極態度應對要求給田中調動工作的寺內，他跟原敬說「若不公開敦促寺內，他會置之不理」（前引《原敬日記》第七卷，大正六年九日的內容）。在這樣的情況之下，寺內內閣推出了新的對華政策的構想。

寺內正毅內閣在第二年，也就是一九一七（大正六）年一月九日，內閣會議上通過了《關於對華政策事宜》。其中開頭部分就提到「帝國尊重並擁護支那的獨立和領土保全主義」（外務省編纂，《日本外交年表與主要文書》上），以尊重中國領土爲中國內政安定的前提條件，也就是主張放棄日本的侵略意圖，抑制了大隈內閣對中國政策的基本姿態，即透過展開威壓外交，強硬地剝奪利權。

所以，寺內內閣的領土保全主義就是概括了對大隈內閣對華政策的批判的產物。它與田中的《對支意見草稿》劃清了界限，田中的《對支意見草稿》則顯示了他從根本上阻止中國內政安定化以及因而實現的國內統一、獨立，希望中國政府持續脆弱的對華姿態的態度。

領土保全主義的實際情況

寺內內閣為了實行領土保全主義，有一些具體的手段，如改善中國的庶政、不干涉內政、實行與外國的協調等。

另一方面，寺內內閣提到「帝國在支那，除去擁有特殊利益問題外，在儘量與列強保持協調的同時，應該逐漸努力讓列國承認我帝國的優越地位」（同上）。所謂領土保全主義，結果被定位將中國政情的安定化作為促進利權擴大和資本投入的契機。

關於此事，高橋秀直指出寺內內閣在此推出支援中國中央政府的本來意圖是「透過積極的支援政策，使得中國中央政府親日化，進而傀儡化」（寺內內閣期的政治體制）《史林》，第六十七卷第四期，一九八四年七月）。

另外，原敬在日記中說寺內這個對華政策對於「阻止一切想透過製造支那紛爭來獲得利益的小計策」是有意義的，另外寺內首相、本野外相也說道「此方針雖然不新奇，但是如果說大隈內閣與它相反，那麼寺內又恢復了所謂的常規（前引《原敬日記》第七卷，大正六年一月十五日）。

加之，北岡伸一認爲，對中國的「援助（提攜）」論，因這個內閣會議的決定而首次被作爲政府政策得到採用，「它不是沒有原則的作爲主義的主張，而是出於對干預內爭帶來的工商業上利益的損失（一處著火帶來對別處的反抗→招致聯合抵制）和對與列國協調的關心，做出的主張」。（北岡伸一《大陸政策與日本陸軍》）。

以「領土保全」主義或者「日支提攜援助」論爲基調的寺內內閣的對華政策，雖然得到了貴族院勢力和政友會的一定支援，但是半年多的時間裡，由於中國國內的政變，該政策急需修正。

就是當年五月二十三日，實力派督軍張勳被邀請到了北京。而張勳解散了國會，第二個月又命李經義組閣，並於七月一日聲明復辟（清朝復活），黎元洪逃亡至日本公使館。

離開北京的段祺瑞，號召各地督軍討伐張勳，結果，復辟派無法抵抗，全面崩潰。七月十四日，段回到北京，再次組閣。八月一日，馮國璋副總統就任代理大統領，爲一連串的政變劇畫上句號。

在此政變劇之中，寺內內閣始終採取了支援段祺瑞內閣的方針。目的是，透過強化對段政權的支持，試圖樹立一個堅強的中國中央政府，以強化與日本的關係，從而制約列國的矛頭，實現強有力的「日支聯合」。

同年五月一日，從東京出發，去中國視察的田中與中國的政要頻頻會談，他基於這些，給寺內寫去了如下一封信。

此次旅行在支那最混亂的時候完成了研究，還和多方面的人物進行了接觸，嘗試性提出了個人建議，自己以爲對於看透眞相和考慮將來的對支國策，得到了一絲自信。（〈大正六年六月二十四日，田中給寺內的信〉《寺內正毅文書》）

與中國政要會談中得到的「一絲自信」是什麼，從信中來看，段的罷免、張勳被邀至中央政界和他的下臺，以及段的再度組閣這一連串的政變劇只是「毫無道理的戲劇」，而且這個「戲劇」、「具有特想利用閣下的內閣之膽魄，此事我已看透」，拐彎抹角地批評了寺內內閣推出的支持段祺瑞的政策，對以強化段爲中心的中國中央政府爲對華政策的基軸，進行了批判。

對此，田中接著寫了自己的想法。

目的好不好另當別論，過於施行策略，就會使得北方派分裂，或是因爲自己的這些政策而作繭自縛。不可隨著支那的狀況來決定日本的應對，日本應以此爲機會，商定國策之後再面對支那。以嚴正的態度觀望事情的發展

趨勢，然後抓住機會實行我國之國策，這是非常重要的。（同上）

總之，田中認為，寺內內閣支援段的政策，從變化不定的中國政情來看，判斷過早，在此情況下，支援段的政策與日本的對中國政策的固定化是連結在一起的。最後，田中對支持北方派（段）的政策表示了批判的見解。

田中認為此時對中國政策應該是「南北融合」（〈大正七年一月三十一日，田中給寺內的信〉同上），無論是支援北方派還是南方派，只支持一派就縮小了對中國政策的選擇餘地，對田中來說，這些都是不合理的政策。

「狀況主義」的對華姿態

田中在此時的確是南北融合、妥協統一論者，實際上，田中勸說過張勳讓他中止復辟運動，遊說過馮國璋說要進行「國家的結合」，提倡所謂的「南北統一」論、「舉國一致」論。（高倉徹一《田中義一傳記》上卷）。

另外，作為田中視察中國之旅的成果，他寫成的《對支經營私見》（一九一七年九月）中提到「現今將恢復、改善支那國內行政組織的諸般設備作為緊急事情的不只是政府當局，朝野有識之士致力於救國濟民者也比比皆是」。（《田中義一文書》）

但是，田中這樣的主張本身也不是固定不變的，可以說是在向「狀況主義」轉化。從黎大總統罷免段開始，在中國政變劇期間，田中採取了與寺內內閣的政策意圖全然無關的行動。

總之，與大隈內閣期相同，是脫離日本政府統治的，田中的主張與同在陸軍堅持日中「聯合」論的內宇都宮太郎等上原勇作派，和接受田中意向從事對中國工作的坂西利八郎相比，是極端的。

所以，想要透過所謂西原借款推進對段祺瑞援助的西原龜三，在這個時期，加強了對田中的批判。一九一九（大正八）年六月十日，在天津出差的西原給勝田藏相發去了如下電報。

田中次長將黎總統擱置不顧，期望收拾時局開展各方面活動，這正好和親美派的目的一致，黎和徐世昌、段祺瑞無論如何也不能成爲一體，即田中的運動，抑制了徐的一派，使得時局愈加混亂，使得親美派達到目的，要改變此時局，實現日支親善，誰都認爲徐的出現是必要的，適當地透過總理，阻止田中的運動，應該讓徐出面幫忙（前引《日本外交文書》，大正六年，第二冊）

西原透過援助以北方右派段祺瑞和徐世昌爲中心的政權，意在施行擴大日本利益的政策。田中則支持與段、徐從根本上不能相容的黎。這與將整治中國國內混亂、出現一個強有力的政府作爲當下的課題，推行日中「聯合」論的寺內內閣的意圖是相反的。

實際上，寺內內閣在一九一七（大正六）年七月二十日的內閣會議上，決定了《關於對華外交政策》（前引《日本外交年表與主要文書》上），準備對段支援，給予借款、供給兵器和軍需品，推出了拒絕南方派請求支援的政策。

另外，寺內內閣在第二年，即一九一八（大正七）年三月八日，做出了旨在促進解決中國國內混亂，勸告南北兩派妥協的閣議決定。雖然嘗試了修正若干軌道，並表示了與政友會的協調，但是作爲基本政策，支援段的政策並沒有改變。即使「南北妥協」論得到發展，終究是以北方派佔優勢爲前提的。

寺內內閣在此之後，發展了與中央政府的日中「聯合」路線，一九一八（大正七）年五月十六日和十九日，締結了《日中共同防敵協定》。另外，七月三十一日，透過第二次兵器借款等，實現了眞正的軍事援助，與一系列的西原借款一併，在軍事、經濟、政治各領域強化與中央政府的關係。

到寺內內閣的後半期，田中對透過西原借款對中國政府給予經濟上和軍事上援助的方針，表明了贊同的意見。這是因爲西原借款援助中國中央政府的內容是田中同意的。

也就是說，之前田中與當初的寺內內閣關於中國政策不能協調的原因，正如「領土保全」主義、「日支提攜援助」論的用詞所說，是因爲過於考慮與諸列強的協調外交，對中國抱有色彩濃重的消極經濟第一主義的性格。

正如很多研究已經闡明的那樣，西原借款是以威壓爲背景的政治上的「援助」，絕不含尊重中方主體性的內容。

在此意義上，北岡伸一提到「把中國作爲強化日本軍事力量乃至國力的手段而徹底利用，這才是田中認爲的中國政策」（北岡前述書籍），正如他指出的那樣，最終寺內和西原的中國政策與田中的中國政策構想一致了。

在締結日俄協議問題、應對袁世凱、段祺瑞兩政權的過程中，呈現出來的田中的中國政策的變化，確實非常明顯。但是，田中爲了把中國變成「大陸國家」日本的基礎，經常準備有各種方法和幾個選項，在實際的政治過程中酌情行使，在政策決定中一直發揮一定的作用，這一點正如此前所述。

透過這些，田中自己，甚至陸軍自身，以包括外交領域在內的多種形式作爲一個政治勢力，佔據了穩定的位置，對此在下一章再作詳細說明。

第六章

對西伯利亞的野心

在十月革命中搖搖欲墜的寺內內閣

若要了解田中的外交態度，就不可避免地需要知道田中在出兵西伯利亞時，田中對外交與戰爭所持的態度。本章將透過田中的對華外交，以及決定出兵西伯利亞的政治過程，來說明田中與原敬首相的關係是如何從最初的對立到密切合作的。

當時，寺內內閣對華政策的主要內容是，以軍事力量爲後盾的《對華二十一條》，和以合作姿態爲主要內容的「日支親善」，這是兩個相互矛盾，不具有統一性的方針政策。這樣的對華政策也是建立在當時維繫與歐美帝國主義列強之間的一定的平衡關係上的結果。

但是一戰的爆發，打破了原有的平衡。其中最成爲問題的是，地理位置不在歐洲主戰場，但透過向英、法等國的各協約國輸出武器而不斷確立發言權的美國的崛起。期間，一直以來忙於對華政策的日本政府及日本陸軍，在一戰爆發的同時，就一直在絞盡腦汁地苦苦思考，該如何應對一戰後美國對亞洲的干涉。

例如，當時位居參謀總部付的田中，向寺內遞交了這樣一封書信：

預計今後交戰各國將陷入疲勞困苦之局面，可在能輕易打破戰局平衡之時，一方面準備向俄羅斯方面出兵，另一方面與美國合作，成爲爭取和平的首要功臣。既然有打算上演這樣的外交戲劇的熱情，就應該從現在開始考慮該如何去做。（大正四年二月三日，田中寫給寺內的信《寺內正毅文書》

於是，一戰期間的田中試圖透過《日俄協約》和強化與英法俄等協約國的關係來確保從中國獲得的權利。這也就意味著，田中在對華政策中所表現出的，既強硬又妥協的兩面性，實質上就是動用各種手段，想在一戰結束時，確保日本利權不受到損害的一種有意圖的政治表現。從這一點出發，對田中來說，對美政策成爲比過去更需要考慮的重要課題。

然而，一九一七（大正六）年十一月七日（俄曆十月二十五日）爆發了俄國十月革命。布爾什維克黨人推翻了沙俄政權，俄國就此脫離了協約國陣營。這件事對日本推行的大陸政策產生了重大影響。

也就是說，沙俄政權的瓦解，導致遠東地區的勢力平衡關係發生巨大變化，特別是西伯利亞出現了「勢力的眞空狀態」（細谷千博．《西伯利亞出兵的史學研究》）。而且，迄今爲止連續四次簽訂的《日俄協約》已經名存實亡，再加上日俄兩國在遠東地區構築的共同戰線，將中國本土也劃入到了其範圍之中，這就意味著阻礙日本勢力在中國滿洲北部地域不斷擴大的因素已經消失。

再加上作爲參戰國的俄國脫離了協約國陣營，就意味著事實上歐洲東部的戰線已經消失。那麼在歐洲主戰場上，德國就可以把士兵集中到與英、法對峙的西部戰線上去。

所以英、法兩軍在此局面之下被迫惡戰。結果導致英、法兩國不得不放鬆其在遠東地區的政策，這便成爲日本獲得滿洲北部及沿海州統治權的絕好機會。

因此，一直以來打算將日本發展爲「大陸國家」的陸軍，便明確將滿洲北部到西伯利亞東部劃入到自己統治的區域內，並將獲得中東、西伯利亞兩條鐵路的管理權定爲目標。在十月革命爆發之後，陸軍立刻制定了對西伯利亞東部及其沿海州的佔領計畫，並開始派遣情報人員，試圖以此來鞏固「大陸國家」日本。

與之有關的是，高橋治在《派兵》一書中指出，據陸軍少尉家村新七（從屬第十四師團代第十五連隊）的證詞所言，田中擔任日本陸軍大臣期間，在軍官們的面前曾訓示說：「出兵西伯利亞的眞正目的是佔領沿海州。從地圖上看就能知道這麼做的理由，如果不把沿海州變爲日本的領土的話，日本國防就不能成立。」同時，根據高倉徹一的《田中義一傳記》中所記載的內容，田中出兵的目的是「將包括滿洲、蒙古、朝鮮還有西伯利亞在內的區域變爲遼闊的軍事緩衝地帶」，以此避免日蘇兩國的軍事衝突。

以上雖然強調的是軍事上的意義，但與此同時，也有很多重視經濟意義的討論。例如：「應該開拓西伯利亞的寶藏。這樣的話，不管是人口問題、還是糧食問題以及國家的富強，都自然可以迎刃而解」（德富豬一郎主編，《西伯利亞》）。

日本陸軍希望能乘此機會實現「日本海內海構想」，就是將沿海州確保在勢力範圍內，把日本海變爲名副其實的日本內海。同時，日本陸軍也認爲獲得滿洲和沿海州的統治權，可以使得日本本土防禦擁有前進據點的同時，也可以成爲進攻西伯利亞西部及中國本土（華北、華中）的侵略據點，因此日本陸軍將滿洲和沿海州視爲具有極高價值的戰略要地。

十月革命爆發之後，日本陸軍爲了有效利用這樣一個好機會，早早開始制定了佔領西伯利亞的計畫。在此期間，一九一七（大正六）年十二月二十六日，英國政府正式向日本政府提議，希望兩國能共同出兵西伯利亞。

在此之前的十二月十七日，在外交官調查委員會上出兵西伯利亞首次成爲議題之後，該如何應對出兵提議，及制定日本陸軍的西伯利亞佔領計畫並準備作戰已成爲當時最大的課題。

就出兵西伯利亞的攻防

和一戰爆發時對德宣戰並出兵歐洲戰線時的消極應對不同，此次雖說同樣是出兵，但與之前的意義完全不同。所以，從下面兩個《意見書（草案）》中可以看出至始至終一直指導著出兵計畫的田中的做法。

首先，在《田中參謀次長關於西伯利亞的意見》（草案，大正七年）中，簡要概述了出兵西伯利亞的意義與目標。雖然稍長，但引用如下。

> 在今天這樣的情況下，謹言愼行會成爲國家的危害。倒不如利用俄國人的同仇敵愾之心阻止德國、奧匈帝國勢力的東入，同時此機會關係到我國存亡，提出包容支那，並且承擔起對協約諸國的信義，拉攏處於遠東悲慘境

遇的俄國人，讓他們建立一個自治國。將來可領導其開發資源豐富地區，按此步驟則機不可失。假如希望平安無事而拱手旁觀，不僅失信於列國，國防上沿黑兩州也會置於德國、奧匈帝國的勢力之下，使我國陷入戰略包圍。不得不說這樣不僅會喪失日本海的制海權，也會招致列國中，德國、奧匈帝國、俄國人的輕侮，進而引起支那人的侮慢，最終將導致一事無成。（《田中義一文書》）

在此，可以看出田中認爲出兵西伯利亞的意義定義爲「防止德國、奧匈帝國勢力東擴」，從而把一直以來試圖擴大對中國（特別是滿洲北部地方）的統治權這個目標，正當化爲「承擔起協約諸國的信義」，同時這樣做也有可能避免遭到歐美列強的批判。而且，田中還提出，如果不把握住這個絕好的機會採取有效行動的話，反而不僅會導致和歐美列強的關係惡化，還會導致對中國影響力的下降。

田中掌握住基本上與日本陸軍見解一致的政府內部的意向，盡可能不那麼露骨地寫下了最具代表性的見解。

就在外交調查委員會討論是否出兵、出兵內容及目的之時，同樣在一九一八（大正七）年七月田中在《田中參謀次長對西伯利亞出兵計畫的意見（機密・草案）》（同上）中的開頭部分寫道：「若現在中止這個計畫，則帝國政府必失信於俄羅斯中的穩健分子，且會招致協約諸國的懷疑，更何況俄羅斯布爾什維克黨人已經偵查到日本的行動，是不可能獲得他們的信任。」再次強調爲了承擔對協約諸國的信義而出兵的理論。

然後，田中將日本政府應該採取的方針概括爲以下內容。也就是說，爲了應對英、法等協約國諸國的西伯利亞出兵要求，田中提出了三個方案。

其中第一方案是，向協約國諸國建議與日本採取統一步調，如果對方沒有回應的話，「日本出於自衛上的必要性，繼續勸誘對方承認日本單獨進行軍事行動」，這樣日本能夠積極掌握住武裝干涉的主導權，但需要找出有這種必要性的理論依據。

第二方案是，進行出兵的準備，同時「勸誘英法美中採取統一步調，除了美國外，其他盟國或者只有英法同意的話，立即開始軍事行動」。

在此，協約國中即便在美國沒有加入的情況下，英法等各協約諸國若採取統一步調的話，就應該採用軍事干涉政策，並沒有看重美國的想法。包括第一方案，上面兩個方案中都預備了不爲美國的動向所左右的外交及軍事上的選擇。

但是，田中的第三個方案是：「盟國中即使只有一個國家（尤其美國）不同意就不會給與兵力援助」。與上面兩個方案對比，這裡給是否決定出兵添加了附加條件。例舉了爭得美國同意的重要性，將對美國的顧慮放在了最優先考慮的位置。

最終採用哪個方案雖然要由首相、外相、陸相三者協商來決定，但田中做出了既是預測又是期待的結論。內容如下。

以上充分商議的結果，假如決定採取第三個方法，即若未能得到美國之同意及確認，雖有遺憾，也只能迅速中止促進西伯利亞自治的運動，所派遣諸官需至急召回。（同上）

在這兩個意見書中，前者的目的是，以田中爲中心的參謀本部獨自行動，在西伯利亞成立「獨立自治」國，試圖透過對此公然出兵援助來確立日本的統治權。這是用直接的形式表達了參謀本部的強硬方針，相對而言，後者則更加愼重地根據一戰的趨勢，在充分預測了遠東局勢的變化與未來，並將這些預測充分納入視野後得出的，可以說是非常巧妙的政治判斷。

換言之，前者的意見書明確表明了出兵西伯利亞的目的，後者可以看做是闡述了爲達到該目的所採取的手段。其中，引人注目的是後者的意見書中的第三個方案。在這個方案中，對美國的顧忌和內容，表現了田中對獲得「美國的同意」的重要性的認識。

事實上，進入一九一八（大正七）年後，田中在給寺內首相的信中，一面說共同出兵是不可避免的實際情況，同時也說：「我認爲不能不共同出兵，這比只是日本一國之事看上去要合適多了」（大正七年二月十二日，田中給寺內的信《寺內正毅文書》）。爲了強調共同出兵的合理性，田中還表示了這樣的看法：「各國武官爲了預防將來日本在遠東地區的勢力擴張而在不斷活動」（同上）。田中從現實出發，認爲應該避免與協約國各國的摩擦，透過調整帝國主義諸國之間的利益衝突來逐步達到日本當前的目的。

在後來圍繞著與美國共同出兵的目的、方法、兵力規模等問題，國內各層進行意見調整的時候，田中對美國的這種態度，變成了重要的決定性要素。

接下來，我們先看看以參謀本部為中心制定的日本陸軍西伯利亞出兵計畫，以及田中在制定該計畫時發揮的作用。

出兵決定迫在眉睫

在一九一七（大正六）年十一月，參謀本部為了準備和俄羅斯及德國作戰，早早制定了《為保護在留居民的對俄羅斯領遠東地區派兵計畫》。下面列舉一些該派兵計畫的具體內容。

一、往沿海州方面派遣臨時組建一個混合旅，將主力放到浦潮，一部分派遣到哈巴羅夫斯克及其他重要地區，保護在留居民以及鐵路和電線。

二、往滿洲北部派遣與前面相同的兵力，主要由駐紮在滿州及朝鮮的部隊組建。將主力部隊派遣到哈爾濱，一部分兵力派遣到齊齊哈爾的重要地區，保護在留居民以及鐵路和電線。（參謀本部編，《西伯利亞出兵史》上卷）

第二年隨著情況發生變化，又制定了《沿海州增加派兵計畫》（大正七年一月末）以及《針對後貝加爾州方面派兵計畫要領》（大正七年二月），對原先的派兵計畫進行了若干修改。

而且翌年三月制定了更爲正式的《俄羅斯領遠東地區出兵計畫》。按照這個出兵計畫，參謀本部向陸軍省下達了總共約七萬人的軍隊派遣通知，其中沿海州方面派出一萬九千人，後貝加爾州方面派出五萬一千名士兵。

另外，作爲軍費，出兵後一年的經費約爲三億日元（同前）。二月二十八日，陸軍中央部爲了推廣出兵計畫，成立了以田中爲委員長的軍事共同委員會。陸軍，實質上是參謀本部透過一系列的動作，秘密主導了整個出兵計畫。

在此，如果簡要概括參謀本部意圖的話，很明顯就是試圖確立從滿洲北部到西伯利亞東部的統治權，並掌握東支、西伯利亞兩條鐵路的管理權。

出兵問題作爲該時期的外交及軍事政策的主要課題而漸漸廣爲人知，並成爲牽動輿論導向的熱門話題，而此時，陸軍則已經完成了準備工作，隨時可以發動作戰。

陸軍當前的目標是爲了實施既定的作戰計畫並達到出兵目的，需要儘快開始做寺內內閣的工作，讓寺內內閣同意採用日本陸軍的方針。於是，田中參謀次長開始了說服陸軍上層部門、元老及政界各階層的工作。

首先，看看山縣有朋對出兵是什麼態度。

山縣在《時局意見》（大正七年三月十五日）中說：「最近內外頻繁慫恿、主張我國出兵，如敵國入侵支那邊境，特別是滿蒙之地，就有可能威脅到我帝國的安寧與利益，爲了我國之存亡，又爲了保障東亞之治安，我國不應有片刻沉默，應立即奮起掃蕩，此時並非顧忌協約國諸國意圖之時。」（大山梓編，《山縣有朋意見書》）。從確保日本能夠獲得權利的滿洲地區的角度來說，山縣主張日本應立刻出兵，打倒蘇維埃政權。

但是，從另一個角度來說，即便將出兵的目的設置爲對抗德國勢力，防止他們進到遠東地區，也只不過是在動員陸海軍時所需的軍用補給，可以期待英國和美國的援助而已。

所以，「如果不弄明白各國的意向，輕率地做出我們自己的決定，他日可能會不得不陷入困境，這也是我始終關心英美對俄政策的原因所在（同前）。」山縣還提出了維持與英、美的合作關係是出兵的前提條件這樣的見解。

而且，山縣還在此後完成的《西伯利亞出兵意見》（大正七年）中指出：「一旦出兵，就不能輕易滿足新政府的希望，最終可能與新政府交戰，所以將不得不做出與整個俄國爲敵的覺悟（同前）。」這裡一邊指出出兵方針的重要性，另一方面提出了之前的意見書中沒有的見解，即如果協約國諸國要求日本撤兵的話，則日本有必要爲了不陷入困境而事先與各國進行好交涉。

山縣認爲，與協約國諸國，甚至與美國的關係也到了不得不考慮的地步。理由就是，在籌措軍事費用方面，對美國的依存是不可或缺的。在這個意見書中，留下了如下記錄。

毫無可能向英法兩國募集軍事費公債，然若美國反對帝國出兵，則必不會接受帝國向其募集公債，我國儲蓄於美國的金幣也很難拿回，帝國獨自籌措軍費的希望有多少呢（同前）

日美關係以籌措軍費的形式作爲直接問題表現了出來。實際上由於日本資本主義的滯後性，它無法避免地需要依賴美國金融，由此導致了日本的外交、軍事政策都受到影響。

至少山縣認爲，這種情況是當前出兵政策中的最大課題，所以，在實施出兵問題上，與美國保持一致步調，是達成眞正目的的必須條件。

當時田中已經正式開始對北滿及西伯利亞西部地區進行出兵前的調查，並且開始積極說服以大島健一陸相爲首的陸軍上層，要求儘早出兵。爲此，山縣有朋給田中發送了以下這封電報，要求田中注意控制這一系列的行動。

東清鐵道，在我軍事上的重要性是毋庸置疑的，但如果日本要對此實施國策，則需要萬全的準備。眾所周知，過去我不同意英法對俄的政策，更何況如果日本政府追隨這一政策而導致國策失去一貫性，是令人十分憂慮的。最近，有觀點認為，若英國的政策發生變化，將獨陷日本於不利之地，還望謀求國家永遠的利益時，應對世界大勢與日本的實力深思熟慮後再做打算。軍略與政略固然會因時機而變，但不可與此發生混淆。（《田中義一文書》）

由此可以看出，山縣認爲外交及軍事政策應該在符合「世界大形勢與日本實力」的情況下來合理進行。所以，在山縣看來，田中的一系列的行動都明顯表現出他對日本的國情與世界形勢的認識不足。

圍繞出兵加深隔閡

同時，在寺內內閣中，雖然有像本野一郎外相那樣強硬主張出兵的大臣，但寺內首相，與山縣一樣對出兵一直採取了愼重的態度。

此時，寺內首相的意見是「一、爲了俄羅斯復興，如果有必要，也不否定出兵。二、若德、俄聯軍襲來，則必須立即出兵。三、不可有乘此機會佔領一部分俄羅斯領土的計畫。四、不得不讓人懷疑出兵的名分。日本從來沒有過沒有正當理由的戰爭歷史」（鶴見佑輔編，《後藤新平傳》第三卷）。

既然不能確保出兵的名分，那麼寺內首相的避免儘早出兵的判斷是合理的。當田中認爲可以依賴的山縣、寺內兩人都主張愼重出兵的時候，田中被迫認識到當初的估計出了問題。

因此，田中開始試圖全力說服寺內首相。從一九一八年開始計畫在西伯利亞樹立反革命政權開始，田中為此進行了各種準備工作。

其中，為了促使援助高爾察克，田中在一九一八（大正七）年二月十五日給寺內首相的信中，這樣寫道：

因該方面（東部西伯利亞地域）的情況時刻發生著變化，為了達成閣下原本的目的，依鄙人之見，還望針對「高爾察克」一事可快速做出決定，否則終將失去到手的時機。（《寺內正毅文書》）

田中督促日本政府要立即下定決心援助高爾察克。並且提出以下方案作為援助的方法。

現立採取外交形式並非上策，不如僅單純作為軍事當局者之間的商談，不拘泥於形式，卻能取得事實上的效果，我認為這才是良策。（同前）

總之，為避免與歐美列強的摩擦，不採取公開化的援助，單憑軍事情報機關，對其採取明確的支持，這就是田中暫時的方針政策。對於田中來說，正式對西伯利亞出兵之前，爲了盡可能的整備內外條件，需要持續不斷地累積既成事實，以保證投入了軍隊能取得效果的條件。

對於田中的這些動作，山縣、寺內等人是十分清楚的，田中爲了找到能進一步說服他們的理由，費盡心機。在這種背景下，田中給寺內首相發了以下這封信。

> 當今隨著時間的發展，各方面都開始反對過激的思想，如果我們對此坐視不理，不僅過激派，就連穩健分子也會抱怨日本難以信賴，那時則一定會去投靠美國。還請閣下愼重考慮後，與陸軍大臣及財政大臣多做商議。
>
> （同前，大正七年四月二十七日）

在這裡，田中也意識到了美國的存在，他試圖在美國開始軍事介入西伯利亞前實施出兵，好先發制人。

同時，在反對出兵的人中，能與田中相提並論的最強對手就是政友會的總裁原敬。而且，此時原反對出兵的理由與山縣和寺內的內容是基本上一致的。

原在一九一七年末的日記中寫道：「當務之急是充實我國國防，要有無論發生何事，都有備無患的決心。萬一俄羅斯和德國向我國挑起戰事，已經疲憊不堪的英法是靠不住的，如果能與美國結爲盟友，至少在軍事資金上能得到便利。」（《原敬日記》第七卷，大正六年十二月二十八日）

原在蘇維埃政權成立之時，認爲日本有可能會與蘇維埃政權抑或德國發生戰爭，但是，當務之急是充實國防。另外，如果開戰，美國的援助是不可或缺的。也就是說原認爲，不管打不打仗，維持與美國的合作關係，是日本提升在大陸的地位，擴大利益的合理方法。

而且原認爲：「出兵內地論是陸軍方面提出的，陸軍只是以陸軍爲本位，對全域沒有認識。某種說法一行不通了，田中義一等人就鼓動山縣，試圖透過山縣向寺內施壓來達到企圖。」（同前，大正七年四月四日）可以看出原在此強烈地批判了田中等陸軍的所作所爲。而且，他對於反對出兵的、或者說是對出兵持愼重態度的山縣及寺內，此時也是心懷警惕的。

原將陸軍不理解「大局」的行爲稱之爲「陸軍外交」，並對此進行了強烈的抨擊。例如，他在一九一八（大正七）年七月十三日與伊東巳代治的會談中說：「政府受陸軍外交的影響，多年來宿弊累積，常累及國家，此種例子多不勝數。」（小林龍夫編，《翠雨日記》）對包括田中在內的陸軍進行了嚴厲批評。

在美國提出共同出兵提議之前，以原爲代表的「對美協調派」的觀點是非常有力的。他們認爲，在充分認識到日本資本主義對美國的從屬性之後再執行外交政策才是現實的。雖說田中也認識到日本的狀況，但他還是試圖從北滿以及東部西伯利亞獲得適合「大陸國家」發展的經濟基礎及軍事基礎。

此時，陸軍上層中強硬主張出兵的，除了首當其衝的田中以外，還有上原勇作

（參謀總長）、中島正武（參謀本部總務部長）、福田雅太郎（參謀次長）等人。另外，外務省中還有遙相呼應的本野一郎（外務大臣）、松崗洋右（外務書記官、首相秘書官）、木村鋭一（政務局第一課首席事務官）等人。

同時，外務省內還有一些人的觀點與原首相相同，例如幣原喜重郎（外務次官）、小幡酉吉（政務局長）、小林欣一（政務局第一課長）、武者小路公共（同上第二課長）等人。

因此，田中爲了進一步說服這些反對出兵或者對出兵持有愼重態度的人們，只能透過使用其他手段來實現出兵。這就是透過締結中日軍事協定，由中國政府提出讓日軍向滿洲北部方面的要求，再以此爲藉口出兵，這樣就能找到一個站得住腳的出兵理由。

期待簽署日俄協約

軍事協同委員會在成立之後，立即裁決了作爲向西伯利亞派軍準備計畫內容的七個專案。

其中的《日支陸軍共同防敵軍事協定的締結》中，是這樣寫的。「針對時局的出兵，及將來有可能發生的對俄、德作戰，有必要使支那軍隊協助我方，並在軍需補給等方面相互密切幫助。鑑於此，可提議締結日支軍事協定。」（前引《西伯利亞出兵史》上卷）

對田中來說，簽訂這個協約的目的是，在混亂的日本對華政策中，透過對段祺瑞、徐世昌等北京政府進行軍事援助，來實現日本佔優勢地位的中日「聯合」。但此時田中眼前的目標，就是讓日軍出兵西伯利亞及作戰時，能夠獲得援助。

所以，簽訂的協約中寫道：「從滿州北部、蒙古東部及遠東俄領方面到西伯利亞東部，基本上日軍保持對中國軍隊的指揮權。」所以作爲田中來說，希望這個協議從表面上來看，不是由日本單方面提出要求並締結，而是在中國方的強烈要求下，日本才同意簽訂的。

這既是迴避與歐美發生摩擦的手段，同時又是按照中國的要求，實現日軍向北滿、蒙古東部、遠東俄羅斯兩方面出兵的絕妙藉口。

在此意義上，田中在二月二日，給駐中國的武官坂西利八郎少將發送了題爲《關於讓對方提議日中軍事合作問題》（外務省編，《日本外交文書》，大正七年第二冊上卷）的電文，由此可知田中對此協約的期待有多迫切。

中日之間在此後三月二十五日（一九一八年）交換了協同禦敵的相關公文，接著在五月十六日簽訂陸軍協同禦敵協定，五月十九日簽署了海軍協同禦敵協定。

日本政府透過這個協議，獲得了滿洲北部地方的派兵權與軍隊駐留權，爲軍事入侵蒙古東部及西伯利亞東部方面做好了鋪墊。簽訂協約的目的，毫無疑問是爲了在國際政治上獲得日軍出兵西伯利亞的藉口。同時也是田中爲了實現出兵，掃除政治障礙的苦肉計。

原對此看清了田中等人締結協定的目的，在他的日記中是這樣評價日中軍事協定的：

> 此條文極爲簡單，無非是若德國勢力進入俄羅斯，應採取必要行動時，將日支協同處理等。從形式上來看是支那提出的要求，事實上是支那方面應他們的要求，採取了這種形式，實際上這是我國的要求。（前述《原敬日記》第七卷，大正七年五月二日）

在該協定中，作爲對北京政府提供援助的條件，日本以「協同防敵」爲名，獲得軍隊駐紮權，勉強製造出一個對相關地區派兵的既成事實。原在信中批評了這種「陸軍外交」的做法，同時表達了對日本政府無法抑制這些情況的不滿。

這樣，日本海陸兩軍透過日中軍事協定，總算成功地創造出了向滿洲北部地方派遣軍隊的條件，但是這個排除歐美列強干涉、獲得出兵藉口的計畫，在國內統治層中間並沒有得到一致贊成。

對山縣與寺內等人來說，最大的課題是確立日中「聯合」路線，而出兵西伯利亞反而會給美國帶來干涉中國的藉口，這也是個需要迴避的問題。

特別是寺內內閣，在一九一七（大正六）年一月決定了保全領土、不干涉內政、與列國合作爲主要內容的對華政策之後，一直試圖透過貸款來控制中國經濟，並扶植親日政權。因此，他們希望與田中等人一系列的出兵工作劃清界線。

日中軍事協定簽訂以後，英、法兩國在國際聯盟上提出共同向西伯利亞出兵的議案，並成爲外交調查委員會的中心議題。因此，如下所示，原敬不斷提出日本有必要照顧到美國的看法。

> 此時，特別應該關注的是日美關係。可以說日美是否親密，基本關係到我國未來的命運，然日美間動輒出現隔閡的主要原因是，不管是在西伯利亞還是在支那，都猜忌我國有侵略之野心，故爲我國之利益，應竭力避免採取可加深其猜忌的行動。（前引《原敬日記》第七卷，大正八年六月十九日）

雖然山縣、寺內、原等人的這些見解彼此之間的視角不同，但作爲基本一致的外交方針，得到了大部分人的支援。

從這個角度上來看，田中等人的行動，只能加深與政府高層的摩擦，是絕找不到一絲共同之處的。因此，主張出兵的田中等人逐漸陷入了孤立。

但是，七月八日美國政府提出了「限定出兵」（譯者注：在帶有附加條件的前提下，可以出兵）的提議。這拯救了陷入困境而主張出兵的田中等人。同時，田中在向政府高層做工作的過程中，更進一步認識到，要想實現出兵計畫，就特別要與以原爲中心的各個政黨以及財界建立緊密關係。這表現出田中在政策上慢慢向原開始靠近。

實現出兵

美國提出的出兵內容是，以支援捷克斯洛伐克軍爲目的，出兵地區限定爲符拉迪沃斯托克，日美兵力均爲七千名。而且，發布達到目的之後立即退兵的日美共同宣言。總之，在「限定出兵」的條件下，日美站在完全對等的立場上開始出兵。

針對美國的這項出兵提議，一直以來主張愼重的寺內內閣也發生了轉變。換言之，七月十二日的內閣會議中在承認出兵提議的同時，就出兵的內容，日本政府從自己的判斷出發，大大超出了美國「限定出兵」的框架。

比如，寺內內閣中以前就堅決主張出兵的後藤新平外相（一九一八年四月二十三日就任），曾對外交調查委員會委員伊東巳代治說：「顧及到帝國地位的時候，單向符拉迪沃斯托克出兵是遠遠不夠的，西伯利亞方面也有出兵的必要」（前引《翠雨莊日記》）。可見就出兵內容而言，日本試圖超出「限定出兵」的規定，將出兵範圍延伸至西伯利亞地區。

在這一點上，後藤的觀點與陸軍中主張出兵的田中的觀點是完全一樣的。田中知道了美國提出的出兵提議後，向上原參謀總長說：「反正要出兵，那就應該派遣在作戰上足夠的兵力（前引《田中義一傳記》下卷）。」迄今爲止，反對出兵的最大理由是，之前已經闡述過的美國反對出兵，現在既然已經沒有了這個顧慮，主張出兵的言論氣勢變得高漲起來。

在內閣會議承認出兵後，如何設法打破美國的「限定出兵」，還有最重要的是如何讓日本國內都贊成「非限定出兵論」成爲了新的問題。事實上，即便是在承認出兵後，像以原爲代表的反對派，在外交調查委員會上也引發了激烈的爭論。

在整個過程中，日本陸軍將美國提出的共同出兵當做是向西伯利亞出兵的絕好機會。七月二十日在寺內首相、大島陸相、田中的三人會議中，商定將派遣第三師團及第十二師團，並擴大出兵地區的範圍。

對於日本陸軍來說，雖然接納了美國的出兵提議，但內容上絕不是「限定出兵」，而是一直以來試圖實施的「自主出兵」。爲了能夠具體實施這個構想，陸軍方面公然表明試圖透過大規模出兵並武力控制西伯利亞地區，一舉實現確保資源的目的。

當然，這是與美國「限定出兵」的要求是完全對立的內容。從出兵內容上就可以看出，這和總是考慮要與美國維持協調關係的原等人的觀點明顯不一樣。

對於寺內內閣以及陸軍來說，其最大的反對勢力就是政友會的總裁原敬。因此，從七月十二日內閣會議決定出兵之後，後藤外相（十三日）、山縣有朋（十四日）、寺內首相（十五日）持續數日試圖說服原敬。但原到最後都沒有妥協，於是討論的陣地轉移到了外交調查委員會上。

在外交調查委員會上，原明確向以寺內首相爲首的提出「非限定出兵」的各內閣幕僚提出反對意見。寺內首相及各內閣幕僚們主張「以美國的提議爲契機，向符拉迪沃斯托克派遣一個師團，出兵西伯利亞時只向美國通告必要的消息，先派遣一個師團，如有必要再行追加（前引《原敬日記》第七卷，大正七年七月十六日）。」原強烈反對寺內首相這種毫不掩飾目的的做法，認爲這將變成破壞日美關係的主要原因。

但是，在七月十七日的外交調查委員會上，爲應對原等人的反對意見，寺內內閣拿出了準備回應美國的電報概要（前引《西伯利亞出兵史》上卷）。其中的重點問題有兩個，一個是對兵力的陳述：「雖然帝國政府無意派遣大量兵力，但我們認爲從性質上來講也並非是能事先限定的事。」在此表達了兵力是應由日本政府自行判斷的意見。事實上這暗示了有大規模派兵的可能。

另一個重點問題就是出兵地區。電報中還說：「帝國因爲地理上的關係，對國家安寧及切身利益被迫感到最重大的威脅，上述支援捷克、斯洛伐克軍後，有伴隨著可能發生的形勢變化，我國若陷入困境則應可向西伯利亞出兵。」這裡暗示了向西伯利亞出兵的構想。

博科美國務次官在接到石井菊次郎駐美大使的回答信後，於七月二十五日與石井大使進行了會談，再次要求日本應徹底遵守「限定出兵」。當時，由於美國政府表達了強烈的不滿，所以日本政府提出將兵力升至一萬名到一萬兩千名，以及如果有必要出兵西伯利亞西部，則與美國再次協定爲主要內容的妥協方案。

至此，美國政府認爲日本政府基本上認同了「限定出兵」，兩國政府相互妥協。

八月二日，日本政府發表出兵宣言，日本陸軍於八月十二日，美國陸軍於同月十九日分別在符拉迪沃斯托克登陸。

日本政府雖然成功地獲得了出兵西伯利亞的機會，但日本陸軍對在此期間日美交涉的內容以及日本政府的應對態度，發表了以下見解：

近來我政府的措施頗爲優柔寡斷，接到美國的出兵提議後，已過兩週卻仍未確定動用兵力，且從軍事角度出發的參謀本部的計畫、獻策，每每受到政府的干涉、壓制，不僅錯失良機，還動輒連純粹的統帥事務，也被從旁干預，故朝令夕改使當事人陷入疲於奔命之事態。（同前）

也就是說，在陸軍內部特別是參謀本部，爲了實施長期一直計畫著的西伯利亞出兵計畫，在對美關係上，對日本政府施加壓力，要求日本政府採取非妥協的態度。同時在出兵兵力、出兵區域、作戰計畫等方面，參謀本部也擺出堅決排除政府干涉的態度。

因爲，參謀本部一直計畫透過侵略中國，使陸軍的作用正當化，並構建「大陸國家」日本，但此次以重視對美讓步爲首要因素的出兵，存在著否定參謀本部長期以來的這個計畫的危險。而且，像原的發言所代表的那樣，政黨對兵力以及作戰計畫加以干涉，這就產生了作爲軍部絕對需要避免的所謂的「統帥權介入」問題。

特別是美國政府拒絕了日本政府的「非限定出兵」提議後（七月二十五日），日本政府因此被迫在內閣會議上修改了七月十二日的「非限定出兵」內閣決議，這讓陸軍有一種深深的危機感。

陸軍認爲，特別是領導著政友會的原的言行，赤裸裸地侵犯了統帥權的獨立。上原參謀長甚至爲了抗議政友會這樣的做法，委婉地表露出了辭職的意向。

擴大出兵的方針受到批判

在此期間，陸軍一邊對國內情況感到危機，一邊著手制定將出兵符拉迪沃斯托克轉變成大規模出兵西伯利亞的計畫。當時，初步的計畫是出兵滿洲北部及西伯利亞東部地區，其藉口就是《日中共同防敵協定》。

七月二十四日以參謀總長上原勇作的名字向日本駐中國使館武官齊藤季治郎發了一分電令，名爲《就日本出兵西伯利亞東部要求中國協助之事》，基於協定第十一條，陸軍打算採取應中國方面的要求派遣軍隊的形式，爲出兵找一個「正當」的理由。

然而，就在同一天，田中發給齊藤的軍令當中就明確地寫著陸軍的企圖。

> 帝國的計畫，即使支那方面存有異議，鑑於與其他協約國的關係，交涉時需考慮如何能令其按我國計畫行之。（前引《西伯利亞出兵史的研究》）

匯總以上種種情況，都表現出參謀本部抱有強烈的出兵決心。當時參謀總部向政府內部提出的出兵理由是，因爲蘇俄紅軍及德國軍隊即將攻擊參謀本部支持的謝苗諾夫，所以被迫出兵。

參謀本部於八月九日下令出動駐紮在南滿洲鐵道沿線的第七師團，爲此，日本政府在同月十三日正式宣布出兵滿洲里。

在此前後，就參謀本部佔領西伯利亞東部地區的意圖，留下了以下記錄：

一、讓列國絕對且永遠地承認帝國在遠東俄領土上的優越權，並在西伯利亞東部以及與之接壤的支那領土上，切實扶植的帝國勢力。

二、在上述地區的前線，擁立能夠執行帝國意志的堅實統治機關，使其形成有力的緩衝地帶。（前引《西伯利亞出兵史》上卷）

此時，田中因爲一直指揮參謀本部擴大出兵方針並要求日本政府增加兵力，已經引起了美國的反感和懷疑。在日本國內主張以對美讓步爲基礎，發展日本帝國主義的原和支持原的資產階級的不滿也再次高漲。加上此時苦於應付米騷動，寺內內閣，最終在九月二十九日集體辭職，原的政友會內閣登上了政治舞臺。

在寺內內閣集體辭職的前後，政府內外漸漸對參謀總部以及田中等陸軍中堅力量的擴大出兵計畫表現出了恐懼。例如，以鐵拳禪爲筆名發表的題爲《軍閥的驕兒》的文章中可以看到端倪。

後藤（筆者注：後藤新平）是政界驕子；田中乃軍閥驕子。兩個驕子相互挑動，天下風雲也欲靜而不能。此番落入出兵論之漩渦，而能巧妙運作者乃係田中。以田中而言，若無行動，或許出兵論就不會如風中之燭搖曳不定，外交的困難也不會如此似危險暗礁。（《中外新論》第十二卷第九期，一九一八年九月）

面對最終容忍了參謀本部擴大出兵的日本政府的出兵政策，美國政府的態度更加強硬。

對於美國政府來說，日本在滿洲北部及西伯利亞東部地區展開軍事行動是美國完全無法容忍的，本來美國向符拉迪沃斯托克出兵的實際目的，就是為了阻止日本進入該地區。如果日本在該地區扶植勢力，對美國而言，就等於失去了美國在中國、亞洲的據點。

在觀察九月二十六日成立的原內閣的出兵政策之前，有必要先整理一下日本陸軍對之前的寺內內閣出兵政策的反應。

如前所述，日本陸軍的不滿主要集中在外交調查委員會上，統帥權受到干涉，以及上原參謀總長就出兵兵力問題辭職這兩件事上。在此期間有機會與田中進行會談的小泉策太郎寫給原的書信中也提到了這些事情。

參謀總部方面對現政府的不滿已經超出了外界人士的想像，即便是田中的當務之急也一樣是打開局面，他諷刺說，首相不要一而再再而三地錯失落馬時機啊。（〈大正七年八月九日，小泉寫給原的信〉，原敬文書研究會編《原敬文書》第一卷）

小泉在信告訴原，田中和寺內首相的關係已經相當的冷淡，而且分析他們關係惡化的理由爲：「近來寺內的態度相當不明確，敷衍模糊，可以想像得到他們成天不過是粉飾門面而已。」（前引〈於大正七年八月十一日，小泉寫給原的信〉）

還有，此時山縣等人也漸漸放棄了寺內首相，寫了一封類似的信：

田中並不忌諱暗中活動。有觀點認爲他在不久的將來會發動政變，以我之見，這大概是有一定的根據。雖然有一部分觀察者認爲，軍閥爲了實現陸軍的擴張，有讓內閣存在的必要，即便是勉強也會到議會來煽動大家。但陸軍方面和政府之間的關係是已經產生了外界難以想像的距離，我覺得閣下早已清楚這一點了吧。（同前）

接近原敬

從小泉的書信中可以看到，田中對寺內內閣出兵政策本身就有所不滿，同時田中還認爲寺內內閣在面對米騷動時缺乏政治領導力。因此，國內政治的內亂和與美國關係的惡化，使寺內內閣明顯陷入了內外兩方面的政治僵局，如果支持寺內內閣的話，反而會限制陸軍自身發展。

爲了避免妨礙到陸軍的發展，田中認爲，應儘早結束與寺內內閣的合作關係，這樣就能爲了保全日本陸軍的地位，重新打算陸軍的立場。田中的想法進而發展爲，期待日本國內出現擁有更強大的政治領導力的內閣。從這個角度來說，田中所期待的強大有力的政治領導者就是原敬，這是田中接近原的具體理由。

以第一次世界大戰爲契機，日本一直以來的政治統治，明顯不足以應對新的情況。田中自己也充分意識到當務之急的課題，就是如何應對民衆登上了政治舞臺。其典型的事件就是米騷動。

田中深切感受到，在第一次世界大戰之後，民衆登上了歷史的舞臺，在這種新的政治局面中，想要實現迄今爲止設想的「大陸國家」日本，不僅僅需要統一政治領導層的意志，還需要民衆的支援。

從這個角度來說，田中之所以接近民衆支持強烈的原，就是想從能夠吸收民衆的政治力量的政黨那裡，獲得對陸軍的支持。此前，田中一直認爲政黨是與陸軍相對抗的勢力，因此可以明顯看出，田中的觀點發生了改變。

對於田中的改變，田崎末松認爲：「從田中的角度出發，同意原的觀點這件事本身，等於全面否定了他自己在制定『帝國國防方針』方案以來，一直作爲陸軍首領主張的『對外強硬路線』，從而將他自己置身於矛盾的危險之中。」（田崎末松《評傳田中義一》下卷），由此，田崎末松斷定田中「叛變」了。

另外，高橋治則認爲，田中接近原的理由有兩個：「一、田中不過是將牛換成了馬。同時田中必然已經認識到，迄今爲止的元老政治，早已經不適用了。二、「接近原敬，原敬必然會提出壓制陸軍的政策，到時可從體制內阻止其發展。」（高橋治《派兵》第二卷）

總之田中最終成爲原內閣的陸軍大臣，得以入閣。關於在此前後原內閣的出兵政策以及田中的出兵構想發生了怎樣的變化，筆者將對其加以整理。

原敬從寺內接手政權時，面臨的最大難題就是日本的西伯利亞出兵政策成爲妨礙日美關係的重要因素。

此時，如何抑制參謀本部的強硬擴大出兵路線成爲一個課題，因此原在組閣前就專心致志地開始做陸軍的工作。並且他逐漸成功獲得了以山縣作爲首領的諸元老的支持，對參謀本部產生了強大的影響，也成功地拉攏了擴大派的指導者——田中加入內閣。

原試圖透過這個過程來間接地抑制陸軍，尤其是參謀本部的行動。在這層意義上來講，對於原來說，接近田中也同樣是一個重要的課題。

因此，田中與原各自對出兵政策的定位，應該成爲當前的問題。至少在參謀次長時代的田中認爲，像原考慮的那樣，在對美讓步的基礎上執行內閣主導的出兵，這與他的意見基本上是完全不同的。

但是，從田中在原內閣前後的發言中，可以明白的看到田中正試圖修正之前的強硬路線。例如，原九月十六日的日記留下了這樣的記錄：

就西部西伯利亞出兵一事，田中也認爲並非良策且沒有必要，這與我意見相同。就其他軍備問題，我說了概要，在大體內容上，田中基本上也和我意見相同。但是事實上在具體問題上，他是如何考慮的，就不得而知了。（前引《原敬日記》第八卷，一九五〇年（大正七）年九月十六日）。

對於原來說，田中加入內閣是再次探討能否在山縣與田中強大的影響下，改變陸軍出兵政策的絕好機會。而且田中自身感到有必要修正出兵政策，這也是田中能夠成爲陸軍大臣的關鍵理由。

而且，站在原的角度來說，爲了與推舉了田中的山縣維持一定關係，確保和山縣、田中一系保持和諧關係也是很重要的。原認爲只有這樣才能確保國內政治的安定。這也是原能夠發揮強有力的政治能力的途徑。

在此背景之下，原內閣首先在十月下旬實施了從西伯利亞的減少派兵的措施，第一次是提出削減約一萬四千名士兵，第二次則是將派遣人數削減到約兩萬六千名士兵。十二月十九日的內閣會議上通過了這些方案。然後，關於東支鐵路管理問題，原則上切換爲國際管理方式。並於第二年即一九一九（大正八）年二月十日制定了鐵路協定。

原內閣實施削減出兵兵力的計畫，使得對日本不按規定、擴大出兵產生警惕的美國政府對日本的態度有所緩和。原內閣面臨的需要協調對美關係的課題，暫時獲得了成功。

一直支持原內閣不斷提出的削減出兵計畫的，恰恰是田中陸相的合作態度。透過以下日記，可以看到在此期間，田中是怎樣定位出兵政策。

田中說西伯利亞西部的軍隊，雖英法有所要求卻無法行動，而且現已達到最初的支援捷克斯洛伐克的目的，已基本沒必要駐紮大軍了。所以如果還按現有的情況繼續駐軍的話，不僅不免招來各國的猜忌，美國也會依然感到不快，而且又要耗費鉅資。若議會上有人提問爲何要耗費鉅資駐紮大軍的話，亦會無言以對。出於爲國家著想，除了維持治安的守備隊以外，其餘人員一概召回，改爲平時編制如何？（前引《原敬日記》第八卷，一九五〇（大正七）年十二月十八日）

另外，在此之前的十月二十二日（一九一八年）的外交調查委員會上，田中回答犬養毅委員關於日軍侵佔西伯利亞可能性的提問時說：「從目前西伯利亞的狀態看來，無論何種情況，出動五個師團，試問能否達到預期的目的呢，我自己也不得不認爲這樣做是不可能達到目的的。」（前引《翠雨莊日記》）

田中明確認爲展開大規模的軍事行動不一定就取得好的結果，倒不如實現以少數兵力守住鐵路這樣具有實利性的目標更現實一些。從這裡可以看出，田中大幅度的修正了從前一面倒的出兵路線。田中也開始意識到，如果讓美國政府加深對日本的警惕，會使得日本的外交陷入不利局面。

而且，日本想要在第一次世界大戰後成爲「大陸國家」的話，美國的認可是不可或缺的要素。再加上米騷動成爲民衆政治力量登上舞臺的契機，日本國內對於消耗了龐大軍費的陸軍批判越演越烈，這些因素都是迫使田中轉換方針的原因。

所以，田中對主張擴大出兵派的中心，也就是參謀本部的行動加以限制。全力配合原內閣削減計畫的田中，在得到天皇對撤兵措施的裁決後，沒有留給參謀本部判斷的餘地，而是單方面的發出了通牒，從這件事可以看出他有相當堅定的決心。

但是，田中這樣的態度，與當時陸軍整體行動並不一致。特別是上原參謀總長、宇垣一成參謀本部第一部長等人，試圖在原內閣成立前後，進一步將出兵範圍擴大至西伯利亞西部地區。

在一九一八（大正七）年九月二十日完成的《關於東歐新戰線構成的研究》（前

引《西伯利亞出兵史》上卷）中顯示出了一個準備向西伯利亞投入全部常備師團的前所未有的大規模出兵計畫，意圖一舉佔領西伯利亞西部地區全域。

但是，這樣大規模的出兵計畫，對於試圖在對美讓步的基礎上建立起「大陸國家」日本的田中來說，是絕不能允許的。

在此可知，田中自身爲了實現「大陸國家」日本，在國內是與政黨勢力合作，在國際上是對美國採取讓步的態度，以此作爲實現預期目的的途徑。

這是基於第一次世界大戰、西伯利亞出兵、米騷動等國內外出現的新局面所做出的選擇。對於政治領導層來說，這也是一戰後，爲了在亞洲地區能在與帝國主義列強的競爭中勝出、打造日本帝國的基礎，所做出的合理判斷。

痛下撤兵決意

原內閣在出兵西伯利亞的政策上，雖然開始實施了裁減計畫，但是在第二年，即一進入一九一九年五月，又開始明顯地修正了該政策。此後，原內閣的西伯利亞政策並沒有一貫地保持下去，雖依然與參謀本部有基本性質的對立，但還是可以看出其政策並不穩定。

田中陸相在此期間，不論是忠實地執行原內閣的路線，還是搶先一步，爲修正政策做鋪墊，都在原內閣順利應對陸軍的過程中發揮了重要的作用。

從這一點來看，田中與參謀本部之間的距離就變得更加明顯了。從這個事情的結果來看，田中的做法緩和了因爲出兵對陸軍的集中性的指責。並且進一步鞏固了田中在陸軍裡面的地位，而且爲田中在政黨和財界中也贏得了一定的好評。

但是，到了一九一九（大正八）年五月，原內閣承認了鄂木斯克的高爾察克政權，甚至提出武裝干涉西伯利亞西部地區的政策。

田中陸相也在五月十七日召開的外交調查委員會上回答說：「因爲公然承認鄂木斯克政府，且對俄方針也已經落實，我相信今後如有出兵要求，我帝國出於道義當然不可推辭。」（前引《翠雨莊日記》）到此爲止，已經明確表露出先前一直否認的侵略西伯利亞西部地區的意圖。原內閣試圖在俄國遠東地區，透過支援外貝加爾地方臨時政府來擴大勢力，因此出現了新的出兵政策。

原內閣之所以提出新的出兵政策，可以從這幾個方面的因素來考慮。因爲害怕俄國革命的影響從遠東地區波及到日本，所以將西伯利亞西部地區暫且作爲屏障；同時如果向俄遠東地區投入過分援助的話，恐怕會在該地產生與美國對立的可能，因此，如果日本的軍隊在西伯利亞西部方面展開行動的話，可以多少緩和與美國的關係等等。

但是，此事受到了參謀本部的強烈反對。他們意圖以濱海邊疆區爲中心，確保日本在西伯利亞東部地區的權益，透過投入大量兵力來確保這裡可成爲侵略大陸的據點。也就是說，參謀本部在這個時期，採用了遠東俄國第一主義，並且強化了對在此時期對抗高爾察克的謝苗諾夫的幫助。

一九一八（大正七）年十一月二十七日，制定了《遠東俄領地諸機關指導要領》，大谷喜久倉司令官被派駐在海參崴傳達日軍軍令及俄軍派駐在貝加爾湖附近的謝苗諾夫聯繫。

同年十二月八日，首相、外相、陸相、海相明確支持鄂木斯克的高爾察克政權之後，參謀本部依然持續支持謝苗諾夫，田中對此態度強硬地行使了陸軍大臣許可權進行壓制。

田中陸軍大臣在十二月十二日給大谷司令官發去電報稱：「謝苗諾夫的行動總之缺乏慎重，給我們政府帶來了麻煩，抹殺了我國國民的同情，他不明大局、感情用事、急功近利，如果他還這樣行動不慎的話，我國應斷然終止對其援助。」（大正七年十二月十二日，田中陸相給大谷司令官電報，防衛省防衛研究收藏《西伯利亞秘密日記》，大正七年二月）田中的這分電報語氣強硬，命令參謀本部及派遣軍應該遵從原內閣的出兵政策。

經過這樣的事情，日本政府終於承認了先前提到過的高爾察克政權。其中顯然有田中的大力配合。

參謀本部的強硬方針，雖然因爲田中的行動一時受到抑制，但是另一方面，很大程度上一直影響著原內閣出兵政策的是擁有政友會有力支持的金融界。在一戰前後經濟景氣時獲得的過剩資本，金融界認爲可以投資到西伯利亞，特別是俄遠東地區，對於此事，金融界的關心不斷高漲。

譬如說，一九一八（大正七）年八月九日，成立了以賀田種太郎（前日本帝國政府特別派遣財政經濟委員長）爲委員長的臨時西伯利亞經濟援助委員會。此後，第二年，即一九一九（大正八）年一月十八日集結了三井、三菱、久原、古河、住友等大企業，組織了遠東興業團。而且，關西的金融界也向政府提出了《關於保證對俄貿易的請願書》，尋求擴大西伯利亞地區的貿易額。

此外，同年五月二日，臨時西伯利亞經濟委員會的早川千吉郎（三井銀行理事）委員和木村久壽彌太（三菱合資公司總理事）委員也曾逼迫原內閣承認鄂木斯克的高爾察克政權。原內閣之所以提出承認鄂木斯克的高爾察克政權的最直接理由，就是金融界的這個要求。

經過這些事，原內閣的出兵政策也總算開始穩定下來了。因爲一直與高爾察克有糾紛的謝苗諾夫開始屈服，高爾察克政權基本控制了西伯利亞，日本政府也開始了眞正的援助。可是，就在加藤恆忠作爲鄂木斯克政府全權大使赴任之後，高爾察克政權也慢慢顯現出來其政權基礎中所存在的弊端。

出兵方針的轉變

到了七月，因爲高爾察克政權面臨著更爲深刻的危機，爲了支援高爾察克政權，阻止布爾什維克勢力向該地域滲透，同月十一日在內閣會議上，對於是否需要派遣軍隊，進行了討論。

由於事態急變，同月十五日，日本駐鄂木斯克總領事松島鹿夫要求派遣日軍，而且十八日，駐日俄國大使瓦西里・科爾本斯基要求派遣兩個師團的日軍。以此爲契機，原內閣不得不再次討論是否向西伯利亞地區的增派軍隊，這也可以說是再次審視了日本對西伯利亞的整個政策。

田中在這樣的局勢下，八月十三日向外交調查委員會提交了備忘錄。在其備忘錄中寫到：「世界性的大動亂對國民思想帶來的動搖是不容樂觀的，何況在朝鮮，帝國已經感受到了該派的侵襲，現在不得不認眞謀求處理的途徑。」（細谷千博《俄國革命和日本》，一九七二年）田中認爲除了殖民地朝鮮以外，爲了阻止該派——布爾什維克軍向滿蒙地區的「侵襲」，非常有必要向西伯利亞地區投入相當程度的軍隊。

這個向西部西比利亞地區投入大量兵力的設想，和田中之前的西伯利亞政策相比，明顯發生了變化。之所以會發生這樣的變化，可以認爲田中從米價騷動，三・一運動等等的發生原因中，感受到了布爾什維克的力量，或者說是布爾什維克的幻影。因此，與以前的攻擊性出兵相比，田中這次的增兵設想具有更爲強烈的防禦色彩。

參謀本部也已經決定向西部西伯利亞增加派兵（前引《西伯利亞出兵史》上卷），因此，在八月十四日內閣會議上，就田中的出兵提議進行了討論。在此，從經濟角度出發，持反對態度的高橋是清藏相，和田中之間發生了激烈的論戰。

在內閣討論的第二天，即十五日召開的外交調查委員會上，向西伯利亞西部地區增加軍隊的提議被再次提出，並進行了激烈討論，會上田中闡述了以下觀點。

我帝國爲了抗禦過激派的東進，不得不承認當下最爲緊急的任務就是將構建緩衝地帶作爲自衛之策，（中略）關於我帝國的任務是維持貝加爾湖以東地域的秩序這一固定方針，當務之急是取得各位的承認，爲了國家，渴望至極。（前引《翠雨莊日記》）

田中將阻止激進派（布爾什維克派）向俄國遠東方面入侵作爲理由，請求向西伯利亞西部地區增派兵力。即便如此，田中的增派論也是在原內閣一貫的對美妥協線路範圍內的增派論。

出於增加派兵所產生的龐大軍事費用和對與歐美列強間關係的擔心，犬養和平田兩委員對增加派兵表現出了擔心。對於兩位委員的提問，田中做出了以下回答：「若說即便賭上國際聯盟，也要繼續執行西比利亞行動的話，姑且不論其軍事上的意義，在國策上最需要考慮的事情已經不需要討論了。」（同前）

總之在田中的增派論中，所謂的「國策」是指堅持原內閣的對美妥協關係。這個「國策」自然明顯比「軍事」更爲重要。所以，就這個問題，九月八日，派遣軍司令官大井成元、駐西伯利亞大使加藤恆忠、原首相、田中陸相、內田康哉外相、加藤友三郎海相等人同時在場之時，作爲內閣的全體意見，進行了慎重對待對美關係，以期維持現狀的訓示。

對此，原敬在日記上有如下記述：

無論俄國發生何種變化，依目前情況來看，我國只能維持在西伯利亞的勢力，然後靜觀其變。另外，應努力與列國保持和諧關係，尤其是必須要經常與美國進行充分的溝通。以上爲訓示內容，此外陸相和外相，也向各方面做出了訓示。（前引《原敬日記》，大正八年九月八日）

此後，雖然原內閣對西伯利亞的政策不斷動搖，但在對美國採取妥協關係上，再也沒有做出一絲越界的事情。所以，田中的增兵論實際上也只不過是極其有限的內容。

即便如此，在實施增兵和對美採取妥協關係這兩個方面上，作爲陸軍大臣的田中也逐漸陷入了困境。在第二十五次外交調查委員會上，困頓中的田中做出了以下發言：

若幸而能與美國順利維持關係，我陸軍之希望爲儘早一日實現增兵。要說到萬一美國不同意增兵，我們該做何處置的話，作爲帝國當然不能袖手旁觀地看著自己的軍隊陷入困境，故應依據實際情況採取些必要措施。但絕非時至今日再決定撤兵。我國出動的軍隊一旦撤離了西伯利亞，其影響會瞬間波及到朝鮮半島，而且若撤離滿洲北部，就意味著我們要取得在北滿的勢力。（前引《翠雨莊日記》）

由此可見事態已經相當嚴重了。即使強行增派軍隊也不可能在第一時間解決問題，而且美國是完全不可能同意日本那樣做的。相反地，如果強行增加派兵後，撤兵也會變得有一定難度。所以這就意味著這個時候的日本對西伯利亞的政策本身已經破產了。

在田中這一發言的同一時期，十一月十五日在蘇維埃軍隊的進攻之下，以高爾察克爲首的鄂木斯克政府首腦放棄了鄂木斯克。所以十一月二十一日，在內閣議會上，田中提出增派六千名士兵的方案。

但是，高橋藏相提出：「今後如果由我國獨自維持西伯利亞的安寧，不僅在財政上難以爲繼，而且也師出無名，內政上也難免會有阻力。美國方面也應與其交涉共同出兵，如果美國拒絕，得不到美國後援的話，還是撤兵爲好。」（前引《原敬日記》第八卷，大正八年十一月）高橋藏相的觀點代表了內閣多數人的意見，事實上是否定了田中的提案。

對此，田中在當日的內閣會議中再三懇求，至此，日本面臨的是增兵還是撤兵的二選一抉擇，但爲了應對萬一有可能出現的增派軍隊的情況，還請大家理解並做好增兵的準備工作。

徹底撤兵之路

一九二〇（大正九）年一月十九日，美國突然決定從西伯利亞撤兵。於是一直搖擺不定的原內閣緊隨其後，開始著手一系列撤兵的準備工作。

例如，一月九日原首相和田中陸相會談之際，關於撤兵方法進行了討論「我們如果繼續屯兵不動的話，不但會成爲各國猜忌的焦點，還會消耗莫大的軍費開支，況且國內輿論如何也可想而知。但該地方與我國又有種種特殊關係，當然不能隨便輕易撤兵。所以將來需要抓住一個好時機，召集我國當地居民，迅速地撤兵，將軍隊駐守在符拉迪沃斯托克，和支那一同在其領土上守備東清鐵路，由此可改變局面。」（同上，大正九年一月九日）

對此，田中回答說：「實際上我也考慮過撤兵的問題，最初出兵是爲了救援捷克，不能從捷克退去時，可守備在各個地方，待其可撤離時，撤到符拉迪沃斯托克等地駐守即可。」可見田中和原撤兵的方法和條件基本上是一致的。

一月十三日的內閣會議上，決定首先撤兵到符拉迪沃斯托克，讓後將五千到六千名士兵派去滿洲，用以鞏固對蘇維埃軍隊的防禦體制，確保滿洲地區的安全。最後，內閣決定作爲從西伯利亞撤兵的第一步，先從後貝加爾以及哈巴羅夫斯克地區撤兵。

在此期間，增派論作爲田中所提倡的撤兵條件的一部分，除了具有純粹的軍事意義以外，也發揮了對一貫主張強硬的參謀本部的暫時妥協作用。

換言之，田中對原首相提到過「陸軍軍部內的感情」（同上，大正九年一月十二日），這是指以參謀本部爲中心，陸軍表示強硬反對撤兵。要實現從後貝加爾以及哈巴羅夫斯克的撤兵政策，對田中來說，最大的難題就是如何駕馭和制約參謀本部。

此後，一九二〇（大正九）年四月四日發生了符拉迪沃斯托克事件，五月二十五日又發生了尼港事件等日蘇兩軍的軍事衝突。於是六月一日日本內閣正式決定從哈巴羅夫斯克撤兵。

如此一來，儘管參謀本部強烈反對撤兵，日本還是以儘早從西伯利亞全域撤兵爲方針開始了行動。從西伯利亞完全撤兵的政策是，同年年末，山縣有朋和原首相會談之際，山縣有朋提出來的。當時，原首相曾反對山縣有朋的提案。（同上，第九卷，大正九年十二月八日內容）

山縣有朋呼籲應當重視美國已經著手從西伯利亞撤兵，而日本卻仍然繼續出兵的姿態已經引起了反感。在這之前，原內閣在內閣會議上決定於六月二十八日發表了從後貝加爾撤兵的聲明，以及做出九月十日從哈府撤兵的決定。當山縣朋友提出完全撤兵時，原內閣把原來的部分撤兵方針轉爲完全撤兵。

圍繞對西伯利亞的政策，在一九二一（大正十）年一月二十二日開的第四十四次帝國會議上展開了論戰。在野黨的憲政會反覆要求原內閣從西伯利亞全面撤軍。原內閣在這個時候，對外的態度是依然堅持四月八日內閣會議上，田中陸軍大臣發言。即，田中在內閣會議上表示從中國的山東撤兵的同時，「關於西伯利亞問題，應當抓住機會撤兵才是上策」，這是田中第一次正式提議從西伯利亞全面撤兵。

爲此，原首相以提議召集各地軍司令官、總督、領事到東京，就對西伯利亞、滿洲、朝鮮推出統一的新政策之事召開會議（後稱「東方會議」或「滿朝會議」）的方式，內閣一致通過了田中提議的全面撤兵方針。

由於美、英等國對日本的批判，使日本在國際社會上日漸孤立，再加上全世界和平主義的思潮日益高漲等原因，迫使原內閣採用全面撤兵方針也只是時間上的問題。而且各國紛紛開始承認蘇維埃政權，而在這個大環境下，只有日本和主流背道而馳，那將陷日本於非常危險的境地。

同時，就國內政治動向而言，山縣有朋和在野黨的憲政會主張撤兵是一個明智的選擇，他們的發言可以說正合時宜。再加上大戰後經濟的低迷以及出兵所產生的龐大費用也成了一個相當大的負擔，因此就撤兵達成了共識。

對軍事當局來說，被派往西伯利亞的士兵，軍紀渙散，並且出兵本身的理由不明確，隨著當時戰爭地域的擴大，兵站的軍需補給早就已經超出了可以承受的負荷。除此之外，被強行分散的兵力、部署以及蘇維埃政權游擊戰術所帶來的影響，早就超出了預先估計。面對沒有勝算的戰爭，日本國內反軍國和反陸軍的國民情感日益高漲，出於以上這些理由，不得不說要是反對撤兵的話是沒有什麼依據的。

田中提議撤兵的理由

在這些客觀的撤兵理由當中，田中爲什麼選在這個時期直接向內閣提議要求撤兵呢？最重要的原因是正如前文所述，這是爲了應對日本國內外的現實狀況而產生的必然結果。

在田中當參謀次長的時候，極力主張對出兵俄羅斯遠東地區及西伯利亞西部地區，這其實是日本政治上的空白所產生的結果。

遠東共和國於一九二〇（大正九）四月六日在烏丁斯克（後遷移到赤塔）成立。遠東共和國隨著局勢的安定，請求日本不要再干涉內政了。這樣一來，至少在國際社會上，日本上失去了干預其政治的正當性。

符拉迪沃斯托克方面派遣軍司令官大井成元（一九二一年一月，立花小一郎接替）就出兵目的，曾對士兵有所訓示：「此次出兵是出於政治外交上的考慮，與普通國防作戰大不相同。」（男爵大井成元大將《西伯利亞出兵的回憶錄》外務省第一課特輯第十期，一九三九年五月）這說明此次出兵中並沒有明確的軍事目的。

日本對西比利亞的政策是純粹的政治和外交領域的問題，因此隨著政治、經濟狀況的變化，可以說從一開始就存在著必然撤兵的可能性。

從軍事上的觀點來看，在這種極爲不確定的軍事行動中，田中能做出撤兵的決定是非常現實的一個處理方式。

出兵西伯利亞本來就是一個政治上的謀略，作爲當事人的田中自己，對此也有充分認識，所以，田中作爲內閣的一員從其所處地位上能夠做出政治判斷——主張撤兵。

同時，對於在制定日本對西伯利亞政策時發揮了主導權的田中來說，他希望可以經由自己早點做出決斷，以確保有足夠的時間來應對以後政治狀況的變化。

實際上從客觀的角度來看，西伯利亞政策的轉換，對田中和陸軍雙方來說都是一次沉重的打擊，但是對於田中自身來說，作爲在這個時期付出的代價，卻換來了不小的政治成果。

他所取得的政治成果在下一章再進行闡述。田中在此修正了他所設想的「大陸國家」日本。他認識到透過與政黨的接近，有可能創造出一個符合一戰後國內外的情況，同時又能政戰兩略一致的政策，並且透過實踐，田中已經抓住了制定該政策的線索。

田中在四月八日的內閣會議上，以生病爲由，向原首相表明了辭職的想法，田中說：「現在倒下眞是遺憾，但這是爲了將來再次與閣下共同立於政壇，所以現在才需要靜養。」（前引《原敬日記》第九卷）但是由於原首相的強烈挽留，田中暫時沒有辭職。

從同一年二月二十六日田中心絞痛發病以來，身體狀況一直不好。田中在東方會議的最後一天五月二十五日，再次表明了辭去現有職務的意願，結果六月十八日辭呈得到批准，由田中在六月九日極力推薦的山梨半造代替了他的職務，至此結束了將近三年的由田中擔任陸軍大臣的時代。

第七章

引導日本完成軍國體制

第一次世界大戰的衝擊

曾在原敬內閣擔任過陸海軍大臣的田中，在第二次山本權兵衛內閣時期再次出任陸軍大臣（一九二三年九月二日—一九二四年一月七日）。

在此期間，田中取代了於一九二二（大正十一）年二月去世的山縣有朋，並進一步鞏固了他作爲名副其實的陸軍最高統治者的地位和基礎。在這種情況之下，爲了實現他長期以來想要構建的「大陸國家日本」，在日本的內政和外交的決策過程中，田中發揮了巨大的影響力。

田中在實際政治中，一步步實現著自己的政治設想。也就是在這個過程中，他發現此時的他雖然可以算一股強大的政治勢力，但陸軍也只不過和貴族院、官僚、樞密院一樣，屬於非選出勢力的一部分。對此田中感到了陸軍權力的侷限性。

換言之，軍部是以反民主的組織形態爲基礎的，田中認爲在大正民主主義的社會當中，軍部已經不可能再像過去那樣發揮強大的政治影響力。

所以對於田中來說，爲了靈活應對政治狀況的變化，將軍部改造成能夠在政策決定過程中繼續發揮影響的部門，成爲了他新的課題。對此田中給出了結論，就是軍部存在的價值不應僅僅侷限在軍事領域，有必要在政治領域也找出軍部存在的理由。第一次世界大戰帶來的教訓和總體戰設想爲構築理論、尋找理由提供了主要契機。而且該時期陸軍中堅層中的一部分人也強烈意識到了這一點。

在這裡，我們看看以田中爲中心的總體戰的準備工作是如何進行的。這對於下一章要探討的田中進入政界的背景來說，也是不可缺少話題。

第一次世界大戰中，國家面對戰爭，必須要把其持有的如軍事、政治、思想等諸多能力全部動員起來，這也就是所謂的總體戰。這種戰爭模式引起了政治領導層，特別是軍隊中堅層的軍事官僚們的強烈關心。

他們預測到，未來的戰爭必定會比第一次世界大戰中出現的總體戰形式更為徹底。所以他們為了準備總體戰，開始再次研究國內的政治體制，並以構築適合總體戰的經濟構造為目標，著手探討總體戰體制。

那麼第一次世界大戰，到底是怎樣的戰爭呢？讓我們回顧一下這段歷史。

一九一四（大正三）年八月開始的第一次世界大戰，是和此前所有戰爭的戰爭形態、戰爭樣式、戰爭方法、戰鬥領域都完全不同的一場戰爭。

例如，整個日俄戰爭期間，日本動員的總兵力為一百零八萬九千人左右。而在一戰期間，德國動員的軍隊為九百一十五萬人，奧地利為七百零五萬人，法國約三百六十五萬人，英國約五百二十四萬人，義大利為四百零五萬人，美國是三百七十五萬人。

整個一戰期間（一九一四—一九一五年），德國包括國內相關人員總動員人數為一千三百二十五萬人，這個數字是當時德國人口總數的百分之十九點七。

同樣，國內動員人口總數，法國為六百八十萬人（此外在殖民地動員一百四十萬人），佔總人口的百分之十七點二；義大利為五百六十一萬五千人，佔總人口的百分之十五點五；奧地利為九百萬人，佔總人口的百分之十七點三；美國為三百八十萬人，佔人口總數的百分之三點八；俄國為一千八百萬人，佔總人口的百分之十二。

而且，從戰爭持續的時間上來看，日俄戰爭耗時五百八十四天，耗資二十一億美元。而一戰耗時一千五百五十六天，耗資二千零八十三億美元。（參見陸軍軍事調查部編，《近代國防的本質與經濟戰略其他》）

還有從動員的師團狀況來看，德國平時擁有五十個師團，而在開戰之後的最初一個月，擴展到一百一十二個師團，最多時曾把二百六十四個師團投入了戰場。奧地利平時擁有四十八個師團，在一個月的時間內就增加到五十七個師團，最多時增加到八十二個師團。法國平時擁有四十四個師團，在五天的時間裡增加到八十三個師團，最多時到了二百一十四個師團。

為了構築這種在戰時能夠將人和物資都大量動員起來的體制，在作戰方針、指揮作戰以及國內軍需生產體制等方面，參戰各國都被迫進行了根本上的改革。

在一戰開戰前，德國就採取了施里芬計畫，打算打閃電戰，但沒有想到在開戰一個月後的馬恩河戰役中，早早達到了消耗的臨界點，只得被迫更改作戰計畫。

之所以會發生這種狀況，是因為炮彈和軍用燃料等軍需品的消耗情況都大大超出了預料，按照當時的情況，開戰後二至三個月，國內儲備的軍需品就會告竭。

這種狀況不僅出現在德國，其他參戰各國也都是如此。開戰後不過數月，各國都被迫重新構建新的經濟、工業動員體制。

德意志帝國最後一位參謀總長漢斯．馮．塞克特面對這個事實，將德國敗北的原因總結爲：「由於大戰變成了長期消耗戰，在人員和物資方面，德國遠不如協約國方面豐富，這是導致德國戰敗的決定性因素（塞克特《一個軍人的回憶》）」。可見他認爲協約國方面在人力和物資方面的優勢，是導致德國敗北的原因。

可以說第一次世界大戰從開始進行的就是總體戰，而且參戰各國都預測到今後的戰爭需要進一步進行更爲徹底的全國總動員。這是參戰各國對一戰的共同認識。

所以，德國從開戰第二年開始，對原料和糧食實施控制。英國也在同年五月採取了控制煤炭出口的政策，同時在七月頒布了軍需品法規，並按照此法規來管理軍工廠。這些都是爲了應對總體戰情況而實施的緊急措施。

提出總體戰理論

日本在第一次世界大戰中以遵照日英同盟爲理由，接受了英國的邀請，加入到協約國一方。

日本的陸軍和海軍以打敗德國的東洋艦隊，攻陷德國在中國的根據地——山東青島爲目標，展開了軍事行動。日本希望能夠藉此機會確保獲得在中國的利權地，同時佔領德國在南洋諸島的殖民地。準確點說，是希望得到德國佔領著的俾斯麥群島。

此外，爲了支援在開戰之初略顯劣勢的聯合國，日本海軍還向地中海派遣了艦隊。希望在那裡能擊敗負責攻擊聯合國方面運輸船的德國U型潛艇。

這樣一來，雖說不管是在亞洲還是歐洲日本，都派出了軍隊，但都遠離大戰的主戰場——歐洲，而且承擔的都是些規模不大、極爲有限的作戰。

也正因爲如此，一般老百姓對一戰基本上不怎麼關心。所以包括媒體在內，都沒有充分意識到一戰是和以往的戰爭形態完全不同的新型戰爭。

但是，對於政治、經濟界的首腦，特別是軍事官僚們來說，這樣的戰爭形態引起了他們強烈的關心。

陸軍和海軍的領導層爲了掌握一戰的實際情況，從一戰一開始，就命令駐地武官、派遣武官等積極搜集並研究大戰的情報，隨時向本國彙報。所以開戰後很快就能看到一些軍人參考這些報告和研究寫出的文章。

例如，陸軍步兵少佐村上良助認爲從大戰中吸取的教訓是：「不管在戰線上派遣多麼精鋭的部隊，如果沒有進行徹底的工業動員，武器彈藥等其他兵器不能充分補給的話，那些精鋭部隊是不可能自由行動的（上村良助〈歐洲戰爭與工業動員〉，《歐洲戰爭實記》第七十五期，一九一六年九月二十五日）。」在這裡他強調爲了補充軍需品的巨大消耗，有必要進行工業動員。

上村還進而論述：「從歐洲大戰的情況來看，一個國家兵器彈藥的補給，是決定戰爭勝敗的一個重要問題，這一點早爲世人所知，然而，我感到這個問題的要害在於原料的多少及其補給是很難的。」（上村良助「交戰諸國的原料問題」同前，第八十四期，一九一六年十二月二十五日）

上村提出這個主張的依據是日俄戰爭中，日軍在打奉天會戰的十三天裡使用了二十七萬發的炮彈，而在一戰中的香巴尼會戰中，法軍使用了約二百三十萬枚炮彈，是日軍的十倍。

而且，在歐洲戰場上，飛機、坦克、潛艇等近代武器紛紛亮相，所以也能夠看到很多要求改善日軍裝備編制的文章。例如陸軍少將津野一輔在《就歐洲戰事所感一節》中是這樣描述的：

對於今日各種先進武器之威力，絕對要給予承認。如果不顧時代前進的步伐，不借鑑此次戰爭珍貴的教訓，只相信精神力量而忽視了火器的威力，或者對其掉以輕心，那麼最後我們必定會付出生命代價。（《偕行社記事》第五百二十九期，一九一八年八月）

從這裡能夠看到，面對軍事技術的提升與發展，津野認識到軍隊的近代化是一個迫在眉睫的課題，同時津野也對日軍素來依賴精神力量的做法提出批評。

另一方面，一戰是持續了四年的長期戰，也正如「總體戰」三個字所表現出的涵義一樣，是需要舉國之力進行的戰爭。於是也有人認為為了能夠應對長期消耗戰，不可或缺的就是需要強化國民精神、思想以及團結力。

例如，細野辰雄在《歐洲大戰的教訓》中認為，德國和奧地利之所以會失敗，俄國之所以會爆發革命以致脫離戰線，都是錯誤的「民主主義」帶來的惡果。反之聯合國方面之所以能取勝，也拜「鞏固了國家團結力所賜」。由此，細野的結論是「民主主義」思想是阻礙國民精神、思想團結的最大因素。（同上，第五百三十九期，一九一九年七月）

所以，爲了能夠打贏總體戰，就要排除重視個人主義、個人利益需求的「民主主義」思想。同時要求每個國民都有作爲國家一員的覺悟，尊重規則秩序，並具有爲了國家犧牲一切也在所不惜的精神。爲此，爲了培養出能夠應對總體戰的國民精神，國民教育和軍隊教育都受到了重視。

此外，也有不少政界領導吸取了一戰的教訓，對總體戰發表觀點。

例如，元老山縣有朋在一九一七（大正六）年十月十五日給山口縣知事林市藏的書信中曾表示：爲了能在今後的戰爭中獲勝，「不得不舉國民、盡國力，依靠所謂上下一統、舉國一致的力量」才行。從這裡可以看出山縣意識到已經進入了總體戰的時代，並提出爲了應對總體戰的各個階段，各部門的工作也有必要隨著進行調整。

政黨之中也有人持有和山縣完全相同的觀點，爲首的就是國民黨總裁——犬養毅。

犬養在一九一八（大正七）年一月的國民黨大會上發言說：「全國男子皆成爲兵，全國工業皆成爲武器軍需的工廠，今後應該以經濟合理性爲基調，有必要進行工業動員，促進徹底的舉國皆兵政策。」（鷲尾義直《犬養木堂傳》中卷）。

後來，犬養毅在第四十五次帝國議會上提出了裁軍論，但這也是爲了適應總體戰，爲了更爲有效地使用軍費而提出的。所以以犬養爲代表政黨人士提出裁軍論的背景，其實是站在政黨人士的角度爲了應對總體戰，對既有軍事力量的現狀提出的質疑。

犬養毅等政黨人士提出裁軍論的背景，山縣有朋、田中義一路線的繼承者宇垣一成在日記中是這樣寫的：「未來的戰爭不僅僅是軍隊的交戰，也不僅僅是操縱軍隊的技術，戰爭的成敗取決於構成國家的總體能量的大碰撞，以及如何發展、運用總體能量。」（《宇垣一成日記》I）宇垣的話中表現出了強烈的總體戰意識。

和這些議論並行的，是一部分人早早地提出準備構築總體戰體制的具體意見。

例如，寺內正毅內閣（一九一六年十月—一九一九年九月）決定向中國段祺瑞政權提供一系列的貸款，史稱「西原貸款」。在日本入侵中國的經濟政策中，充當先遣角色的西原龜三，於一九一七（大正六）年三月，向寺內首相提交了名爲《戰時經濟動員計畫私議》的意見書。

西原在意見書中說，第一次世界大戰的「勝敗並不取決於戰場，倒是其經濟設施的優劣決定了最終的結果」，這明顯表露出了他對總體戰的認識。然後，爲了應對將來的戰爭，軍事和經濟應合理地結合在一起，進行「持久的經濟動員」。爲此，他提出了當務之急應先將「支那置於與我國同一經濟圈內」的見解（國立國家圖書館檔案資料室藏《西原龜三文書》）。

西原提出的「持久的經濟動員」的具體表現的一個方面，就是兩度向中國交通銀行提供貸款，同時促成中日之間簽訂了七個貸款協定，再加上武器貸款等，日本向中國政府提供的貸款，總額高達兩億日圓。

關於日本爲中國提供貸款的動機，西原貸款強有力的推動者寺內內閣的財務大臣勝田主計是這樣說的：

「一戰中，我邦感到最爲困難的就是與聯合國的協同作戰中，要供給我邦所必需的軍需品和其他工業原料，爲了解決這個問題，我們和物資豐富的支那應在平時就締結最爲緊密的經濟關係，無論戰時、平時都將其置於與我互通有無的關係之中。」（鈴木武雄監修，《西原借款資料研究》）。

勝田的目標非常明確，就是透過對中國經濟的滲透，強化與作爲資源供給地的中國的關係，形成「自給自足」的區域。

而且，西原表示爲了將來的戰爭，「帝國最爲感到必要的就是工業原料的順暢供給」，所以應「將軍國所不可缺少的鐵、鎳、鉛、石油、硝石等礦產數額都詳細記錄在案，以備急需。」（西原龜三《日支親善與其事業》）

爲了實現這些設想，西原提議設立軍需省，以便管理軍需品的生產、販賣和配給。一九一八（大正七）年五月三十一日，軍需省宣告成立，這是日本第一個對總體戰進行調查和統一管理的機構。

進入總體戰準備階段

第一次世界大戰給日本的陸海軍帶來了強大的衝擊。從一戰一開始，軍方就動員日本駐歐洲各國的武官，積極調研與一戰有關的所有情報。這樣做帶來的成果就是發行了《海外差遣者報告》、《歐洲戰爭實記》、《偕行社記事》等刊物，提供給相關的各個機關。同時，陸軍於一九一五（大正四）年十二月成立了臨時軍事調查委員會，海軍則於同年十月成立了臨時海軍軍事調查委員會。

當時擔任參謀次長的田中義一是參謀本部實際上的掌權者。他給參謀本部第一科（編成．動員科）的科員森五六大尉下達了一個命令，要求森調查參戰諸國的動員計畫，並制定適合日本國情的總體戰體制計畫。森大尉於一九一七（大正八）年九月提交了名爲《全國動員計畫必要之議》的報告書。

該報告書現存於防衛省防衛研究所戰史部圖書館。筆者在拙著《總體戰體制研究——日本陸軍的國家總動員設想》一書中作爲相關史料，曾全文引用。現存的報告書由於是最終版本，所以可以認爲編寫過程中也吸納了田中的意見。

該報告書是一分貴重的史料。因爲從該報告書中我們可以看到，早在一戰還沒有結束的時候，爲了應對以後可能發生的戰爭，田中就早早開始準備構築相應的體制了。而且從該史料中也可以看到田中所要構築的是一個怎樣的社會體制。下面介紹一下該報告書的部分內容。

報告書中，首先明確了動員的物件，指「軍事上是不用說的，國家所有的組織都從平時狀態轉爲戰時狀態，也就是概括了所有實業」。隨後強調說，在未來的戰爭當中，能夠一舉壓倒性地殲滅敵人是非常重要的，從日本的軍需生產能力上來說，採取以短期殲滅爲目標的作戰方針是比較理想的。

但是，從一戰中明顯地看到的這種殲滅戰的極限性，以及隨之而來的長期消耗戰成爲常態的狀況，就戰爭準備而言，有必要培養國民能夠忍耐長期戰的覺悟。應站在此角度上來再次討論日本的國防整備狀況。

而且，爲了在一開戰就快速迫使對方進行決戰，有必要從平時就準備充足的交戰兵力，儲備豐厚的軍需物品，並且培養可以應對這種狀況的國力。

出於以上認識得出的結論是，「平時儲備國力的多寡以及其組織能否適應戰時的狀況」是未來戰爭勝敗的決定因素。當戰爭開始後，如果實現了國家總動員計畫的話，按照該計畫在動員軍隊的同時，也可以實施全國總動員。該計畫的目標就是讓國家體制能夠順利快速地從非戰時轉爲戰時。

作爲國家總動員計畫的具體案例，報告書中列舉了德國順利進行全國動員的情況。同時也指出，英國、法國正是因爲在國家總動員上的準備不足，所以在開戰之初不得不敗給德國。該報告還指出，試看日本現狀，對於國家總動員計畫沒有任何的計畫和準備，而且即便是在非戰時，日本的工業在國防上也供給不了充足的軍需物品，大部分的軍需物品是由爲數不多的國營工廠生產，還有一部分則依賴於國外市場。

而且，國營工廠和私營工廠之間沒有聯繫，特別是私營工廠往往優先考慮自己的利益。所以結論就是目前這種狀況，在戰時是不可能實施工業動員、生產提供足夠的軍需物品。此外，確保勞動力和可動員士兵的數量上的矛盾也有必要加以調整。

所以，爲了完成這一系列的國防計畫和國家總動員計畫，僅僅依靠軍事當局的努力是不夠的。必須要將這些計畫當做是國家一大事業來進行統一指揮，以便「整備軍隊和增進生產力之間進入一個平衡的狀態」。總之，國家總動員計畫的出發點就是：「首先在開戰之初，最大程度地發揮國家的能力；其次能夠維持自給自足的供給，而且確保社會組織在此非常時期不會發生激進的變化。」

報告書列舉了八個今後需要具體研究的事項。其中包括調查軍用資源、不管戰時還是平時，在學校和社會中，教育國民應服從軍事要求等事項。報告書建議爲了研究這八個事項，應成立負責實現國家總動員計畫的統一機構，由內閣總理大臣或天皇委任的元帥出任委員長，國務大臣、參謀總長，軍令部長等構成委員會。

這個機構將決定國家總動員的大方針。同時爲了能將形成決議的事項具體落實下去，在委員長之下設置各個行政部門的事務官或技術人員，由他們和負責軍需的官員協同處理。

從這個報告書中，可以看到田中希望政府與軍隊合作，將國家總動員當做國家的一大事業，共同實現總動員計畫的意圖。當然，田中試圖成立的機構從本質上來講，依然是由軍隊來主導的。可以說田中在此後的政治生涯中不斷表明的樹立裁軍型總體戰體制計畫案的源頭，就是這個報告書。

這分報告書是非常有價值的，因爲從中可以看到編寫它的責任者——田中義一所提出的構建總體戰國家設想的大致輪廓。

可以看出田中所要創造的總體戰國家，是指不管是平時還是戰時，都能夠應對總體戰的國家，這就註定了要以戰時＝總體戰爲背景來構建國家和社會的內容。國家本應發揮的作用是確保個人的平等與自由，而總體戰體制國家則放棄了這個本應發揮的作用，成爲贏得總體戰勝利的一種手段。

一九一四年第一次世界大戰爆發。這篇誕生於一戰尚未結束的一九一七年的報告書可以說明，田中自身已經預測到了這次大戰在它結束之後，會成爲影響國家存在模式的一大轉機。

實際上，這分報告書中所使用的「國家總動員」一詞，在對自由主義、個人主義的關心不斷高漲的大正民主時期，曾一度幾近消失過。但從大正末期到昭和初期卻再次浮現出來。

開始制定動員計畫

按照田中推動編寫的《全國動員計畫必要之議》，爲了將日本轉型成可以適應總體戰的國家，一步步進行了法律和行政機關方面的整備工作。

最先開頭的法律方面的整備工作是，一九一七（大正六）年十二月二十一日，參謀總長上原勇作向陸軍大臣大嶋健一提交的《軍需品管理案》。這是爲了確保日軍出兵西伯利亞時所需大量軍需品的法案。而且，由於第一次世界大戰表明在近代戰爭中會大量消耗軍需物品，其數量遠遠超過預先所料。所以軍方認爲日本現有的徵集令、戒嚴令、鐵道並用令，遠不足以確保武器彈藥和軍需品的消耗。

上原提交的《軍需品管理法案》經過了以陸軍省軍事課和兵器局槍炮課爲中心的反覆研究，又和海軍省、法務局協商交涉，於一九一八（大正七）年二月十八日完成了最終案。並以此爲基礎，於同年四月十六日制定了《軍需工業動員法》。

該法規定平時就應調查清楚戰時所需的各種資源，對於不足的資源應給予保護機制，並儘量加以充實，以便能夠及時應對戰時所需。和以籌集現有各種資源爲目的的徵集令不同，《軍需工業動員法》的重點在於要創造出事先估計的戰時所需各種資源。

一九一八年五月三日，成立了作爲實施《軍需工業動員法》的管理機構的軍需局，軍需局屬於內閣管轄。由首相出任軍需局的總裁，陸海軍次官擔任軍需次官。一九一八年九月二十九日，日本歷史上第一個政黨內閣——原敬政友會內閣成立。迄今爲止都在暗地裡操縱成立應對總體戰機構的田中義一，出任原內閣陸軍大臣後，就作爲登上前臺的領導者，開始了積極的活動。

爲了對應《軍需工業動員法》的施行，在田中出任陸軍大臣之前，陸軍就在陸軍省內成立了兵器局工政課。工政課課長是《軍需工業動員法》的實際負責人吉田豐彥大佐，兵器局長則是築紫熊七少將。此二人都是在充分理解田中的總體戰理論的基礎上，積極進行各種活動。

當田中作爲陸軍大臣再次成爲軍界領袖時，陸軍兵器局工政課就開始了依據《軍需工業動員法》每年制定陸軍軍需工業動員計畫的工作。

一九一九年十月十五日，該課制定了《大正九年度·陸軍軍需工業動員計畫要領》，並於翌年一九二〇（大正九）年十月十日得到陸軍大臣田中義一的批准。此後，原則上每年都要制定陸軍軍需工業動員計畫。在一戰結束後的第二年，日本之所以早早就開始制定軍需工業動員計畫，這和日本陸軍的作戰設想是有緊密關聯的。

換言之，像日本這樣的資源小國，爲了應對總體戰，有必要平戰時就儲備大量的軍需物品並構建相應的生產體制。對於這件事，大正十年版的陸軍省文書《軍事機密大日記》（防衛省防衛研究所戰史部圖書館藏）中有如下記載。

> 鑑於帝國的國防、國情，速戰速決方針爲我國軍隊作戰之根本方針。（中略）補給對靈活的作戰而言亦極爲重要，然現有之補給能力遠不能滿足需求，故無法展開靈活作戰，此實乃國防上之一大缺陷。

這段話中所表現出來的認識和《全國動員計畫必要之議》開篇之言——「如期待

在開戰初期就迅速進入決戰，需要充足的戰鬥兵員，儲備豐厚的軍需物品，以及培養可以應對開戰後此等需要激增的國力」所表達的看法完全一致。

日本陸軍中被稱爲總體戰派的高級軍官們，都認爲資本主義社會的日本的生產力還處在一個比較低的水準上，因此有必要平時就準備應對總體戰。明確提出這一基本戰略的人物就是田中義一。

大戰後的擴軍計畫

由於第一次世界大戰的主戰場在歐洲，所以日本政府認爲這個空檔對日本來說，是擴大在華利權的絕好時機。大隈重信內閣深知中國內政極爲混亂，向中國提出了對中國而言是屈辱性的《對華二十一條要求》。這自然成爲中國國內反日運動的誘因。

加上日本佔領了德國在山東半島的租借地——青島，並從德國手中奪取了西太平洋上俾斯麥群島。

這一系列對中國的侵略以及所表現出的膨脹主義，加深了日本和美國、英國、法國等歐美列強的對立。爲了新一輪的擴張領土和侵略中國，陸海軍要求進一步全面充實軍備。

一九一七（大正六）年三月，陸海軍著手修訂國防方針的工作，分別起草了《國防整備案》，試圖強化軍備。在陸海軍軍部當局的共同協商之下，兩分整備案合二爲一，並於一九一八（大正七）年六月十二日上奏天皇，同月二十九日獲得天皇的批准。陸軍原本的假想敵對國的順序是俄國、美國、德國、法國，而新國防方針的特徵是修改了假想敵對國，前兩位和過去一樣是俄國和美國，第三位從過去的德國變爲中國。

同時，海軍也將第一假想敵對國從過去的英國變爲美國。也就是說，陸軍和海軍分別將世界上最大的陸軍大國俄國，和世界上最大的海軍大國美國，放在了第一假想敵對國的位置上。

出於這樣設想，海陸兩軍開始計畫進行改編。陸軍原本是五十個師團的編制，即平時二十五個師團，戰時二十五個師團。爲了實現軍備的近代化，陸軍計畫削減常備師團，變爲平時二十個師團、戰時二十個師團的四十個師團的編制。

海軍則提出了二十四艘主力艦隊的設想，即擁有兩個戰艦編隊，每隊八艘戰艦；以及一個擁有八艘巡洋艦的巡洋艦隊。此外，在新國防方針中提出「有必要培養能夠應對長期戰的覺悟和準備」。因此海陸兩軍打算以第一次世界大戰長達四年的實際狀況爲依據，將日本軍隊轉換爲能夠適應長期持久戰的軍隊，並將原來的基本作戰方式——短期決戰，變爲長期持久戰。

戰爭一旦進入長期化，就和短期戰不同，會變爲長期消耗戰，這就要求提高持續作戰的能力。像補給和修補能力等工業能力，直接成爲決定勝敗的關鍵，這就是總體戰。問題是實際上政府是否承認海陸兩軍的擴軍要求呢？

代替寺內正毅內閣登上政治舞臺的是日本憲政史上第一個政黨內閣——原敬內

閣。原敬內閣在成立之初，就公布了「四大政綱」，其中之一是「充實國防」。但原敬內閣雖然基本上認同軍方的擴軍方針，卻強調不應由軍部來主導擴軍，應在內閣的統一管理之下來強化國防力量。

在第四十二次帝國議會（一九一九年十二月—一九二〇年二月）上，陸軍要求追加經費四億八千二百八十二萬圓，海軍要求追加經費三億一千四百四十五萬圓。此時，原內閣強調應在內閣的統一管理之下來強化國防力量的姿態明顯表露出來。

事實上當時軍費開支在預算上所佔的比例已經非常高了，第一次世界大戰結束之後，即便是沒有了戰爭的威脅，軍費開支也居高不下。

例如，一九一八年度的直接軍費五億八千零七萬圓，佔年度支出的百分之五十八；此後一九一九年度爲八億五千六百三十萬圓，是年度支出的百分之六十五；一九二〇年軍費九億三千一百六十四萬，佔支出額的百分之四十六點八；一九二一年軍費八億三千七百九十二萬，是支出額的百分之四十一點九；一九二二年軍費爲六億九千零二十九萬圓，佔支出的百分之四十五點五。（藤原彰《軍事史》）

軍費比重如此之高，輿論自然不會視而不見，批判之聲此起彼伏。但是相對而言，對於海軍的擴軍，輿論和財界都表示可以接受。因爲一戰之後，美國取代英國成爲世界上最大的海軍國，海軍是爲了對抗美國而進行擴軍。但就陸軍的第一假想敵對國而言，由於十月革命俄國沙皇統治已經結束，事實上第一假想敵對國已經消失。在這種情況之下，陸軍要求擴軍的說服力就明顯不足了。

為此，田中義一為中心的陸軍以搶佔先機的方式，提出了陸軍擴軍案。其大致內容是，為了應對在一戰中使用的近代化兵器，日本陸軍兵器的近代化也迫在眉睫，另外陸軍將導入三單位制、軍團制以進行軍隊編成的革新。計畫花二十五年時間，耗資二十億圓組建標準兵力二十五個軍團。

對於陸軍提出的擴軍案，原首相的解決辦法就是請田中義一出任陸軍大臣。原的目的是抑制軍部對政治的介入，強化政黨政治並實現與美國的合作外交，所以請田中出任陸軍大臣，是希望在軍備擴充方面的主導權能夠保留在內閣手中，並盡可能抑制軍部的要求。

田中是在明白原敬用意的基礎上，加入原內閣的。由於政黨政治具有強大的影響力，特別是輿論是站在內閣一側的，所以田中深切感到有必要摸索出與政黨政治妥協的道路，軍隊和政黨不能陷入永久的對立。

在田中看來，原是一個現實主義者，原已意識到有必要與軍方進行協商。所以田中並不是從一開始就站在原的對立面，他只不過是想找一條妥協的道路，使得自己主張的軍備擴充能夠迴避開輿論的批判並得以實現。但在大正民主的潮流中，對軍部的批判遠遠超過了田中的想像。

展開對軍部的批判

輿論對軍部的批判，是在大正民主主義的代表者、東京大學教授吉野作造的主導之下展開的。

《中央公論》是當時自由新聞工作者的代表性綜合雜誌。吉野作造以《中央公論》爲陣地，發表了數篇反對擴軍的文章。例如：《反對陸軍擴張》（一九一八年二月號），《軍隊的非文明》（一九一九年二月號），《徵兵制度改革之急務》（一九一九年六月號），《軍隊生活內面改革之必要》（一九一九年十一月號）。

以吉野爲首的一系列的對軍部的批判，在一九二二（大正十一）年迎來了最大的高峰。這年《中央公論》三月號以《陸軍軍備縮小論》爲題，編輯了特輯，刊登了《陸軍可否裁軍極其難關》（水野廣德）、《縮小陸軍與改善軍事思想》（三宅雪嶺）等文章。

雖然很多是出自於各黨派自己的黨派策略，但在這一年的時間裡，陸軍裁軍論還是急速膨脹起來。曾是海軍軍官的水野廣德認爲「對批判性輿論比較敏感的政黨，才能夠將此事當做黨派策略，然而從中至少可以察知輿論的趨勢」，所以對軍部的批判，某種程度上來講是反映了民意的（《中央公論》一九二二年三月期）。

按水野文章的說法，陸軍裁軍論的根據主要是兩個方面。一方面，陸軍的第一假想敵對國沙皇俄國已經崩潰，所以陸軍的相對軍事壓力也有所減輕。另一方面，整理裁減非戰時兵力節約出來的經費，可以重新組織國家經濟。

而且，這些議論的最終結論都歸結到陸軍裁軍可以帶來穩定國民生活、培養民力、振興產業以及改善兵器、提高軍人待遇、還有透過改編軍隊而提高效率等問題上來。

關於水野提到的第一點，他的中心論點就是，如果對俄國和中國不採取積極的政策，只維持國內以及朝鮮、臺灣的治安的話，那麼只需要保持必要的兵力就足夠了。所以，常備兵力根據內外局勢，應盡可能做到少數化、精銳化，與此同時，也應構築起一旦發生戰爭時，能夠短時間內動員出大量兵力的體制。

同時，水野還認爲，不管出於何種理由，決定軍事力量規模的，應該是已經確定了的國策。如不這樣，那麼軍事力量就會具有無限制增殖的性質。此外，在裁軍論中，就改革軍制還提出了兵役年限的問題。他主張透過提高軍事教育的效率來縮短兵役年限。

最後，水野批評了軍部躲在特權制度之後，對於要求改革軍制的呼聲充耳不聞的現狀。水野說：

今日軍閥之所以跋扈，其罪一方面固然在軍閥，但另一方面責任在於國民。因爲國民容忍了憲法上不合道理、官制中難以理解的制度的存在。如不先在制度上進行改善，那麼無論國民如何高喊裁減陸軍，他們軍閥都會躲在帷幄上奏權的堅實壁壘之後，以大臣輔佐的官制爲武器，絕不會顧及國民的希望要求。因此確立我國之國策後，如有必要裁減軍隊，則有必要對軍閥之武器——官制進行改革，廢除軍部之堡壘——帷幄上奏權。

（《中央公論》一九二二年三月期）

此外，《中央公論》在一九二二年十二月號上，以《以徹底失敗告終的西伯利亞出兵——以此爲契機葬送軍閥之辭》爲題，編輯了特輯。刊登了《西伯利亞影院的軍閥劇》（水野廣德）、《西伯利亞撤兵與軍閥的恣意妄爲》（堀江歸一）、《不葬送軍閥則軍界難以肅清》（吉野作造）、《剝去了身價的參謀本部》（三宅雪嶺）、《軍閥問題》（杉森孝次郎）等強烈批判軍閥的文章。

這裡刊登的文章有一個共同的認識，那就是爲了打擊軍閥應該形成裁減軍備的輿論，並將其付諸於實施。同時認爲導入陸海軍大臣由文官擔任的制度、反對軍部對政治的介入、廢除帷幄上奏權等軍方的特權制度也都是不可或缺的改革。

各政黨對於這些議論紛紛採取了呼應的態度。政黨中的國民黨對軍部改革最爲積極，那也是出於和政友會的對抗。在一九一九年三月二十五日第四十一次帝國議會中，國民黨向議會提交了題爲《關於陸海軍大臣及臺灣、朝鮮總督任用資格質問主意書》的意見書，主張軍部大臣和殖民地長官應從現在的武官專任制變爲文官制。

但是，政友會在第十四次總選舉中獲得勝利之後，國民黨的這個主張就立刻消失了。一九二一年一月二十日，國民黨大會上，犬養毅總裁提出了以產業興國主義爲代表的軍備改革論。

他主張整備成的體制是：在經濟上，實施財政整理和裁軍，以提高產業的生產效率，具有在國際市場上足可抗爭的經濟實力；在國際關係上，貫徹面向世界的產業第一主義，以表明日本乃和平主義國家的立場；在軍事上，爲了整備成適應總力戰的軍事力量，平時儘量抑制兵力，而舉全力增強工業生產能力，一俟戰時可以一舉投入。

犬養主張的產業立國主義，以經濟的合理性爲基礎，將目標定爲保持總力戰階段的高效率軍事力量，並增強、提高工業生產能力。在這一點上，犬養的主張與政界、財界、軍部內革新派基本一致。他們對把軍事力量整備得能適應總力是極其關心的。以犬養毅爲代表，在議會內部、政黨中存在的這種觀點不僅僅只是對軍備的單純批評。應對總體戰階段這個時代或者說國際環境變化，在國內態勢的變革和調整這個理念之中，軍部也正發揮著不可忽視的影響。

在第四十四次帝國議會（一九二〇年十二月—一九二一年三月）上，無黨派人士尾崎行雄提出了《限制軍備決議案》後，爭論變得更加激烈了。尾崎的主張，基本上與犬養沒有較大的差別。

只不過尾崎特別強調的是，有必要提高日本的工業生產能力，因爲日本和歐美諸國的經濟實力差距非常明顯，而且日本還要負擔過剩的軍事費用，這種狀況不光阻礙了生產力的發展，對國家的知識、道德等方面的發展也都構成重大障礙。

憲政會和政友會這兩個保守派的大黨起初對國民黨、尾崎等的行爲持批判態度，對軍部批判則是消極的。後來迫於輿論和議會內改革勢力的壓力，在第四十五次議會（一九二一年十二月—一九二二年三月）上，終於開始下決心批判軍部，因此，這次議會看上去就成了「批判軍部的議會」。

一九二二年二月一日，憲政會的野村嘉六提交以要求廢除軍部大臣現役武官制和帷幄上奏權爲主要內容的質疑書。另外，二月七日政友會也提交了《陸軍軍縮建議案》，同時，政友會骨幹大岡育造在本次會議中，對軍部的特權制度做出了批判。這些意見在議會閉會的前一天，也就是三月五日的會議上獲得了通過，各政黨間在導入軍部大臣文官制這一點上，達成了完全的一致的意見。

《陸軍軍縮建議案》的提交者之一，植原悅二郎在提交這個建議案的理由中，提到要求縮減軍備和軍部大臣現役武官制的關係時說道「如果不對此官制進行改變，就完全不可能像我國國力和我國全體國民所希望的那樣來整理陸海軍」，從爲了創造出能夠適應總體戰階段的軍事力量這個角度出發，他認爲讓只擅長軍事領域的人當軍部大臣是不夠的，應該讓擁有廣闊知識和眼光的人來擔當這個職位。（《大日本帝國議會志》第十三卷）

這個擴大軍部大臣任用資格的主張，打破了阻礙政黨政治強化的主要因素——軍部大臣現役武官制，這個主張讓政黨試圖建立起一個政黨能夠統制軍事制度的想法，有了實現的可能。

政黨這種追求裁軍輿論和軍制改革行爲的背景是，一九二〇（大正九）年三月左右，在日本國內由於戰後恐慌而造成的財政危機，開始表面化，而且一九二一（大正十）年七月，在國際上應美國總統哈定的提倡，召開了華盛頓海軍裁軍會議，這次會議象徵了國際上的裁軍形勢。

陸軍逐漸增強的危機意識

在大正民主運動的背景下，形成了要求進行軍制改革、縮減軍備的輿論，同時在議會上相繼提出縮減軍備建議案，再加上原內閣明顯用政黨抑制軍部的政策等等，在一九二〇年代初期這一系列對軍部的活躍打擊，讓軍部，尤其是陸軍，開始有了深刻的危機意識。

作爲原內閣的陸軍大臣進入內閣的是，陸軍當中衆所公認最具實力的田中義一。當時，田中表示了如下的見解。

> 就近來社會情況來看，有些人將政治家的自由作爲擋箭牌，恣意討論國防相關諸事，玩弄不確切的言論，誘惑無稽的國民。他們認爲不應不顧其他政務，將賞錢都投入所謂的國防方針中。這種觀點若聽之任之，則無法保證不發展到阻礙實行國策的地步，野心家們洞察到了政黨者之流以及一部分的陸海軍官的想法，利用其煽動社會輿論，令兩者的言論產生糾紛，最終使其成爲議會問題，並訴諸於政黨間的爭論，藉此約束軍令之獨立，使軍令之獨立不保，如此對建軍基礎構成威脅之事，著實令人相當寒心。
>
> （〈根據時弊關於獨立擁護軍令權的建議〉《田中義一文書》）

在危機意識的反面，軍部擁有以帷幄上奏權、統帥權獨立制、軍部大臣現役武官制爲代表的特權，因此可以看到，軍部除了在這些制度上有特權意識以外、還有作爲天皇直屬機關的軍隊——這種精神上的根深蒂固的特權意識。

對於一直固執地認爲軍隊不受其他任何機關制約的軍部來說，由於大正民主運動對軍部展開了批判，以及以平等主義爲基調的民主主義思想有向軍隊內部滲透的可能性，使得階級制度森嚴的日本軍隊在政治以及精神上的地位都發生了動搖的危險。

其中特別是最受抨擊的，就是軍部大臣的任用資格問題，軍部認爲，如果一旦將任用資格擴大到文官，由政黨人士就任軍部大臣的話，軍隊將不再是國家＝天皇的軍隊，而成爲黨派屬性的軍隊，這必將導致軍隊秩序的崩潰。

總之，正如宇垣一成在日記中所說的那樣，「民主主義是軍隊組織最強有力的溶解劑」（《宇垣一成日記》一），由標榜著民主主義的政黨來統制軍部，成爲軍部最爲警戒的事情。

所以，軍部爲了對抗此事，首先對政黨提出的軍部大臣文官制展開了批判。軍部提出了武官制的根據並主張了其正當性。軍部的主張可分爲極力主張武官制優點的積極觀點和指出文官制缺點的消極觀點。前者的內容是統帥權神聖論以及軍部大臣專家論，而後者的內容則是文官恰當論。

隨著軍部開始捲土重來，批判軍部的政黨之間，因其策略相互糾纏，步伐變得雜亂不堪，於是一系列軍制改革案到了最後也只得妥協。政黨政治針對軍部的政策，即便是在最有力的時期，也會自亂陣腳，這就給了軍部進一步反攻的機會。

特別是和構建總體戰體制有重要關係的是，在這一系列批判軍部與軍部捲土重來的策略對立之中，包括退役軍人也認爲，軍部和政黨、或者國民相對立的狀況，已經成爲構建總體戰體制中的決定性障礙。

因此，出現了很多爲了能夠適應總體戰階段，應該大力推進軍事裝備的近代化以及加強並改善國民意識的主張。這些主張透過各種各樣的出版物以及演講等媒介，鋪天蓋地地直接湧向了國民。最初擔起此任的是頂替了軍部內被限制活動的現役將校職位的退役軍人們。

對軍隊近代化的摸索

的確從應對總體戰階段的角度來看，不管是軍事裝備、軍隊編制、還是兵站部門等方面，日本的軍隊都只不過是一支保持舊態的軍隊。所以，特別是陸軍在第一次世界大戰中，從寺內正毅內閣（一九一六年五月成立）時期開始，就開始實施以改良兵器和修改特科編制爲中心的軍事裝備充實計畫。在十八年的時間裡，爲這個計畫持續投入了一億二千七百八十萬日圓經費和五千五百二十六萬日圓臨時費用。

另外，繼寺內內閣之後，在原敬內閣（一九一八年八月成立）時期，又擴張了航空部隊、氣球部隊的獨立、新設了陸軍省航空課程、開設航空學校、設置陸軍航空部隊以及工兵學校等，尤其是以充實空軍戰鬥力爲著力點，推出了一系列軍隊近代化的策略。

但是，在一九二〇年階段，包括近衛師團在內，日本陸軍的總體規模是二十一個師團（二十七萬三千一百七十五名），其每年僅維持費用就需要一億日圓以上。所以，在開發整備近代兵器方面，一直沒有能夠投入足夠的經費。

因此，與歐美諸國的軍事裝備相比，一定是相形見絀的。

比如，從軍事裝備近代化的重點目標航空戰鬥力來看，日本陸軍不過擁有九個中隊大約二百架飛機（海軍擁有一百架左右），而英國則有一千六百架、法國有二千架、美國有一千三百五十架飛機。而且不只是數量方面的問題，型號的新舊、機體的整備技術、駕駛人員的熟練程度等都明顯表現出了本質上的差距。

爲了能夠創造出適應總體戰階段的軍事力量，從根本上引導國民對軍事近代化的支持、透過提高工業生產能力大量生產供給軍需用品、開發近代武器、調整生產系統等等，這些都成爲當務之急的事情。

立足於此觀點，只有極少數人能夠明確地認識到實施軍備充實計畫才是軍部本應實現的目標。這極少數人中的一個，就是當時任參謀本部第一部長之職，頗受田中義一信賴的宇垣一成。

第一次世界大戰中，宇垣在自己的日記裡就今後的軍制改革問題，總結出了三點：對國民進行軍事薰陶、促進產業軍事化、對軍部內進行調整（《宇垣一成日記》I）。另外，一九一八年，對於總體戰階段，他寫道：「無論是軍隊國民化還是國民軍隊化，基於現狀，都是緊要的事情。」宇垣的這個總體戰思想，忠實地再現了田中的思想。在此，透過田中—宇垣一線，在一九二〇年以後軍隊開始嘗試著向能夠對應總體戰的軍隊進行轉變。

在此過程中，陸軍內部尋求軍制改革的行動也變得活躍起來了。特別是透過出版物，提出改造陸軍計畫方案的軍隊相關人士，變得引人注目。

在主要出版物之中，有陸軍步兵中尉—中尾龍夫的《限制軍備與改造陸軍》。中尾龍夫提出可透過限制軍備、整理軍備來達到獲取軍事近代化費用的目的。還有橋本勝太郎的《經濟上軍備的改造》則認爲，國防是軍人專管事項的時代已經結束，現在國防已經成爲一般國民應該承擔的事項。橋本特別從總體戰的戰爭形態出發，將其稱爲「國民戰爭」。

此外還有陸軍中將—佐藤鋼次郎在《軍隊和社會問題》中提出，軍隊目前爲止讓人感到與社會隔絕，因此有必要透過它的合理化、社會化，讓軍隊在一般社會中獲得其存在的正當性與權威性。陸軍大佐—小林順一郎的《陸軍的根本改造》則認爲，對陸軍進行根本性的改造，不僅僅是陸軍自身的問題，而是全體國民的課題。

事已至此，陸軍中樞部已經不能忽視這些輿論和有關人士的強烈要求。

所以，作爲陸軍裁軍政策的第一炮，時任加藤友三郎內閣（一九二二年六月成立）陸軍大臣的山梨半造實施了兩次裁軍。但是，山梨的裁軍是以整理軍隊編制爲中心進行的，並完全沒有削減常設師團，將本該成立的五個師團替換成了推進機關槍、野戰重炮、飛機等兵器的近代化。所以山梨的裁軍政策與財政整理是完全不相干的。

因此這個政策並沒有得到輿論的認可，各方面對它的評價一致認爲「這次所謂的裁軍只是整理而不是縮小」（⊕《週刊朝日》一九二四年九月六日）。陸軍則不滿足於這樣中途而廢的軍制改革，爲構建能夠適應總體戰階段的軍事力量，不可避免地需要大膽削減龐大的常設師團這種言論，又變得活躍起來了。

比如，當時陸軍航空部高級部員小磯國昭（之後成爲首相）認爲，爲籌措出擴張航空戰鬥力的費用，有必要削減四個師團（小磯《葛山鴻瓜》）。另外，在第一次世界大戰中從軍於法國軍隊，一九二三年時任陸軍省軍務局航空課長的四王天延孝，著眼於空軍戰鬥力價值的重要性，主張爲了大規模擴充航空力量、研究新型兵器，應該有削減七個師團也在所不惜的覺悟。（四王天延孝《四王天延孝回憶錄》）。

至此陸軍內部的革新派基本達成了，透過堅決實施比較徹底的裁軍政策以實現軍事近代化目標的一致見解。受此影響，出任清浦奎吾內閣（一九二四年一月成立）陸軍大臣的宇垣一成雖然堅決實施裁軍，實際上也只削減了四個師團。

可以認爲小磯、四王天、宇垣等革新派的行爲，直接或間接地吸取了田中的意向。後來宇垣出任繼清浦內閣之後成立的加藤高明護憲三派聯立內閣（一九二四年六月成立）的陸軍大臣，他認爲實行軍備縮減政策會使得政黨的勢力得以擴張，這必會招致軍部內的反對，但即便如此，爲了呼應加藤內閣提出的行政、財政的整理政策，裁軍也是不可避免的。

宇垣在日記裡寫道：「無論如何，不能爲了度過目前這一關而將理想置之度外。不僅如此，要將這些作爲主要部分，拿出相當的敬意和適度的誠意來對待。」（《宇垣一成日記》Ⅰ）宇垣作爲陸軍大臣，他認爲雖然裁減軍備是不可避免的，但其主導權無論如何不能落在政黨手中，裁減軍備必須要在陸軍的主導下方可實行。

一九二三（大正十二）年八月，宇垣制定了《陸軍改革私案》。將其歸納爲以下三點（以下來源於國立國會圖書館憲政資料室藏《宇垣一成文書》）。

一、做足無論是短期戰爭，還是長期戰爭均可勝任的準備。

二、建造無論是一部分的軍隊戰，還是全民皆兵的舉國戰，都可使用的設施。

三、即便是以武力決戰爲主，也應做好經濟戰的準備。

在其後的《改革綱領》中，他還加入了「應該進行無論有形無形全方面的國家總動員」一項，由此可以明確地看到宇垣是將所構想的裁減軍備定位在國家總動員構想的框架之中。

宇垣的改革私案最終透過一九二五（大正十四）年五月裁軍行動得以實現了。其內容包括取消第十三師團（高田）、第十五師團（豐橋）、第十七師團（岡山）、第十八師團（久留米）這四個師團等，對三萬八千八百九十四名士兵進行整理，在一九二五年預算當中，平時費用和臨時會計費用合計節省出一千二百九十五萬日圓。

但是，雖然實施了裁軍的同時，一個總額高達一億四千一百二十六萬日圓的全新擴軍計畫卻得到立案。這是一個從一九二五到一九三二年的八年長期計畫，透過此計畫將實現軍事裝備的近代化。的確，名副其實的削減四個師團，無疑是日本軍隊創始以來最大規模的裁軍，但是，與山梨的裁軍一樣，都是希望透過削減常備師團以達到軍事裝備近代化的目的。

雖然增強火力和整備航空力量是重點，但是對於在總體戰中擁有壓倒性火力的重要性，陸軍全體的認識依然不足。

比如，關於這一點，小林順一郎認爲：「火力戰鬥的勝敗直接關係到軍隊的勝敗，隨著科學工藝的進步發展，不得不說這個責任逐漸轉移到作爲火器擁有最大威力的炮兵身上，是個必然的趨勢。」（小林順一郎前引書）另外，就火力戰鬥的比重又上升一個層次的現狀，日本陸軍則直截了當地說：「對於只有肉體的步兵來說，在此極其猛烈的火力之下，要求其既成爲決戰的主體，又成爲火力戰的主體，是不可能的事情，這就是讓國民去白白送死。」（同前）

受到田中意向影響的軍內革新派的宇垣，大膽實施了裁軍政策，其目的是爲了應對各政黨提出的透過裁軍來整理財政的要求，顯示出回應了國內外裁軍趨勢的姿態。同時再巧妙地利用這次裁軍，透過削減常備兵員和強化兵備，達到推進陸海兩軍整體的合理化和近代化的目的。

但是，我們難以斷言裝備近代化在質和量上都取得了成功。在軍隊的合理化、近代化這一方面，如何確保戰時的動員兵力、補充有能力的將校和下士官這些困難，依然沒有能夠得到充分解決。雖然實施了三次裁軍，但結果還是在軍隊近代化方面遺留下了很多未能解決的課題。

軍隊內部圍繞宇垣裁軍的對立

對於宇垣裁軍，軍隊內部逐漸呈現出激烈的反對意見。這些意見包括如何推進軍隊近代化的方法問題，另外也表現出在對構建總體戰體制的方法和時期的反對上。宇垣在裁軍結束後的第五十次帝國議會上，在說明陸軍管轄的預算概要時，他將作爲總體戰的第一次世界大戰，進行了如下概括。

> 第一、與之前相比，在戰爭中對科學，尤其是對機械的運用程度都大爲增加。第二、戰爭規模普遍變大，並帶有持久性，成爲所謂的國家總動員，即在戰爭中傾注一個國家的全部智慧和能力。這一點給國防基礎建設帶來了很大的變化。（宇垣一成〈策應國家總動員的帝國陸軍新設施〉；辻村楠造監修，《國家總動員的意義》）

宇垣強調了裁軍是總體戰的對應策略。宇垣這種總體戰理論可以說是忠實地繼承了田中的觀點。正如宇垣預想的那樣，總體來說，議會和政黨有關人士大都善意地理解了這個觀點，要求裁軍的呼聲，暫時平息了下來。

但是，宇垣曾不顧陸軍內部的反對，強行削減了四個師團，這也成爲以宇垣爲中心的，主張透過裁軍來構建總體戰體制派與反對此方案勢力對立加深的契機。

雙方爭論焦點之一就是應該大量保有常備師團，還是應該在平時將師團極力維持在少數且精銳化這個問題上。與此相關，宇垣在第五十一次帝國議會（一九二五年十二月—一九二六年三月）的衆議院上，對削減四個師團的理由進行了說明。

軍隊是精銳之師並且兵力強大是我們的理想。但是國家財政有限，軍隊建設與國家財政二者不可兼得，毫無疑問，將軍隊精銳化是勢在必行的。

（《大日本帝國議會志》第十六卷）

由此看來，之前的擴大戰時動員兵力的志向有所後退，有人主張根據日本的國情，爲了創造出能夠適應總體戰階段的軍事力量，有必要暫且推進軍備的近代化，並放棄保有大量的常備師團。這是以宇垣爲中心的裁軍推進派＝軍制改革派的共通認識。

對於這種觀點，軍隊內部存在著跟宇垣的師團削減方針完全相反的論調。比如，宇垣裁軍的削減對象，第十五師團的師團長田中國重中將在一九二四（大正十三）年七月二十九日給上原勇作元帥的信中，批評了宇垣裁軍。

雖然不是堅持不同意軍備整理，但我覺得有必要避免發生，只是爲了迎合民心，陸軍就自己積極地進行裁軍，縮短兵役年限、減少師團等諸如此類的事情。不難想像，如果削減一個師團，反對軍備者就會要求削減第二個，削減了第二個，就會要求削減第三個。換言之，現在的日本退讓一步就是退讓百步的開始，有必要對此銘刻在心。如減少師團這種對陸軍加以斧正之事，會影響國民志氣，降低國民的國防思想，不言而喻，這無形中會造成國防上的一大缺陷。（上原勇作有關文書研究會編，《上原勇作文書》）

可以說，田中國重屬於上原一派。這一派主張應該保有大量常備師團，他們是軍內的保守派人物。田中國重見解的根據是，日本欠缺自給自足的能力，所以以長期戰鬥爲前提的作戰構想，本身就是不合情理的，如果不採用以保有大量常備師團爲基礎的短期決戰爲作戰方案的話，那麼勝敗的結果將令人擔心。

在日本的工業生產能力水準較低這一點上，宇垣與田中國重認識是相同的。因此，應該優先培養能夠承受長期戰鬥的國力，還是與之相反，從最初開始，就採取短期決戰型的軍事力量至上主義的立場，在這一點上，宇垣與田中產生了分歧。

在陸軍內部，還有一些軍官反覆批評宇垣的裁軍論，並提出步兵萬能論，或者精神威力偏重論。比如，在宇垣實施裁軍的時候，作爲軍事參議官，反對宇垣路線的福田雅太郎大將說：「戰爭的根本是人。無論機械如何精良，將人替換爲機械，減少人員都是錯誤的。」（黑坂勝美《福田大將傳》）

福田大將說的「人」必然是指「軍人」。這與田中義一、宇垣的想法是完全相反的。田中和宇垣一直提倡國防不單單是軍人的工作，國防的主體是國民，應該促進全民皆兵主義的徹底實施，以實現「國民軍隊化」，或者「軍隊國民化」。

在陸軍內部，以參謀本部爲中心，很多擔任作戰分析工作的相關人士也持有這樣的步兵萬能論或者說精神威力偏重論。調查報告書《關於交戰諸國的陸軍》紀錄了第一次世界大戰參戰諸國國內體制的實際狀態，在該報告書中寫道：「不得不說只信賴我國民精神力量的優越性並按此來制定編制、教育訓練等諸多制度是危險的。」（第四版，第二十五頁）但是，擔任作戰分析工作的相關人士沒有充分理解此內容。

所以，在主張擴充空軍戰鬥力的陸軍改革派中，田中義一的後繼者之一，小磯國昭必須反覆提倡以下主張。

> 未來的戰爭是科學的戰爭。而且毋庸置疑，其戰爭淒慘暴虐之極，超乎我等想像。如此一說，不知各位讀者會有何反應。試問「什麼是科學的戰爭！就是我們的大和魂！」，擁有大和魂的人吸入毒性瓦斯就不會死嗎？

被燃燒彈擊中也不會燒起來嗎？目前已經不能只依靠肉體了。不能只依靠大和魂的世界到來。（小磯國昭・武者金吾《航空的現狀和將來》）

雖然在陸軍內部的確存在這樣的意見，但是即使是到了亞洲太平洋戰爭時期，一直也沒有建立起步兵應對炮兵作戰的充分對策。所以，步兵戰鬥依舊是以肉體攻擊爲中心。

所以當碰到具有壓倒性火力的敵人時，頂多只能採用「夜間運動戰和夜襲」（《西伯利亞密秘日記》，一九二七年第二冊）的戰術，這也是後來被迫使用日本式的「萬歲突擊」這一特殊戰法的原因之一。

在匆匆忙忙構建總體戰體制的背景之下，由於日本工業生產能力低下、軍隊內部圍繞著如何用兵作戰，還存在對立等各式各樣的原因，雖然逐個設置了一些國家總動員機構，但構建總體戰體制的步伐依然沒有直接性的進展。

應對總體戰機構的設置與變遷

到了一九二〇年代，所謂的應對總體戰機構被反覆設置和取消。一九二〇（大正九）年五月十五日，新設置的國勢院作爲軍需工業動員的中央統治機構開始發揮作用。國勢院添加了軍需局沒有的「關於工業動員法施行的管轄事務」和「調查軍需工業復員事務」這兩個新業務。

國勢院屬於內閣總理大臣管理，總裁由專職人員擔任。政友會總務委員小川平吉出任實質上的最高責任人的總裁一職，由牛塚虎太郎擔任第一部長，原象一郎出任第二部長。此外，在軍需局，陸海兩軍的次官依然是軍需次官，但是在國勢院，其參與的身分地位就降低了。

關於設置國勢院，原敬內閣於同年八月二十七日發表了敕令（第三四二號），內容是：「內閣總理大臣發布就統轄需工業動員法施行事項發布的必要命令，可對各有關部門進行命令指揮。」這道命令是，政黨以及官僚強烈希望將陸軍主導的軍需動員計畫奪回到手中的一個象徵。給予首相動員計畫的指揮命令權，意在強化首相的許可權。

國勢院是爲了構建田中設想的「全國動員」體制，構想出來的由政府、官僚、還有軍部組成的一體化的組織。從這個角度來看，它被設置爲掌管總動員的中央機構。雖然圍繞總動員的主導權，三者交錯在一起時有權利之爭，但是田中設想的成立一個能動用舉國家之力的總動員機關這個概念，暫且得到了實現。

但是，一九二二（大正十一）年十月三十日，國勢院又被取消了。表面上的理由是，第一次世界大戰後，國際反戰和平形勢高漲，加之一九二一（大正十）年十一月十二日召開的華盛頓海軍裁軍會議（一九二二年二月六日閉幕），國際輿論方面要求縮減軍備、國內則作爲財政緊縮政策的一個環節，成爲歷代內閣懸而未解的課題。所以取消國勢院的原因是因爲輿論要求政府整理財政。

作爲財政整理的一個環節，政府對取消國勢院進行了說明。就連看似積極推動構建能夠應對總體戰國家的陸軍，也沒有對此措施進行抵抗。

陸軍之所以沒有進行抵抗，是出於以下判斷。首先，從國際形勢來看，近幾年內發生總體戰的可能性極低。其次，雖然取消了國勢院，但是作爲工業動員機構，兵器局工政課正逐漸步入正軌，從一九二〇年開始，工業動員計畫也按照計畫有序進行。所以陸軍認爲單憑自己也能夠繼續進行工業動員方面的業務。

另外再加上國際和平運動的原因，陸軍內部未必都能夠切身感受到構建國家總動員體制的必要性，對總體戰的認識也不夠徹底。

此後，在一段時間內，雖然國家總動員機構的設置被暫時擱置，但是在陸軍內部，依然堅定不移地繼續實施著工業動員計畫。

一九二六（大正十五）年十月一日，繼兵器局工政課之後，又設置了整備局。有人提出不僅要進行軍需動員，還應該立足於廣泛動員概念，設置包括所謂國家總動員的國民動員在內的國防會議。

經過這樣的討論，當田中就任首相之後，於五月二十六日設置了作爲國家總動員機構的資源局。

資源局作爲準備統制、運用總動員資源的中央統轄機構及諮詢機構，設置在內閣總理大臣的管理之下。到目前爲止，建設田中義一反覆提倡的能夠應對總體戰的國家機構，已經初步有了眉目。

宇佐見勝夫（總裁）、松井春生（總務、企劃課長）、植村甲午郎（調查課長）、宮島信夫（設施課長）等官僚佔據了資源局的主要部門，在資源局二十七名職員當中，有十一人是陸海兩軍的現職武官作爲專職職員兼任資源局事務官。

這無疑是一個官僚主導的動員機構，其中軍事官僚也佔到將近半數，構成了政、官、軍三者聯合的形態。從這個角度來看，這個機構具有綜合性國家總動員機構的性質與內容。

資源局作爲文官型的國家機構，卻由陸軍軍務局長——阿倍信行（之後成爲首相）、陸軍整備局長——松木直亮、海軍軍務局長——左近寺司政三人作爲顧問，參與了資源局的計畫，這表明了第一次世界大戰以來，作爲國家戰略，軍部一直主張的以構建總體戰體制爲目標的國家總動員構想，在制度上基本上得以穩定。在田中義一掌握政權的這一年出現這樣局面的意義是非常重大的。

也就是說，軍部已經具備了合法干預政治的條件，並且該時期的首相是陸軍出身，又是那個率先提出要構建總體戰國家的田中義一，所以這絕不是一系列的偶然。

資源局在同年九月二十九日，制定了題爲《關於資源的統制運用準備設施》文件。在這個檔案中，將資源定位爲「國力之源泉」，並且認爲「資源的範圍極其廣泛，包括了一切人力物力、有形無形的、有助於發展國力所必須的事物」（防衛省防衛研究所戰史部圖書館藏，《甲輯第四類‧永存書類》一九二八年），強調了出於國防目的，需要從平時就開始構建資源管理體制的重要性。

在設置國勢院之時，透過迴避了當時懸而未決的這樣做，有可能會干涉各部門許可權的問題，作爲各部門總動員業務的調整統一機構，獲得了一定的許可權。另外，作爲顧問參與了資源局計畫的陸軍省軍務局長松木直亮，曾這樣闡述國家總動員的意義。

國民戰爭之時，傾舉國之力，一事一物均一絲不苟地進行有效統制，即統制分配國家的總體機能及資源，這一方面能有助於國民生活，另一方面又豐富了戰爭所必須的資源。（辻村楠造監修，《國家總動員的意義》）

從此我們可以明確看到這樣的認識，國家總動員鞏固了國家的基礎，與平日裡的行政沒有任何差異。正因爲是國家總動員體制，才能讓戰時行政也能發揮出和平時沒有區別的作用。換言之，可以看做這是有意要取消平時行政與戰時行政之間的分割線。

謀求軍產聯合

田中由原敬內閣的陸軍大臣，成爲軍事參議官，後轉入政界出任政友會總裁的時期，也正是大正民主運動高昂的時期。因此田中等人構想以及擴充總體戰機構的做法也因此受到了反對。

以第一次世界大戰爲契機，成爲國際潮流的民主主義對日本也產生了巨大的影響，在日本國內對自由主義和民主主義的關心急速高漲，同時，也帶來了反戰和平思想的呼聲。日本國內對軍國主義和軍隊的批判與責難也在一時之間變得強烈起來。

在這種時代背景之下，試圖強行構建能夠應對總體戰軍事裝備一事是極其困難的。這不僅在財政上是一個大問題，輿論方面對這件事的態度也可以說是非常嚴厲。

爲了實現軍事近代化，經田中的直系，即宇垣一成陸軍大臣之手，果斷削減了四個師團。其代表事件就是建設空軍的構想。在裁軍過程中，航空兵科獨立出來，航空部、飛行大隊分別發展改組爲了航空本部和飛行連隊。並且增設了二個飛行連隊，還特別將其中的一個連隊設置爲轟炸機連隊。

其間，主導航空兵科獨立的軍人是田中直系的井上幾太郎（陸軍士官四期），以及田中國重、磯村年大將。田中、宇垣、井上三者之間在軍部的關係可以追溯至一九一一（明治四十四）年，那時田中義一即將出任軍務局長。根據井上的說法，田中和井上開始整理航空行政，是田中就任原敬內閣陸軍大臣之後的事情。

從第一次世界大戰的狀況來看，日本空軍的力量與歐美相比，差距格外明顯，田中在此時期對這種情況表示了擔憂。因此，田中一就任陸相，就將宇品港的運輸本部長井上招進了陸軍省，來研討如何確立制度、制定和空軍有關的政策等方針。

一九一八（大正七）年，設立了臨時航空技術練習委員會，根據田中的命令，井上就任委員長。這個委員會雖然是爲了將法國的航空技術應用於日本而設置的調節機構，但該委員會的所有一切經費支出，均按照田中的指示，出自西伯利亞出兵的臨時軍費。對於這個機構，田中毫不吝嗇地給予了大力支持。（井上幾太郎刊行會編，《井上幾太郎傳》）

另外，作爲陸軍大臣的直屬機構，田中和井上於一九一九年，設立了航空部（井上任本部長），小磯國昭（後首相）、堀丈夫（後第一師團長）就任於這個部門。這幾個都是田中一派的直系人物。

經由田中之手陸軍的航空部門逐步得到了整備，其中應該關注的是，一九一九年十二月，陸軍將軍用機的製造轉移到了中島、三菱、川崎、石川島等地。執行這個指揮的是時任陸軍航空本部長一職的井上，當然，井上之所以這麼做是受到了田中的指示。

井上在早些時候就曾打算將軍用機的製造委託於民間，其中井上最期待的就是中島知久平的中島飛機。中島原本是海軍軍人，從在任之時，就意識到進入總體戰階段的話，有必要增加航空戰鬥力的比重，並且提出在海軍內部應該確定航空戰略的意見。

但是，大艦巨炮主義色彩濃厚的海軍並沒有充分意識到這一點，中島退伍之後，竭盡全力培養民間的航空產業。陸軍內對此持支持態度的是井上、田中等人，而海軍內認識到航空戰鬥力重要性的則是鈴木貫太郎（後首相）等一群人。

中島等民間人士開始生產飛機後，陸軍爲其提供了一百二十馬力的引擎，中島以此作爲參考，最終製造出了中島式飛機。

田中的總體戰論

在此再次對田中的總體戰理論進行整理。在鄉軍人會和青年團組織成立時，田中的發言中多次提及的是我們已經接觸到的田中總體戰理論。在此，還可引用題爲《國家總動員的要素和軍事訓練的意義》的田中的演講稿，以下是其中的一部分。

> 國防不單意味著戰爭，在經濟產業和國民教育中，國防也是不可或缺的。所以，不該只讓軍人去討論國防。全體國民都應該將國防視爲己任，進行討論。只有意識到國防不單是指兵器彈藥，拿起鋤頭鐵鍬也可以作爲國防用具，握起槳櫓也可以成爲國防用具，才能說大家徹底明白了國家總動員的意義。（辻村楠造監修，《國家總動員的意義》）

田中所說的構建總體戰國家的條件，是指無論職業、身分、立場如何，只有心懷以「國防」（國家防衛）爲依歸的姿態，才能構成「國家總動員體制」的基礎。所以，組織團體也好、個人也好，其行爲和行動以各種形勢對國防做出貢獻才是最重要的。

田中所謂的總體戰理論，歸根究柢就是將各個團體、組織、個人都集中在國防這一點上，別無其他。關於此點，田中還有如下的記述。

國家總動員的要素不只是軍事，與農業、工業、教育、技術、運輸、交通、地方行政等其他方面都有關係。我們無論如何都應該達到此目的，從國防及國家總動員的角度出發，努力奮鬥，各司其職，使國家向著興隆發展的方向邁進。（同上）

正如上文所述，田中將總體戰定位爲國家所有力量的總和，即農業力量、工業力量、教育力量、技術力量和運輸力量等。不用說，這樣的解釋方法並不是田中特有的理論。

只是當時剛剛開始切實地設置國家總動員機構，田中不斷反覆強調，總體戰並不僅僅限定於軍事，對非軍事領域來說，這也是一個有密切關係的課題。田中的觀點是一個簡單明瞭的理論。

在確保大量精銳兵力、或者說配備能夠適應總體戰的近代兵器這個課題之上，田中認爲非軍事領域的各個力量的總和才是決定總體戰勝敗的重要因素。所以在田中看來，歸根究柢，不可避免地需要在日本的政治上，創造出能夠適應總體戰的「政治」或「政治體制」。

田中以陸軍大將的身分，出任政友會總裁以及內閣總理大臣。我們認爲他出任這些職務的動機，就是前面提到的想要構建出一個能夠應對總體戰政治體制。如果是出於這個原因的話，對於田中來說，軍事和政治並不存在分界線，讓二者互相融合成爲恆常化，才是理所應當的。

軍事對政治的干涉，或者說軍部奪取政治權力的歷史背景，毫無疑問就是因爲有這個打算構建總體戰體制這個課題。所以，軍事和政治，甚至經濟、教育等諸領域的一體化、一元化是極其自然，而且是必然的結果。

因此，由此誕生出來的總體戰體制，並不是應對總體戰的臨時避難性的體制，而是即便在平時也一直努力朝著一個總體發展的「政治體制」。

換言之，總體戰體制同時也是政治體制，我們可以理解爲這是日本型政治的本質。所以由此而誕生的政治體制與其說是總體戰體制，不如說是透過「總體戰社會」的形式，引導著國民向這個方向發展。另外，只要構成總體戰社會的成員，平時本著能夠應對總體戰的意識和精神、組織、團體以及企業也肩負著對總體戰能夠做出貢獻的期待，那它們的社會身分以及階級性就是沒有任何差異的。即這種社會構建了某種平等性，從這一點看，總體戰社會也算是一個平等社會。

當然，即便田中自身並沒有將總體戰理論解釋爲我們前面論述的內容，但其理論的結果不就是構建一個平等社會，而與這個平等社會表裡一體的則是小到總體戰體制，大到總體戰社會。

關於這一點，田中曾經將軍隊教育與國民連結在一起，下面的文字記述了此兩者相互之間的關係。

當今的所謂軍隊教育，不僅僅是軍隊培養軍人的技能；換言之，培養良兵是爲了培養良民，軍隊將進而成爲感化此招募區的人們，讓他們變得善良的一個機關。（中略）所謂全民皆兵的制度就是國防不僅僅由軍隊承擔，而是掌握在全體國民手中。國防成爲國民必須負擔的事物，其中一部分國民作爲代表加入軍隊，因此，從國防上說，軍隊是國民的學校。（《皆行社記事》第四百三十三期附錄，一九一一年十一月）

前面已經提到，田中堅信「良兵即良民」，在「軍隊是國民的學校」這句話中就已經體現出田中的這種觀點。同時，他也主張在「軍隊教育」之中推展軍事和教育的一體化，以便建立起總體戰社會。

另外，田中也對第一次世界大戰做了如下概括。以下摘自一九二一（大正十）年八月的演講。

此次的大戰，可以說是科學的戰爭。雖然此時戰事已熄，國際聯盟得以新立，普遍熱切盼望和平，但世界上的國際競爭並未因此而消失。所以，不能將國防等閒視之，鑑於大戰經驗，我相信今後一定會更進一步加強對兵

器的研究。（田中義一《出自大處高處》）

此處田中論述了對第一次世界大戰的基本認識。第一個要點，明確指出這是「科學的戰爭」，所以爲了迎接「科學的戰爭」，已經到了需要全面動員的時代了；第二個要點，他指出，在國際上的和平浪潮之中，依然存在國際競爭主義再次膨脹的可能性。

也就是說，田中不僅充分認識到第一次世界大戰進入總體戰階段，也認識到：未來的總體戰將是前所未有的現代戰，而且現在已經進入了新的總體戰的準備階段。田中將其稱爲「國際競爭主義」。

田中一方面對大戰後出現的國際聯盟所象徵的國際反戰和平思潮給予了一定程度的評價，另一方面也闡述了自己冷靜的見解。

大戰之後，和平論的高漲爲歷史規律。慘絕人寰的歐洲大戰之後，詛咒戰爭、厭棄軍備，都是可以預期到的戰爭的反作用，今日的反軍備熱即由此而生，故不足以過分驚訝，然務須防其發展至極端，此爲政者之任務。（同上）

綜上所述，田中以第一次世界大戰爲界線，對正式登上歷史舞臺的民主運動和總體戰理論同時做出了判斷，更確切地說，田中試圖乘著民主運動之潮流，將日本社會順利地改造成總體戰社會。這就是田中認爲的「爲政者之任務」。

第八章 總體戰事體制下的政黨政治

揭開政黨內閣時代的序幕

隨著原敬政友會內閣的成立，揭開了政黨內閣時代的序幕，這也是大正民主運動的一大成果。

政黨內閣阻止了軍閥、官僚所主導的政治營運，為民眾參與政治提供了巨大的機會和可能性。同時，由於政黨內閣是以議會為基礎選舉出來的政治勢力，可以和軍部、官僚等非選出勢力形成對抗，並有望進行政黨勢力佔優勢的政治運營。

說得更具體一點，就是普選運動所象徵的國民對民主化的要求，透過普通選舉法得到了實現。其結果，就是農民勞動黨、勞動農民黨等無產階級政黨相繼成立。即便是以天皇制為權利支柱的軍事機構，也不得不回應民眾的要求，進行宇垣裁軍。民眾開始擁有左右政治的力量了。

雖然憲政會、政友會、革新俱樂部這三個政黨主導的第二次護憲運動使清浦奎吾內閣垮了臺，但在這種政治局面下，日本國內公布了限制民主活動的治安維持法和治安警察法。這樣一來，以政黨政治為中心的日本政治局勢就舉步維艱了。

第二次護憲運動的結果，就是以憲政會總裁加藤高明為中心，成立了護憲三派聯合內閣。就在通過普通選舉法的時候，政黨政治中發生了不可思議的事情。

那就是政黨政治的先驅，曾成立原內閣的政友會，竟然無視自身擁有的眾多優秀黨員，迎立田中義一為政友會總裁。而和護憲三派聯合政府對抗，反對護憲運動的也正是這位非選出勢力的陸軍大將——田中義一。

在犬養毅政友會內閣之前的政黨內閣時代，軍人出身而成爲政黨總裁的也只有田中義一一人而已。

就在要走上「憲政之路」時，爲什麼卻讓一個軍人出身的總裁登場了呢？政友會內部到底發生了什麼事情，那個讓田中成爲總裁的人又對田中給予了怎樣的希望呢？作爲當事人的田中，進入政界又有什麼樣的目的呢？

要回答這一系列的問題，就要從政友會發生改變的背景，以及政黨政治的實際狀況說起。

田中義一內閣成了從大正民主時代到昭和法西斯時代過渡的橋樑，我們不禁要問田中義一內閣在日本政治史上的意義究竟如何？同時，爲什麼民主主義會被法西斯所取代，這也是一個不得不追問的重要課題。

政權形成設想的延長線

稍稍回顧一下，日本憲政史上最初的眞正政黨內閣——原政友會內閣，表面上看也的確是建立在衆議院中掌握多數議席的政友會基礎之上的。

但是，田中義一陸軍大臣率領的陸軍、山縣有朋影響下的官僚勢力和樞密院、還有貴族院中最大的派系——研究會，這些非選出勢力也是原內閣不可或缺的支持基礎。也就是說，原內閣是非選出勢力和選出勢力協調關係後的一個產物。

大正民主主義運動的一個重要成果就是成立了政黨內閣。但這個政權的基礎依然是在天皇權力體制內妥協和協調的產物，並不意味著民衆就此就勝利了。雖然原內閣中除了陸軍大臣、海軍大臣以外的成員，基本上都是政友會的黨員，從這個角度來說是一個政黨內閣，但從支撐內閣的基礎來講，依然沒有擺脫混合內閣的性質。

如果按照政黨內閣原本的意思，只有排除所有非選出勢力的干涉，透過獨立的力量組建內閣，才能稱得上政黨內閣的話，那麼認爲原內閣是一個純粹的政黨內閣，就未必妥當了。

而且，從實質上來說政友會設想的傳統政權和舉國一致路線是比較接近的。田中當選爲政友會總裁的過程不僅暴露出了政友會的性質，也和原內閣的實際狀態有很深的關係。原內閣之所以能夠得以正常運營，主要是依靠以原和山縣爲領袖的兩大政治勢力的支持。原被暗殺後，第二年山縣也去世了。這樣一來，原本平衡的關係開始崩潰。

同時，在原和山縣去世前後，在原政友會內閣時期被排斥在政治權利中心以外的反政友會、反山縣派官僚勢力以及在野黨、憲政會等紛紛提出自己的政治設想，意在奪取下一屆的政權。

這些政治設想當中有舉國一致路線，也有政黨內閣路線。其中以後藤新平爲首的反山縣官僚勢力和薩摩派以及政友會內閣時期的在野黨——革新俱樂部聯合起來，提出舉國一致的口號，大事活動試圖奪取政權。

另一方面，原死後山縣派系的官僚勢力對政友會的支援開始減弱，使得政權工作能力降低，暴露出了政友會政治基礎的薄弱。原的後繼者高橋是清內閣總辭職後，由海軍出身的加藤友三郎出任首相，組建內閣。加藤的政治基礎正是以薩摩派的官僚勢力以及研究會、交友俱樂部為中心的貴族院。加藤之後依然是海軍出身的山本權兵衛來組建內閣。

政友會名義上是協助山本內閣，實際上並沒有加入內閣。所以政友會處於離權利中心越來越遠的狀態。

山本內閣之後，在舉國一致路線的延長線上，由樞密院議長清浦奎吾出任了首相。清浦內閣擺出了明顯排斥政黨政治的姿態。面對如此局面，政友會一度放棄了構建傳統政權的設想，不再提「情投意合」、「舉國一致」的話，轉而回到了「憲政的通常做法」上來，打算透過眞正的政黨政治來組建政黨內閣。

也就是說，政友會放棄了與陸軍、官僚等各個政治勢力合作、聯合的關係，形成了打算只依靠選出勢力來組建政黨內閣的政治設想，並為之著手準備。

因此政友會開始和長年與之對抗的憲政會協作，並以確立政黨政治為目標，開始了第二次護憲運動。二者在打到清浦內閣上統一了步調。

面對民衆確立普通選舉制度、推行健全財政的要求，此時政友會中的實力派人物，也是下任總裁的有力候補者——橫田千之助認為，如果不能回應國民輿論的要求，脫離了廣大群衆的基礎，將來是不可能確立政黨政治。

所以以橫田為中心形成的黨內新勢力=總裁派，不顧堅持傳統政權設想的床次二郎等人的強烈反對，和憲政會、革新俱樂部結成了護憲三派聯合，以期強化政黨間的合作關係。

由於政友會內部的對立，反對總裁派的床次等一百四十九人退出了政友會。這使得政友會減少了一百二十九個議席。同時，在清浦內閣實施的總選舉中又丟失了二十四個議席。和政友會的一蹶不振相比，憲政會增加了四十八個議席，最終獲得一百五十一個議席，一舉擴大了其政治影響力。

一九二四（大正十三）年六月七日，以憲政會總裁爲首的加藤高明成功組閣，這就是護憲三派聯合內閣。然而主要內閣成員都是憲政會的黨員，政友會不斷向憲政會妥協，爲維持黨勢已經耗盡了精力。

雖然名義上是護憲三派聯合內閣，但實際上從一開始就是在憲政會主導下運營的內閣。

確立普通選舉制度和對貴族院進行改革是橫田等政友會的幹部們提出的主張，也因他們努力奔走獲得了輿論的認可。當然憲政會表示認可這個主張，而不說這是政友會提出的主張。

正當政友會內部陷入極度焦躁之時，黨內新勢力的領導者——橫田因病去世（一九二五年二月）。高橋是新總裁也感到政友會的營運已到極限，所以毅然辭去了總裁之職。這樣一來，政友會的幹部們就需要在橫田、高橋之後尋找政友會新總裁的人選了。

下任總裁的人事問題，關係著到底是繼承現在的政友會路線呢？還是再設計新的路線？這樣的路線選擇問題。所以選擇總裁人選是決定著政友會未來方向的重要問題。

換言之，就是繼續發展橫田提出的政黨內閣路線呢，還是回到原曾經的和非選出勢力相互合作的路上去，繼續走「情投意合」甚至是「舉國一致」的路線呢。決定了候補人選，就相當於決定了今後的路線。將田中義一作爲繼任總裁有力候補這件事，也就說明政友會已經決定了將來的發展方向。

是誰舉薦了田中？

政友會內部擁立田中的經過不太清楚。高橋總裁原本認爲下任總裁按照常情，自然是提出了政黨內閣路線的黨內最大的實力派人物——橫田。但是，高橋總裁沒有積極發言爭取，黨內同意高橋意見的人並非多數。加上橫田過世，事實上，主張政黨內閣的人中已經不可能推舉出能夠擔當總裁職務的人選，迎立黨外人士來當總裁的辦法自然就浮出水面。

在政友會內部，以小泉策太郎爲代表的幹部們認爲，爲了再次建立將來的政治基礎，同時也和憲政會的政黨內閣路線劃清關係，政友會有必要回到傳統的政權設想上去。也就是透過和非選出勢力的聯合來擴大政友會的勢力，進而掌握主導權。

不斷和小泉聯繫，並爲了擁立田中而和陸軍接觸，積極活動的是田中的政治資金提供者——久原房之助（久原礦業株式會社創立者）。

那麼，他們讓田中做政友會的總裁，是希望達到什麼目的呢？這應該比誰擁立田中當總裁更為重要。

政友會的創立者，同時也是第一代總裁是伊藤博文，伊藤之後第二代總裁是西園寺公望。山縣去世後，西園寺公望做為準元老，在政界擁有莫大的發言權，是個有實權的太上皇。在政友會總裁由誰繼任的問題上，西園寺公望在和松本剛吉面談時說：「今後，這個政黨如果能有合適的首領，倒也就罷了。從現在的狀況來看，即使出現混合內閣也是無可奈何的事。橫田連你也沒告訴，田中好像也有不妨棄軍從政的想法。」（《大正民主主義時期的政治，松本剛吉政治日記》一九二五年三月三日）

由此可以看出，政友會認為和陸軍、官僚勢力等非選出勢力合作，更有利於他們獲得政權。

西園寺公望還說「此前也有過田中等當總理之類的說法，這是必須要小心的。關於田中有種種不好的傳聞。比如說田中和後藤混在一起，還有說西原依附於田中，勝田也跟著田中，久原藏在田中的背後等等，這些都是需要注意的。」（《大正民主主義時期的政治，松本剛吉政治日記》一九二五年三月三日）。從西園寺的話中也可以看出，他對於追捧田中的那幫人抱有警惕態度，而且對田中就任總裁，以及他做未來的執政者是否合適，都給出了警告。

在西園寺看來，想從沒有強力領導者的政友會中選出總裁來是非常困難的。不如利用這個機會，取代以貴族院爲主要基礎的清浦內閣，奪回政權。爲此，政友會有必要取得陸軍的支持，建立一個具有混合性質的政權。

所謂混合內閣，從字面上來解釋的話，就是既不是像清浦那樣完全沒有議會的基礎，站在議會對立的「超凡」內閣，也不是憲政會那樣純粹走政黨政治路線的「中間」內閣。

從這個意義上說，西園寺對曾在寺內正毅「超凡」內閣中活躍一時的西原龜三、勝田主計，後藤新平等圍繞在田中身邊的人物抱有警惕之心。

事實上，加上山下龜三郎（後山下汽船社長），福原俟（貴族院研究會常務）等這些田中身邊的人，在內政上提出要產業興國的口號，主要是積極擴大財政和地方預算規模；在外交上則主張修正重視歐美的路線，積極入侵中國的滿洲地區。他們把這些主張的實現寄託在了田中身上。對於在外交上基本堅持重視歐美路線的西園寺而言，田中身邊的這些人，無疑會讓他感到不安。

另外一個問題是田中自身的因素造成的。此時的田中是現役陸軍大將。即便田中退役後進入政界，對於山縣死後的陸軍，他依然擁有很大的影響力。同時，在鄉軍人會和青年團也都是田中一手扶植起來的，那麼田中就擁有能夠控制民間軍事組織的危險。

換言之，本該是以議會勢力爲政治基礎的政黨領袖，此時卻要把一直排斥政黨政治的在鄉軍人會和青年團組織當做有力的支持基礎。而且這是任何人都能充分預測到的事。

正力松太郎（讀賣新聞社長）曾向横田詢問有無擁立田中的可能性。横田回答說：「我現在還沒有決定。畢竟他掛著佩刀啊。」可以看出横田對田中的經歷表現出了慎重的姿態。高橋總裁也認爲國民一定會爲田中陸軍大將的身分產生糾結。

而且，即便是就任總裁之後，古島一雄（革新俱樂部）問及田中競選狀況時，田中回答說：「啊！是那樣啊。我可是有三百萬人的在鄉軍人啊。」對於有政治感覺的人來說，聽到田中這樣的回答當然會感到恐懼。從這裡也可以看出，田中根本沒有作爲政黨領袖的意識。

在這裡介紹兩篇當時媒體對田中資質的評價。

一個是以敢說而聞名的記者——三宅雪嶺所寫的《田中義一論》。三宅說：

> 即便說田中男爵，也不應該不看結果地胡亂預測，但不能就此就認爲他不具備做黨首的資質。雖然說他愛當老大，政治上有投機的一面等，能例舉出他的很多缺點。但讓他做黨首，那簡直是訂做的一樣（《中央公論》，一九二七年六月號）。

三宅認爲田中擁有「作爲政黨首領的資格」而給出了善意的評價。三宅對田中頗有好感的評價是因爲他認爲田中作爲政黨領袖（總裁）、以及作爲政治家是有一定水準的。同樣對田中給予好評的，是以研究社會主義思想而著名的森戶辰男。森戶在《田中的超精神主義》中說：

田中首相是堅定的愛國者，也是忠誠的國體信奉者。這樣，他憤然而起，以決然和熾熱的態度來擁護我岌岌可危的國體，力圖使我國體堅若磐石。（《改造》，一九二六年七月號）

在森戶眼中，田中是一個愛國主義、國家主義者，同時也熱烈信奉天皇，所以田中接受皇命，勢必強烈地擁護國體。從字面上的意思來看，當時日本社會中對田中的期待，就是希望他在新天皇的統治下，確保日本的安定和秩序的恢復。

放棄政黨內閣路線

曾在原內閣中擔任陸軍大臣的田中，由於配合內閣抑制了陸軍內部的擴軍計畫，從側面幫助了內閣，所以提高了其在內閣中的威望。他當陸軍大臣時留下的這個業績，幫助他構建了在政友會內部的人際關係，這也就成爲擁立田中的墊腳石。

另一方面，政友會內部及其周邊，也的確對田中不放心。

政友會是一心想要回到傳統的政權設想上去。正是政友會的這個本質，使得在橫田去世之後，會員們能就擁立田中的問題達成一致意見。這個過程也是政友會放棄政黨內閣路線的過程。

關於其中情況，擁立田中之幹將小泉策太郎，日後留有這樣的記錄。「本想奠定政黨政治基礎的原內閣，沒想到出了意外，以致高橋內閣之後由加藤友三郎大將出任首相，混合內閣時來運轉。相信田中覬覦神器、組建內閣也並非無望。」（《中央公論》，一九三五年九月號）

小泉等政友會的幹部之所以擁立田中，是因爲在他們的思想當中，認爲高橋內閣之後發展政黨政治無望，組建一個政黨內閣路線和舉國一致路線的混合內閣，是當前奪取政權的捷徑。

所以小泉等人期待田中能發揮使非選出勢力和選出勢力聯合起來的作用，進而組建一個由政友會構成的獨立內閣。小泉等人做出這種判斷的背景是，高橋內閣之後，先後爲加藤高明、山本權兵衛、清浦奎吾內閣，實際上組建非政黨內閣已成政界定式。

但隨著第二次護憲運動的展開，成立政黨內閣的機運已經到來。出於對成立政黨內閣的期待感，在政友會的幹部中，有人對擁立田中爲總裁開始猶豫。爲了擁立田中，小泉等人不得不在黨內進行說服工作。

由於護憲三派聯合內閣的實際主導權在憲政會的手中，所以政友會中對憲政會的不滿不斷增大。在這種局面下，讓非選出勢力的代表——田中出任黨首，組建由政友會構成的獨立混合內閣的主張再次抬頭。

到了一九二四年秋，高橋總裁決定辭職之際，雖然政友會中多數人對田中仍不夠放心，但還是同意迎立他爲總裁。同時爲了能夠組建田中內閣，正式開始了打擊加藤高明主導的憲政會內閣的行動。在此過程中，向田中發出了就任總裁的正式邀請。

雖然擁立田中的過程比較曲折，但應田中的請求，政友會再次密切和陸軍、長州派系的官僚以及貴族院等非選出勢力的接觸，並試圖以他們爲政治基礎，提出政友會自己的政策。

對此，《中央公論》指出：「請田中出任新總裁的根本原因，就是政友會要打破三派聯合的局面，開始獨自行動。」（《中央公論》，一九二五年五月號）這也就意味著政友會置第二次護憲運動的成果、目標於不顧，選擇了原內閣那樣的混合內閣。

而且，山縣和原曾承擔的，使非選出勢力和選出勢力聯合起來的作用，如今將要由田中來承擔，可以說這是擁立田中最大的理由。

一九二五（大正十四）年四月十三日，政友會議院總會通過了田中就任總裁案，隨後五月十四日的政友會臨時大會上，正式決定田中擔任第五代政友會總裁。

從政黨政治史的角度來看田中就任總裁，就會發現政友會自己放棄了變身爲名副其實的政黨機會。憲政會一貫的目標是重視對英美的關係、通過實施普通選舉法以確立資產階級民主主義。而政友會爲了強調與憲政會的不同，結果使大正民主主義政治基調滑向了反面。可以說田中就任總裁是一個重要的轉捩點。

田中陸軍出身，一貫與政黨政治對立。讓這樣一個實力派人物出任政友會的總裁，就表明政友會內部也出現了問題。當然，媒體和輿論都對「爲什麼是田中大將就任總裁」感到困惑。

推薦田中出任總裁的有田中的同鄉——三浦梧樓（觀樹將軍）、小泉策太郎、秋田清等人。推舉他的最大理由無疑是出於政友會的內部狀況。

高橋是清總裁的引退，加上首選接班人橫田千之助的去世，因黨內鬥爭而自行分裂，對革新俱樂部而言只是一個時間的問題。此時，革新俱樂部的犬養毅以及中正俱樂部的若尾璋八都同意和政友會聯合，但聯合的前提是擁立田中爲總裁。

一九二五（大正十四）年四月三日，高橋是清總裁和護憲三派聯合內閣的加藤高明首相進行了會談，高橋表明自己打算從政界引退，並推薦田中爲繼任總裁。第二天，高橋在赤坂的家裡召開了政友會最高幹部會議，表示自己引退並商討後繼總裁人選。大概就是在此次會議上，對田中的推舉得到了承認。

而這時，田中正回到了他的故鄉——荻。對外宣稱的回鄉理由是要出席毛利輝元的三百年祭祀活動，還有要主持他父親——田中信佑的第三十三次法會。在此當兒，政友會本部通知田中，要求他火速回京。

田中趕忙返回東京。四月七日晚上八點二十分，田中抵達東京站，據說政友會相關人士均到月臺迎接（保利史華《成爲宰相前的田中義一》）。

第二天也就是四月八日，高橋總裁來到田中東京的家中，正式請求田中出任政友會總裁。九日，田中辦理了編入預備役的手續，結束了四十四年的陸軍軍人生涯。隨後，到田中就任爲止，政友會迅速活動起來，召開了幹部會、在京代議員會、議員總會等一系列會議，最終於五月十四日召開了政友會臨時大會。

這次臨時大會，到會的政友會代議員爲一百零八人，革新俱樂部十八人，中正俱樂部十一人。共計一百三十七名代議員出席會議，另外貴族院、政友會的各支部都派來了代表。

田中在黨的大會上的演說

這裡先整理一下田中就任新總裁時在黨的大會上發表的就職演說。當然這分演說無疑沒有脫離固有的就職演說的模式，但也隨處可以看出田中的特色。

首先，對於現狀的認識，田中是這麼說的（《在黨大會上的演說》，前引，保利史華）：

> 仔細觀察我國之現狀，就會發現不管是政治、經濟、教育還是軍備等各個方面，都不夠充實。產生了種種令人擔憂的現象，國民感到不安。也就是說，歐洲大戰（譯者注：第一次世界大戰）改變了世界上的國際關係，吾等雖有一等國的虛名，但卻停留在舊式的政治舞臺之上。相信這麼說一點也不過分。現在的歐洲諸國，不管是戰勝國還是戰敗國，都痛感戰爭的慘禍，都在爲政治、經濟的改造復興，盡莫大的努力。

第一次世界大戰中，日本作爲協約國方的成員，除了獲取了德國在中國的權利，以及向地中海派遣了小規模的艦隊外，並沒有過多軍事上的負擔，反而一直起著「遠東軍事工廠」的作用，從而出現了戰時景氣。與之伴隨出現了戰爭暴發戶，日本成爲了國際聯盟的常任理事國，這些都使得國民當中萌生了「一等國家」的意識。但由於戰時景氣中的生產設施過於膨脹，導致了生產過剩，所以沒過多久，就顯現出了其負面影響。

正是由於有「一等國家」的意識，所以田中說進入到一九二〇年代以後，各方面都顯得「不夠充實」。

與之相反，成爲第一次世界大戰主戰場的歐洲各國，在戰爭結束之後爲了擺脫困境，「都在爲政治、經濟的改造復興盡莫大的努力」，從而引起「激烈的產業競爭」，也就是「經濟戰」；而日本獲得了大戰勝利帶來的莫大好處和「一等國家」的意識。但同時，也正因爲「一等國家」的意識，讓日本在一戰後忽視了國家戰略。所以，田中說今後的日本應該走「產業興國」之路，希望能將此作爲政友會的主要政綱之一。

一九二〇年代的國際基調是反對「侵略性軍國主義」思想。所以在這個背景之下，田中強調說所謂產業興國論，是以提升日本的資本主義水準爲目標。

對於第一次世界大戰之後，國際情勢的變化，田中做了如下整理。

剛才我說到第一次世界大戰使得國際關係發生了顯著變化，其實這並不僅僅是單指國際的變化，而是也包括了對國際關係的認識發生了巨大變化這個意思。這個問題是非常重要的。戰爭的慘禍告訴我們原來的侵略主義、國際競爭是一定會幻滅的，同時也帶給我們以民族平等友愛爲基調的國際新思潮，這種思潮將開啓全新的時代。如果各位認可我的觀察的話，那麼就能看出什麼是吾等前進的政治之路。

田中在此所說第一次世界大戰給國際社會中的思想帶來了轉變，簡要地來說，就是「侵略主義」已經過時，取而代之的是「和諧的國際思潮」。

田中總結說，所以日本也應順從這個國際思潮，「相信日本的出路就在於謀求與接壤鄰國的友善，與我國建成互通有無的貿易關係，實現共存共榮」。

也就是說，田中所展示出來的歷史認識表明，他認爲一戰後過去那種靠軍事力量進行帝國主義侵略的時代已經結束。但畢竟這是在公共場合，而且是政友會總裁的就職演講，再加上是對國內外闡明政治理念的影響，還有作爲政黨的立場，所以田中的發言應該是受到了約束。

接下來田中堅定地說：「立足現在，考慮未來，列國已經放棄了帶有侵略性的軍國主義思想，合作的新思想將成爲時代的潮流。」可就在這次演說之後，一九二七年四月二十日，田中成功組閣不久，就對中國山東半島進行了軍事侵略。那麼我們對田中的「侵略主義性質」外交，又該如何評價呢？

田中曾說過：「從此以後會漸漸地、或許是急速地發展成爲以人道和平主義爲普遍價值的時期。我祈禱這一天的早日到來。」然而，就是在田中內閣期間，曾三次出兵侵略山東，這成爲昭和時期侵略中國的開端。還鎮壓日本國內的共產黨（三・一五事件），並通過這個事件嚴控國內思想。他的這些所作所爲和他所標榜的，是無論如何都連結不到一起的。

那麼田中自身又是怎樣看待這種演說內容和現實政治的脫離呢？這裡所說的脫離，或許只是第三者站在歷史的後來者的角度得出的結論。

但是，即便只看看田中對亞洲各國的強硬外交政策，就可以斷言這絕不是什麼「與接壤鄰國的友善外交」。如果說演說是田中的理想的話，那麼在政治的現實選擇中，正如被稱作是「田中強硬外交」的那樣，田中不可避免的讓軍事力量登上舞臺。

加入政黨的理由

那麼應政友會的邀請出任總裁的田中，對於進入政界，又打算怎樣大展宏圖呢？和就任總裁時文言演講辭不同，田中面對一般選民時的演講比較口語化，也更接近他的心裡話。讓我們來看看他是怎麼說的。

一九二五（大正十四）年十一月十九日，政友會總裁田中義一在和歌山市進行演講時，對他進入政界的動機是這樣說的。

搞政治工作才能實現我的理想。現在是立憲政治的社會，脫離了政黨就不可能搞政治。（中略）我是想從根本上改變政黨以往的做法，進而改變政治，讓政治呈現出新的局面。（田中義一〈從軍事到政治〉《田中義一文書》）

前半段，田中還在說以政黨爲主體的「立憲政治」已經成爲常態，所以積極加入政黨是爲了實現田中所說的「理想」。而後半段開始，田中認爲由一個政黨來代表國家的利益和目標的話，那麼國家的利益和目標就會被政黨的利益和策略所左右。田中對此非常不滿，所以說要從根本上來改革政黨。這也可以看成是田中對政黨政治的強烈批判。

對田中來說，政黨不過是國家意志的代言政治組織罷了，所以他並不喜歡搞加藤高明內閣那樣的政黨政治。

從這段話中也可以看到，在田中的政黨認識中，基本上是不承認政黨主導的政治運營模式。所以這也證明了田中並沒有打算轉身爲眞正的政黨政治家。

憲政會追求的是資產階級民主主義的發展，並在此過程中擴大政黨的政治基礎，藉以維持天皇制國家的穩定。而在田中的證言中，雖然他在一定程度上承認了民主化的必要性，但絕沒有像憲政會那樣的想法。那麼田中對政黨又有何求呢？

接下來田中在演講中說：「今後應避免過去那種要小聰明的政治，爲此，將產業興國標榜爲根本政策。而經濟、產業、教育的全民化才是國防的根本。所以爲了徹底進行國家總動員，就必須打破中央集權的弊病，以期地方分權後，以市町村爲所有事情之基礎。」

在此我們看一下，在田中領導之下的政友會提出的幾個政策立案，其中涉及到了他所關心的基本問題和大概的政策設想。那麼產業興國和國家總動員政策之間又存在著什麼關係呢？

田中在此所說的產業興國是指：「所謂產業興國之策，是指給疲軟的產業帶來活力，對於混亂的工商業施以切實的統治，此爲提升我國民經濟組織令其復甦的政策。」（〈產業立國政策的推行與海外發展〉《田中義一文書》）可見田中的目的是對經濟進行管理。這裡的對經濟進行管理就是指在國家的領導之下，推行積極的產業振興政策，爲強化基礎產業提供徹底的財政援助。

產業興國和國家總動員

那麼田中所強調的產業興國政策的內容是什麼呢？讓我們看看這個產業興國案和田中長年希望實現的構建國家總動員體制之間的關係。

首先，田中在一九二五（大正十四）年十一月十四日召開的政友會中央大會上曾做有如下發言：

如今我帝國在政治、經濟、思想上面臨著最爲重大的時刻，可以說我等現今站在分水嶺之上，對此應對得合適與否，直接關係著國運的興衰。（中略）値此之際，如不以非常之決心確保產業新興，則我國之前途不容樂觀。故此，我黨提出產業興國，以促進國民之覺醒。（田中義一〈我黨主義之根本　標榜產業立國促進國民覺悟〉《政友》第百九十七期，一九二五年十二月）

田中作此發言之時，正是一九二〇年代中期，在戰時帶來的景氣已經過去，經濟低迷、政治變動的狀況之下，面對如何克服國家危機，構築能夠應對總體戰的國家模式這個課題，這則演講就成爲田中給出的答案。在田中的答案中，由國家主導的振興產業和國民團結一致的協力，都是不可或缺的因素。

對田中而言，在這裡展現出來的國家樣貌，是以國家政策動員國民，獲得他們對國家的堅定支持爲前提的。在此田中雖然使用了政友會的名義，但這個政友會只不過是國家的代言人，並非國民的代表者。資產階級是支持以積極的經濟政策爲基調的產業興國，所以田中在這裡所說的國家，是個以資產階級和爲之效力的官僚爲核心的國家。

總而言之，所謂產業興國政策，是指在國家強有力的主導之下，對經濟實施管制的積極產業振興政策，其中，爲了重點強化國家基礎產業，特別對這些產業要堅決予以財政援助。一九二〇年代中期，田中認爲經濟的低迷就是國家的危機，爲了擺脫這個危機，有必要將斷然推行國家主導的經濟營運作爲目標。田中還指出爲了實現這個目標，必須要獲得官僚階層的支持，並且要重視他們所發揮的作用。

同時，田中向國民解釋說，產業興國的具體辦法就是實施國家總動員。田中說：「爲了打破此艱難局面，想要增加生產，內求國民生活安定，外謀國家命運發展，我相信除了進行國民總動員以外，絕無其他辦法可以實現。」（田中義一〈立於一線訴之於民衆〉《政友》第二百九十八期，一九二六年一月）

產業興國政策是採取積極的財政政策來活躍經濟活動。但這只不過是原內閣時期政友會傳統政策的延長罷了。田中在這裡批評憲政會提出的實施財政緊縮、整理行政、財政的政策過於消極，藉此來向大家展示兩黨在政策方面的不同。

在這裡需要關注的，是作爲具體推行產業興國政策的方法，田中提出了國家總動員論。此時，國家總動員具有以下涵義：

構成國家總動員的重要因素並不單單是指軍事，農業、工業、教育、學問、技術、運輸、交通以及地方行政等所有方面都和國家總動員有關。我們該如何達到這個目標呢？應站在國防以及國家總動員的角度上，各司其職、努力進取，使國家向繁榮發展邁進。（中略）所謂國家總動員就是全體國民秩序井然地爲國家的工作而奮鬥。我痛切感到，國民只有深刻理解了其中涵義，努力致力於經濟產業教育等所有事情，國家的觀念、皇室的觀念才會興旺起來。（前引，田中義一《從軍事到政治》）

田中所說的產業興國，並不是狹義上的振興產業，而是從政策上使國民都擁有明確的共同目標，從而實現產業興國。而且田中還特別強調了這麼做的意義所在。其目的就是，使國民都具有「使國家向著繁榮發展邁進」的意識，只有這樣，「國家的觀念、皇室的觀念才能強化起來。」

從這個發言的內容上來看，田中試圖站在政友會總裁的立場上，提出作爲天皇制國家守護者——軍人應提出的建議。這個建議就是用產業興國、國家總動員等理論來喚起國民對國家=天皇的忠誠。

對於田中來說，政友會總裁和軍人的兩個身分並不矛盾，而且他在自己的政治理論中，將此二者整合在了一起。他對自己的責任定位是，身爲一黨黨首，首先應該在政治上守護並發展國家=天皇。

其結果就是進入政黨的田中和他在軍人時候的思想，並沒有發生本質上的改變，反而是政友會爲了適應田中的這種性質而呈現出保守、右傾的傾向。政友會也正是藉推舉田中爲黨首，來積極推出了自己的獨特性。

那麼這段時期的日本國民就有必要了解，田中所指的國家整體危機到底指的是什麼。因爲按田中的說法，正因爲現在是危機的時代，爲了克服危機，所以要培養國民無條件地忠於國家＝天皇。在田中眼中，國民對國家的積極支援是不可或缺的重要因素。

散布國家危機論

那麼田中所謂的「危機」，具體來說是指怎樣的事態呢？田中曾這樣說過：

我等面對的現實是，在政治、經濟等領域上出現了眾多令人擔憂的現象。而且至今在設施政策上還毫無挽回這些現象的路子。我相信以國家民生的共同努力爲基調，從根本上改造政治組織、經濟組織是具有重大意義的。所以希望大家能夠支持政府的這個政策（〈田中新總裁於立憲政友會臨時大會的演說（草稿）〉《田中義一文書》）。

田中在這裡所說的「危機」的內容雖然不清楚，但這個「危機」是要依靠「國家民生的共同努力」來克服的；就像他在其他演講中所主張的那樣：「歐洲大戰（譯者注：第一次世界大戰）改變了世界上的國際關係，吾等雖有一等國的虛名，但卻停留在舊式的政治舞臺之上。」（田中義一《維護國家民生的共同合作》，《政友》第二百九十一期，一九二五年六月十五日）田中所希望的就是打破現狀。

在田中看來，爲了克服危機，需要從國民的思想精神層面上來動員其忠於國家＝天皇，然而國內要求民主的各種活動，最終勢必會成爲讓國家分裂的原因。所以田中作爲政友會的總裁，對政黨提出了以下期待。

現如今的日本，無論對內對外都值國難當頭之際，如何應對，對於政黨來說也絕不是件容易的事。換言之，與平時有所不同，今後我黨黨員都必須有作爲「一掃國難的行者」的覺悟來擔當國勢。同時，完成如此重大的任務，無論我黨如何重視，這也決不是一個政黨、一個孤單的力量所能完成的。所以必須相互體諒，得到各位國民的後援才行。特別是普通選舉法已經頒布的今天，在本來就存在的政黨地盤、黨員的多寡等問題上，我認爲我們也應該添加一些自己的新想法了（〈田中新總裁於政友會支部長會議上的演說要領〉《田中義一文書》）。

在國家危機＝「國難」的狀況下，田中認爲政黨應發揮的作用，並不是實現「政黨內閣」提出的政治層面的民主化，而是用「舉國一致」來排除一切政治鬥爭，實現一個共同目的。

田中是用「一掃國難」這個詞來說明這個共同目的。但緊隨其後的，必然是用國家＝天皇之名來統合全國的各個領域。

田中懷著這樣的意圖來宣傳國家總動員論，並希望能夠藉此達到他在政治上的目的。所以在他看來，由於實施普通選舉所帶來的政黨基礎和黨員的擴大，是與實現強權統治可以相互平行、沒有任何矛盾的。

所以這裡所提到的政黨組織的強化，並不以政治層面的民主化爲目的。強化只是爲了更爲廣泛地進行國家總動員而已。田中的最終目的就是爲了創造出他一直嚮往的、適合「大陸國家日本」的強有力的國內統治體制。

也正是因爲這樣，田中才下定決心從軍界轉到政界，透過擴大自己的活動領域，以期在其領導之下實現政治目的。政黨組織，特別是政友會爲田中的這個想法提供了一個絕好的平臺。

的確田中缺乏作爲政黨政治家的素養，政治營運的技術也處於生手水準，所以有不得不依靠親信的一面。但田中自身在政治上的素養和他作爲軍人所擁有的對國家和天皇的看法，都與此時政友會逐漸清晰起來的性質完全一致。因此可以得出結論，田中和政友會的政治目的是相同的。

田中利用一切機會闡述自己進入政友會的抱負和動機，在這些發言中明顯能看出的是，不管怎麼說，田中都是一個天皇崇拜主義者。就像上面引用的田中發言那樣，他旗幟鮮明地反覆強調國家主義思想，可以說至少這一點就有別於一般的政黨政治。

站在客觀的角度來看，很難認爲這是一個日本國內外危機四伏的時期。但田中進行了危機假設，並且爲了克服這個不存在的危機，提出了國家總動員論。隨後，透過使政治的焦點集中在這一點上，讓國內的各種矛盾都得以暫時擱置。田中的希望就是在政友會的旗號下創造出一個舉國一致的體制。至於田中的設想帶來怎樣的結果，看看兩年之後，田中內閣的所作所爲就可以得出清楚的答案。

以確立國家總動員體制為目標

田中進入政界後曾說：「所謂國家總動員就是全體國民秩序井然地爲國家的工作而奮鬥。我痛切感到，國民只有深刻理解了其中涵義，努力致力於經濟產業教育等所有事情，國家的觀念、皇室的觀念才會興旺起來。」（田中義一《從軍事到政治》）。正如田中所說的那樣，透過提出國家總動員論，獲得國民對國家政策全方位的支持，進而使國民統爲一體。

換言之，如果目標是構築非戰時的國家總動員體制，那麼就多少要允許一定的民主化存在。這樣一來，就和在資產階級民主主義體制內政黨要求擴大支援基礎的目標相矛盾了。

隨著普通選舉法的實施，民眾參政的機會大爲增加。對於政友會來說，爲了對付可能日益活躍的這種局面，採用國家總動員這種動員大眾的政策，可以防民眾的自主性於未然。請田中出任總裁是要利用田中。

而且田中一手栽培起來的在鄉軍人會和青年團的會員，都可以大舉動員起來，擴大政友會在地方上的基礎。可以預見到的是，在不遠的將來，普通選舉法實施之後的首次選舉中，田中在陸軍時代累積起來的豐富政治資金和人際關係，都將發揮重要作用。

但面對田中總裁的誕生，輿論界發出了一片驚訝之聲。這裡引用一下最能代表這個聲音的渡邊鐵藏（東京帝國大學教授）所寫的一段評論。

高橋辭去政友會總裁的職位，將其讓給了陸軍大將田中義一男爵。聞聽這件事情，就像是傍晚的暴雨後又來了一個晴天霹靂一樣，讓不明政界情況的人感到驚訝。世間喧囂不已，觀此變化，可知政友會已經不再和憲政會爲伍，進入反噬階段。而且，現任總裁參加護憲運動，又身列護憲內閣，製造轉身的機會勢必非常困難。即便能夠有此機會，總裁作爲內閣的一員也勢必會同樣受到傷害，對將來接近把握政權的機會不利。爲了解決這個問題，才採取了更換總裁的做法（渡邊鐵藏〈向政黨軍投降〉，《改造》一九二五年五月）。

渡邊在此尖銳地指出，田中出任總裁是爲了打到護憲三派聯合內閣的加藤高明內閣，這也表示政友會意在建立獨立政權。

而且，渡邊批評說：「更爲重要的問題是，政友會爲了其自身的發展，竟然擁立了軍人出身的黨首，其右傾和反動的傾向暴露無遺。」

就此問題，渡邊繼續批評說：「值此普通選舉實施之際，政友會不顧政黨的名譽，也沒有忍耐持久的精神，厚顏無恥地擁立了一個陸軍軍人爲黨首，僅此一事，必將招致對其作爲政黨的心理和行動的疑惑和輕蔑，這就不能不說是他們自作自受了。」（渡邊鐵藏〈向政黨軍投降〉，《改造》一九二五年五月）

就在普通選舉制得以實施和政治制度的民主化不斷前進之時，政友會偏偏選擇了和民主動向互不相容的軍界出身的田中就任總裁。在渡邊看來，這件事反映了政黨的敗北，同時也背叛了國民對政黨的期待。

當時的媒體對於這樣的批判都積極予以報導。例如，三宅雪嶺也提出：「首先，已經到了普通選舉的時代，政黨應該是從自身的黨中選出黨首才對。即便這次是不得已，那麼今後就要注意這一點了，希望政黨就要像政黨那樣發展。」（三宅雪嶺〈政友會論〉，《改造》一九二五年五月）也對政友會在政黨政治上的成熟度表示了懷疑。

不僅僅是渡邊，就田中出身於軍界這一點進行批評的評論還有很多，這裡再引一例。

高橋氏離開之後，田中大將除了將他那似是而非的墨索里尼式的武斷的政治憧憬隻言片語展示給了他所依靠的在鄉軍人會的雜誌和他的戰友以外，對國民沒有公開發表任何使人予以充分肯定的政治理想。估計他會和西園寺一樣，不能在國民的面前明確其政治思想的輪廓。他宛如奪取鶯巢的大杜鵑那樣飛舞著下來，以未經任何政治訓練之身，登上他人準備好的政黨黨首之位。（相馬由也《俎上的田中大將和他的味道》）

當時，田中在國民黨中的確名聲顯赫，但那只不過是作爲軍人在軍事領域著稱。對於田中的政治理想以及就任總裁的經過，民間並沒有充分的思想準備。所以，如果是戰時讓作爲軍人的田中出來也就罷了，可現在是非戰時，而且是護憲運動剛剛結束之時，由軍人出身的田中來擔任一個極有可能奪取政權的政黨總裁，這對於一般國民來說就很難理解了。

從渡邊的批評也可以看出，田中出任總裁給剛要在政黨政治的發展中看出大正民主運動之成果的人們帶來了深深的沮喪，也讓他們對將來感到不安。而且，這一切也預示著政黨政治的極限及其在不遠的將來即將終結的命運，這讓人們倍受打擊。

有這種對政黨的批判，但在田中就任政友會總裁中發揮了重要作用的政友會重要幹部岡崎邦輔，則從另一個角度做了評價：

軍人脫掉軍服進入我等政黨之中，所以今後軍人也不能再像過去那樣，打著軍隊的旗號爲所欲爲了。這是政黨的勝利啊。（岩淵辰雄〈田中義

一〉，《中央公論》一九二六年一月）

從這段話中可以看出，政黨接納田中，是希望就此結束政黨和軍部的對立。雖然政友會的幹部們想法不一定都和岡崎一致，但當時的輿論普遍認同這裡所提到的這種觀點。

田中政友會內閣的成立

一九二七（昭和二）年四月十七日，由於臺灣銀行救濟緊急敕令案被議會否決，民政黨組建的若槻禮次郎內閣不得不宣告總辭職。按照憲政正常做法的慣例，田中義一政友會內閣於同月二十日成立。田中兼任外務大臣，除了陸軍大臣、海軍大臣和司法大臣以外，內閣成員均由政友會中的人士擔任。這是一個很徹底的由政友會組建的內閣。

但是，如果看一下內閣成員的話，就會發現不管是在內政上，還是在外交上，都是由主張強硬路線的人來出任內閣成員的。而且這些人的強硬主張，可以說是到了過分的地步。

比如說，內務大臣啓用的是鈴木喜三郎。他是司法官僚出身，讓田中就任政友會總裁的主要成員之一，曾任大日本國粹會的顧問（一九一九年）。鈴木公然主張撲滅社會主義思潮，並一直批評以議會爲中心的政治體制。在他擔任內務大臣期間，採取了像一九二八（昭和三）年三月十五日鎮壓共產黨那樣的一系列的反動鐵腕。

田中內閣的法務大臣是律師出身的原嘉道。在政府內外一片反對聲中，他以緊急敕令的形式強行通過了內務省刑事局主張對治安維持法的修改。原嘉道的背後有樞密院議長倉富勇三郎以及右翼組織國本社的首領平沼騏一郎（當時的樞密院副議長、後任首相）的支持。

外交方面，由於上屆政權的外交大臣幣原喜重郎對中國的外交被批評是「軟弱外交」，所以田中在外交上採取了「強硬外交」的路線。

幣原的外交政策，是把與歐美的關係放在首位來考慮的；而田中爲了確保日本在中國的利權並進一步的擴張，想在外交上嘗試修正日本對歐美的協調政策。也就是說，爲了擴張日本在中國的利權，不惜以軍事力量爲背景與歐美對立。田中爲日本選擇了一條獨立的帝國主義國家之路。

作爲田中外交的實踐者，田中內閣啓用森恪爲外務政務次官。說是田中外交，實踐上更應該稱爲「森外交」。由於田中內閣不滿前內閣對中國的外交政策，所以在內閣組建起來約一個月後的五月二十八日，即以保護在中國山東濟南和青島的日本人爲名，派出了軍隊，這就是第一次山東出兵。

同年四月，蔣介石率領的國民黨軍開始北伐，由於擔心日本在中國東北地區（滿洲）的權益受損，田中內閣向中國山東出兵。這才是出兵山東的眞正目的。田中內閣在加強對中國的軍事壓力的同時，也計畫和歐美列強劃出線來以擴大日本在中國的權益。爲了達到這個目的，同年六月二十七日到七月七日，陸海軍的首腦以及和中國有關的外交官等，一同召開了東方會議。一手操持這個會議的就是森恪。

作爲東方會議的結果，公布了〈關於東方會議《對支政策綱領》田中外相訓令〉。該訓令的開始部分是這樣寫的：「我對支政策之根本是確保遠東的和平、實現日支共榮。至於實現此目標的方法，鑑於日本在遠東的特殊地位，將不得不對支那本土與滿蒙區別對待。」（外務省編，《日本外交年表並主要文書》下卷）

也就是說，田中認爲中國本土和「滿蒙」是有區別的。對日本而言，日俄戰爭以後，「滿蒙」成爲了特殊的場所，所以很明顯從一開始，就把「滿蒙」和「支那本土」（中國本土）分別開。以下這一段更爲露骨地表現出了這一點。

> 關於滿蒙，特別是東三省，對我國國防以及國民的生存具有重大利害關係。所以不僅僅要特殊對待，而且要維持該地區的和平與經濟發展，使其成爲安住之地，這是身爲接壤鄰邦不得不深切感到的責任。（同上）

該史料展示了田中內閣對中國外交的基本姿態，也表明了日本下定決心，即便是動用軍事力量也要確保其所謂的在「滿蒙」的利益。這和幣原喜重郎的對華外交相比，呈現出了完全不同的姿態。田中這種外交態勢，最終成爲皇姑屯事件的主要背景。

終章

走向敗亡的日帝昭和與田中義一

虛假的上奏

田中內閣在出兵山東之後，於四月十九日的內閣會議上，決定再次出兵山東。第二次山東出兵中對第六師團（熊本）下達了出兵命令，向山東省的中心城市濟南派遣了約五千名士兵。第二天內閣公布了派兵聲明，這次出兵的理由和第一次出兵的理由完全相同，就是爲了保護當地的日本人。

田中內閣在聲明中宣稱：「被迫再次向山東方面派兵，是自衛上不得不採取的措施。斷然沒有對支那及其人民不友好的任何意圖，也不打算在南北兩軍的軍事行動中起到緩衝的作用。」（〈就對支出兵的政府聲明〉《內閣制度九十年史資料集》）。但實際上，同年五月三日，日軍在濟南與國民政府軍發生軍事衝突，製造了許多平民死傷的濟南慘案。

田中內閣以保護國人爲名，實際上卻是要保護並擴大日本在山東省內的利益。田中之所以這樣做，是因爲對他來說，維護支持政友會的三井集團的利益是無比重要的課題。

田中內閣是想利用日本對張作霖的影響，希望能夠在蔣介石的北伐軍到達滿洲地區前，將其攔截在山東境內。但是，張作霖明確擺出了想要擺脫日本控制的姿態，迫使日本不得不重新考慮其在滿洲的策略。

在這種狀況之下，六月四日發生了關東軍激進派軍官炸死撤往瀋陽的張作霖的皇姑屯事件。這是由於張作霖對日本不恭順的態度，引起日本關東軍軍官的不滿。所以決定殺害張作霖後，由日本直接控制滿洲地區。

皇姑屯事件發生一年以後，一九二九（昭和四）年七月一日，日本政府公布炸死張作霖的元兇是以河本大作爲首的關東軍軍官。

在此期間，田中首相曾向昭和天皇報告，說製造皇姑屯事件的犯人爲日本軍人。隨即田中就受到了批判，被認爲陸軍出身的田中不替日本以及日本軍官說話是不合適的。受此影響，田中只好推翻之前的報告，再次奏報天皇說，此事件眞正犯人並非日本軍人。田中的這種做法激怒了昭和天皇。

天皇震怒的真相

天皇出人意料的震怒，讓田中大感驚恐。這種驚恐是由於田中本人對天皇深懷敬慕之心而引起的。此種敬慕之心可參見下引資料。

一九二一（大正九）年九月舉行的題爲「奉迎東宮殿下聯合會代表者告諸君」的演講當中，田中做了如下發言。這裡的東宮殿下就是當時的皇太子，也就是後來的昭和天皇。

皇太子殿下秉性純良、睿智仁慈，聖德遍及四方。德之所至，不惟臣民恐悦，即各國官民敬虔伺奉尚恐不足。能夠擁戴如此德行的皇太子殿下，是吾等日本國民的一大光榮。各國官民對我皇室萌生如此崇敬之念，可見將

來在國際關係上必對我國帶來莫大好處。（田中義一《來自大處高處》）

由此可見，田中對皇太子以及皇室抱有深深的崇拜之情。對於皇太子訪問歐洲一事，田中也是積極支持的。田中強烈期待皇太子即位後，能成爲開明且具有近代性的天皇。

田中這種對皇太子、天皇、皇室的心情，普遍存在於日本領導層中。可以說，這是日本領導層中或多或少所共有的感情。但像田中這樣反覆訴說自己對皇室的深厚感情的人，卻爲數不多。

對皇室懷有無限感情的田中，卻招來了即位不久的昭和天皇的震怒。不管出於什麼理由，對田中來說都是一個強烈的打擊。對皇太子也就是後來的昭和天皇的「恐悅」之情會變成「驚恐」，這恐怕也是出乎田中始料未及之事。

在這裡介紹另一個能夠證明田中對天皇和皇室看法的發言。這是一九二四（大正十三）年八月，田中的演講記錄。

我經常在想，吾等擁戴如此德高望重的皇室，擁有萬世一系的天皇所君臨的國體，在世界歷史上，像我們這樣尊貴的國家是絕無僅有的。這是不用我說的事實。二千五百多年來，皇統連綿不絕的國家，除了日本以外是沒有的。所以我們必須要保護如此光輝的國家，擁護國體，使日本的國威永世不朽地流傳下去。我認爲這是日本國民應有的信念。（〈附錄 試論對於時局吾等之覺悟——對聯合分會代表諸君之殷切希望〉田中義一《來自大處高處》）

當然對天皇和皇室這樣的看法並不是田中所獨有的東西。在當時的正式場合中，這是作爲固定言辭被反覆訴說的內容。但就像前面提到的那樣，能夠在所有場合反覆徹底地重複同樣內容，只有田中一個人。

基本上和田中一樣不停述說對天皇和皇室深厚感情的軍事官僚還有一個人，就是東條英機。東條曾對親信說：「像我等臣子不管再怎麼努力也只是人的範疇，天皇陛下則屬於神的範疇。所以更讓我痛感日本有天皇是多麼的幸運啊！」（赤松貞夫《東條秘書官機密日誌》）東條英機的夫人東條勝子也曾說：「對東條而言，天皇陛下無疑是神。」（《東條英機和那個時代》）

雖然單從這些言語來看，似乎可以認爲東條明顯比田中對天皇更爲崇拜。但這些所謂東條的言語，都是別人說的，只能算間接證詞。而田中的發言則是在演講中的自己的發言，或是擁有衆多讀者的出版書籍中所留下的直接證言。

不管怎樣，毫無疑問，田中和東條這兩個人身上是有衆多共同點的。比如說二人都曾擔任首相的軍事官僚，對他們而言，天皇都是絕對性的存在，同時也是他們二人的歸屬意識所在。

一九四三年開始的反東條英機內閣的工作中，天皇一直都在庇護東條。當東條敏感地察覺到昭和天皇最後不得不放棄自己時，他不顧親信的竭力挽留，辭去了首相之職。這一點和田中在覺得自己已經失去天皇信任時辭去首相之職是完全相同的。因爲從理論上來講，首相之職採取的是天皇「大命降下」的形式，即天皇指名制。所以只有天皇的信任能夠保障首相的權威。

我們來看一看田中辭職前後的資料。

首先，從《西園寺公望和政局》（第一卷）來看，田中在六月二十七日上奏天皇的內容是：「就張作霖事件，已令陸軍、關東廳和滿鐵進行各種調查。經過調查，慶幸日本陸軍方面並沒有出現犯人。」而且就發生該事件的責任問題，田中表示這是由於警備責任者的疏忽造成的，已經進行了處罰。

但此前，田中就已經向天皇說明了整個事件的經過，並曾說過「這個事件的眞凶是日本陸軍中的人」。所以面對田中第二次的說明，昭和天皇表示不滿，說：「這和你最初說的不是不一樣嗎？」同時昭和天皇還對陪同的鈴木貫太郎侍從長（海軍大將，後擔任日本首相）說：「眞搞不清田中總理所說的話，朕不願再聽他說話。」

鈴木侍從長將昭和天皇的話，原原本本地傳給了田中首相。田中驚泣難安，當時就決意要辭去首相之職。田中內閣就此倒臺。其中的經過已經廣爲人知。

從《西園寺公望和政局》（第一卷）中來看，在昭和天皇和田中首相的對話當中，並沒有昭和天皇親自要求田中辭去首相職位的發言。

換一個《牧野伸顯日記》（中央公論社，一九九〇年刊）來看看當時的情況。

當時身爲內務大臣的牧野伸顯，在日記中的記錄更爲詳細。首先，牧野得到了田中將於六月二十七日向天皇彙報事件經過的情報，於是提前找鈴木貫太郎侍從長和一木喜德郎（宮內大臣）進行協商，討論該如何應對田中的報告。在日記中牧野留下了如下記錄：「得到消息稱在滿洲發生的事件的最後處理結果，將於二十七日上報天皇，鑑於事體極爲重大，故進行協商」（《牧野伸顯日記》，一九二九年六月二十五日）

外務官僚出身的牧野伸顯一直保持著親英美的姿態。在他看來，田中推翻最初報告給天皇的「日軍犯人說」是應該承擔重大責任的。所以他與宮中三職（宮內大臣、侍從長、內大臣）商議之後，確定藉此機會罷免田中，並向天皇轉達了這個意思。而且，牧野也嘗試著與元老西園寺公望進行接觸。

圍繞此事件的博弈與田中之死

西園寺最初是同意牧野等人提出的處分田中的意見，但西園寺認爲如果讓昭和天皇親自說出處分田中的話，恐難如願，所以並沒有完全贊成牧野的提案。

在皇姑屯事件眞相暴露之時，西園寺就勸田中要嚴肅處理日本軍人，希望迫使田中痛下決心處理日本軍人來挽回局面，這也是消除歐美對日本不信任感的唯一辦法。

田中首相正是接受了西園寺的提案才上奏昭和天皇，請求透過軍法會議來處理犯人。對此，天皇曾指示：「要特別嚴肅軍紀」，田中也回答天皇說：「必誓死完成陛下的旨意」，同意了天皇的要求（《岡田啓介回顧錄》）。

因爲田中是戰勝了原敬、高橋是清，成爲政友會總裁，同時又取得了政權。對於一直親英美的西園寺來說，如果由於田中在這件事上處理不當而造成政友會的瓦解，這是他不願看到的情形。所以西園寺提出要嚴肅處理田中。

但是，和親英美派對立的亞洲門羅派集團，也就是日後的軍部以及官僚卻認爲這是一個絕好的機會。可藉機擁戴田中首相，然後一舉確立日本在滿洲地區的統治地位，繼而尋找對中國本土發動作戰的機會。而且亞洲門羅派的勢力日漸強大。

牧野等人對以田中爲首的亞洲門羅派日漸強大的事實深感憂慮。因此想要利用這個機會，逼迫田中辭去首相職位，從而壓制亞洲門羅派的勢力。從這個層面來講，圍繞著本事件的所有博弈，都是親英美派和亞洲門羅派兩派相互鬥爭的結果。

在《岡田啓介回顧錄》中記載了以下情景。受到天皇質問的田中回答說：「關於這個事情，請容我慢慢來說。」而此時憤怒的昭和天皇說：「沒必要聽你的說明！」隨後就起身離開了。

驚慌失措的田中回到首相官邸後，在內閣會議上向大家介紹了上奏天皇的過程。以小川平吉鐵道大臣爲首的政友會內閣成員們，紛紛批評昭和天皇的發言。受到內閣成員鼓勵的田中，再次提出要求覲見天皇。鈴木侍從長回答說：「我可以替你去通報，但揣想是白搭（不會有任何變化）。」

至此田中認識到自己已經失去了天皇的信任，所以不顧周圍的挽留，宣布內閣總辭職。

田中在總辭職之後，進入到了隱居狀態。又因心臟病的原因，身體狀態不好。一九二九年夏天，在兒子龍夫的陪同之下，他返回故鄉——荻．平安古的家裡待了一個月。

田中龍夫的書中說：「一九二九年的夏天特別熱。在充滿綠色的平安古的家中，沒有外人打擾、父子間安靜地渡過的這一個月裡，父親看上去要比我開心。」（安廣欣記《田中龍夫評伝》）

從荻回到東京後，九月二十九日的早晨，田中的心臟病第三次發作，當家人把醫生叫來的時候，已經回天無力了。

世間傳說田中是「自殺」而死。根據田中龍夫的證言，是因爲田中的屍體「仰面擺放在榻榻米上時，其口開而不閉，故用三角巾將其顎固定，從而造成自殺之誤解」。

而且田中龍夫說他的父親——田中義一在死亡的前一天，在他和家人的面前說：「所謂司令官就是不管戰局如何變化，都不得動搖的人物。」

此語表達了田中何樣心境，實難推測。但不妨從另一面將其理解爲田中對因自己擅變判斷而致天皇震怒的悔恨吧。

田中奏摺

在本書結束之際，雖簡而必談的則是田中奏摺。田中死後，所謂「田中上奏文」（田中奏摺）的存在，震動世間。準確地說，特指中國——這個侵略戰爭受害國中，流傳著可疑史料。該史料在日本有田中筆記、田中記錄等稱呼，在中國則被稱作田中奏摺。

一般認爲該史料是一九二七（昭和二）年田中義一就對中國的政策秘密向昭和天皇上奏的內容。其內容爲，按照明治天皇遺訓，日本第一步先使中國割讓臺灣，第二步合併韓國，第三步奪取滿蒙的計畫。

衆所周知，日本的歷史學界認定該史料爲贋品，而中國的歷史學者中主張其爲眞品的依然不在少數。根據日本外務省掌握的情報來看，田中秘密上奏的內容於一九二九年九月不知透過什麼途徑落入了中國政府手中。中國政府意欲在第三次太平洋問題調查會上提交該史料，作爲批評日本有侵略中國意圖的證據。

雖然這份史料最後在會議上並沒有出現，但卻以《田中義一上日皇之奏章》爲題，被刊登在南京發行的一九二九年十二月的《時事月報》上。從此，《田中奏章》的「存在」成爲共識。

當時，日本外務省認爲此文書廣泛流傳，已成爲中國人反日排日的資料，因此向中國政府提出了取消該文書的要求。一九三〇（昭和五）年二月九日，日本重光葵駐華公使與中國外交部長王正廷進行會談，並提出取消該文書的要求。

由於有中日之間的外交交涉，和《田中奏摺》有關的事態一度出現了平靜。但隨著一九三一（昭和六）年九月十八日「九・一八」事變的爆發，中方認爲日本進入了《田中奏摺》中所寫的第三階段，並開始對《田中奏摺》的存在以及其中露骨的侵略方針展開批判。

受到「九・一八」事變的衝擊，歐美列強也開始關注《田中奏摺》。在國際聯盟第六十九次理事會上，該文書被提交討論。而且在第二次世界大戰結束後的遠東軍事審判中，國際檢查局（IPS）也同樣對該文書抱有興趣。曾擔任田中義一的內閣書記官長的鳩山一郎，於一九四六年五月五日的《紐約時報》上否定了該文書的存在，美國國務省遠東局的局長J・巴拉坦因也提出了同樣的見解。至此IPS才打消了追究其原文所在的念頭。

不管怎麼說，從田中死後到日本戰敗爲止，《田中奏摺》以一種單獨的姿態成爲政治問題。即便《田中奏摺》不存在，但僅就其中所描述的日本侵略中國的具體經過這一點，還是足以引人注目。正因如此，《田中奏摺》也會被政治所利用。

雖然把這些責任都讓田中義一來承擔有些說不過去，但不可否認的是，之所以從日本戰敗到現在一直存在多種議論，恰恰是因爲田中內閣對中國採取了「強硬外交」所造成的結果。

補章

關於《田中奏摺》

中日之間圍繞《田中奏摺》的爭執

追尋著田中義一的軌跡，我們也考察了近代日本前進的腳步。進行田中義一的研究，有一個無法迴避的問題。那就是，圍繞田中義一任首相期間向昭和天皇上奏的《田中奏摺》的一系列問題。從那時到現在，圍繞奏摺本身眞贋的爭議，以及其所產生的歷史和政治的問題，不僅是在日本國內，在中國、臺灣、蘇聯、美國等國家，都成爲了人們議論的話題。

與此問題相關的事件是在田中義一去世後發生的，跟他生前沒有直接關係。更何況如果目前大多數人認爲奏摺是僞造文書的話，將它作爲本書的一章就只能認爲是消極的了。但是，即使奏摺是在田中去世後出現的，圍繞它的問題也確實值得深思。特別是在中國，因爲《田中奏摺》，田中義一成爲近代日本歷史上最爲人所熟知的軍人政治家，這是不爭的事實。

所以本書，作爲補章，以簡要整理最新研究成果的形式，舉出與《田中奏摺》有關的問題，並記述筆者本人的見解。

衆所周知，雖然《田中奏摺》在日本歷史學界認爲是贋品已經成爲定論，但是不僅中國等一些國家的研究者、還有一些媒體和一般的市民依然將其看做眞品，並且這些人不在少數。

無論如何，從田中去世到戰後，如同幻影一般無法捉摸的《田中奏摺》以其獨特的姿態被政治化了。即使它並不存在，關於其中具體記述了日本對中國侵略的實際經過這一點，也一直得到關注，也正是因爲這一點，奏摺才爲政治所利用。

將這件事的責任都推到田中義一身上是非常牽強的，但是不可否認，田中內閣對中國的「強硬外交」政策，確實是直到戰後還產生有種種議論的背景之一。

關於《田中奏摺》的研究，在日本的學會上已經報告、發表了許多研究成果，而在中國、臺灣等地區對於它的研究還在陸續進行著。特別要提出的是作爲日本的最新研究，服部龍二的《日中歷史認識——關於《田中奏摺》的爭論．一九二七—二〇一〇》（東京大學出版社，二〇一〇年二月刊）驗證了此前的研究成果，極其嚴肅謹愼地研究了事實眞相。此研究查實了目前與《田中奏摺》有關的歷史事實，並且它也是一項深入認識歷史情況的優秀研究成果。

這裡參考服部的研究成果，也包括與先行研究重複的部分在內，探究一下《田中奏摺》的眞相。

《田中奏摺》的內容

除日本以外，包括中國在內各國公開出版的《田中奏摺》都由約二萬六千字的漢語、也就是約三萬四千字的日語構成。而下面也會提及，極爲重要的日語原文至今尚未發現。奏摺由二十一項構成。以下就是具體內容，出自日華俱樂部編譯的《支那人眼中的日本滿蒙政策》（日華俱樂部，一九三〇年刊）。

京奉線沿線的大凌河流域
支那移民入侵的防範
醫院、學校的獨立經營和充實滿蒙文化

總而言之，以上根據田中首相在東方會議上的議論，敘述了將來對中國進行侵略的計畫。以下是其中被反覆引用的文言文。

欲征服支那，必先征服滿蒙。欲征服世界，必先征服支那。（中略）此乃明治大帝之遺策，亦爲我日本帝國立足之必要也。

這段文言文，迄今爲止，在某種意義上受到了青睞，經常被引用。《田中奏摺》附上了田中一九二七年七月二十五日的「信函」，遞交給了當時相當於宮內大臣地位的一木喜德郎。管轄上奏不應是宮內大臣而應該是內大臣這一點，使人一直都對《田中奏摺》懷有疑問。當然，此外內容上也錯誤百出，可以輕而易舉地指出其中不自然的部分。

但是，在中國一般被稱作《田中奏摺》的《田中上奏文》（本譯文中將《田中上奏文》統一翻譯爲《田中奏摺》）即使是實際並不存在的贋品，也被包括中國在內的各國外交工作者廣泛當作眞品而予以傳播。特別是一九三一年九月十八日，由關東軍石原莞而少佐等人發動的滿洲事變（九．一八事變）爆發以後，《田中奏摺》被認爲是正確地記錄了日本侵華計畫的一個史料。

例如，美國著名新聞記者愛德格．斯諾在《遠東戰線》（一九三四年刊）一文中詳細的敘述了《田中奏摺》，在《亞洲戰爭》（一九四一年刊）中，開頭提出了「In Order to conquer the world, we must conquer China.—Tanaka Memorial」一節，這是以將奏摺看作實際存在的檔案爲前提進行介紹的。

但是，在日本，長期以來，奏摺卻被大部分人認爲是僞造的文書。不僅是田中義一身邊的政治家，外交官僚們也因爲擔心由於不恰當地在全世界傳播，而成爲指責日本的材料，所以力圖具體證明它不過是一個僞造的文書。

關於《田中奏摺》的研究狀況

在戰後的日本史研究中，關於《田中奏摺》的研究始於一九五三年刊行的歷史學研究會編輯的《太平洋戰爭史》第一卷「滿洲事變」。本書中對《田中奏摺》的眞僞態度曖昧，大家認爲，敘述滿洲事變後，日本侵華行動之軌跡和標誌時，頻繁引用《田中奏摺》是沒有辦法的事情。但是，作爲修訂版在一九七一年刊行的同一叢書中，明確地表明了它是一個僞造的文書。可以說這決定了其後關於《田中奏摺》眞僞之爭的方向。

之後，雖然研究並沒有活躍起來，但是日本著名的小說家，在昭和歷史研究方面寫了衆多優秀作品的松本清張，在《週刊文春》上連載了「昭和歷史的發掘」，其中在記述「滿洲某重大事件二」時介紹了「田中備忘錄」以及傳播背景（一九六五年五月十七日號）。這引起了衆多讀者的關心。同一時期，竹內好編的雜誌《中國》（第十四號，一九六五年）上，刊登了《田中奏摺》的全文等相關內容，又重新將其眞僞問題推到了熱議之中。此雜誌也對《田中奏摺》是僞造文書一事，做出了肯定的判斷。

受這種潮流的影響，近現代歷史學者中，最積極切入這一問題的是江口圭一。他曾經論述了日本帝國主義的特徵是「雙重帝國主義」。江口明確地斷定奏摺是僞造文書，還將誰是文書的炮製者，傳播文書目的何在，這些對日本戰敗產生什麼影響等，作爲自己的研究課題，並認爲對這些問題的驗證十分重要。所以，江口在《田中奏摺的眞僞》（《日本史研究》第八〇號，一九六五年）一文中說到，即使《田中奏摺》是僞造文書，它也不能成爲田中義一提前鋪墊的日本侵華這個犯罪歷史事實的免罪符。

至於中國關於《田中奏摺》的研究狀況，根據上面提到的服部龍二的《日中歷史認識——關於《田中奏摺》的爭論，一九二七—二〇一〇》，中國與日本學術界爭論眞僞不同，始終認爲日本學術界指出其爲僞造文書的證據蒼白無力。

但是，二〇〇六年服部的論文《關於《田中奏摺》的爭論》在日本出版的同時，也被收錄到了中國出版的劉傑、三谷博、楊大慶編《超越國境的歷史認識——來自日本學者及海外中國學者的視角》（社會科學文獻出版社刊）中。隨著日本最新研究狀況得到逐漸介紹，在中國「僞造說」也漸漸有說服力了。即便如此，也不能否認認爲奏摺是眞品的學者和國民依然存在，我們必須嚴肅認眞地面對這個事實。

按照服部的說法，特別是在中國，很容易將《田中奏摺》認爲是眞品，其理由有以下三點（引自服部文章，二十四、二十五頁）：

第一，日本對中國的侵略過程幾乎與《田中奏摺》的內容完全一致，這容易導致使人認爲其爲眞品的判斷。日本學術界大都認爲，日本的對華侵略，是極其偶然的對中國發動了缺少計劃性和戰略性的戰爭。而中國學者則普遍認爲，日本對中國的侵略是持續不斷的，是有計劃性並根據一定的長期戰略，在一連串的戰爭指導下進行的。

從日本內部分析戰爭指導過程與從外部看到的，或許在某種意義上必然會產生認識上的分歧。但是，從連續受到侵略的角度來看，與日本的侵略是否是在不穩定的、缺少統一領導的情況下進行的，並無直接關係。中國方面的受害是被無理強加的，中方這種觀點是決不能忽視的。

第二，與對田中義一的印象有關。換言之，滿洲事變（九・一八事變）的主謀的確是石原莞，而作爲滿洲事變的前奏，田中義一三次對山東強行出兵的侵華政策，使得中國對田中的負面印象大於石原。日本學者往往將日本與中國的戰爭稱爲「日中十五年戰爭」，將滿洲事變作爲起點。但是，中國則更多的從一九二七年日本向山東出兵算起。

在這一點上，有必要將日中戰爭中，田中義一內閣的地位和作用，重新做一探討。「總體戰國家的始作俑者」的背景是，我們將侵略中國等亞洲諸國的日本定性為「總體戰國家」，而構築總體戰基礎的人物，正是田中義一。

第三，《田中奏摺》即使是偽造文書，也是中國將其運用於宣傳外交和情報戰的結果。日本政府在《田中奏摺》出版之時，就以外務省為中心，努力阻止它的廣為分發，並利用一切機會向中國等各國說明這是一個偽造文書。但是，這之後，日本政府以及日本軍隊的侵略行為與《田中奏摺》的文書的相似性引起了有關國家的關心，真偽之爭遂被擱置，奏摺也成為了批判日本侵略行為的好材料。

作為總體戰的現代戰爭是宣傳戰而非情報戰，在這個意義上，奏摺就是一個好素材。在這種情況下，越是否定奏摺，就越使得它被看作是眞品。從這個意義出發，證明《田中奏摺》是偽造文書的唯一方法，就是立刻停止侵略戰爭，別無他法。

但是，遺憾的是，當時的日本政府和日本軍隊雖然急於否定奏摺，卻沒有做出停止侵略戰爭的決斷。中國人民卻因這個成為焦點話題的日本侵略計畫，抗日情緒愈加高漲。即使奏摺僅僅是為中國政府所利用的工具之一，這個曾經獨立的文書，無論它是眞是偽，都可以說它影響了政治潮流，並被載入史冊。

追溯傳播過程

在此重新將《田中奏摺》廣泛流通的原因，做一整理。

正如上述研究和證言表明的那樣，《田中奏摺》是送宮內大臣一木喜德郎遞奏的，但是宮內大臣並沒有接受奏章轉呈天皇的許可權。這裡把內大臣和宮內大臣混淆了，僅憑缺乏這種基本知識的一點，就可以判斷奏摺是假的。而且說，華盛頓會議（一九二二年二月六日閉幕）締結的九國條約是山縣有朋和大正天皇協商的，而山縣是那一年二月一日去世的。在這之前，山縣已經生病，已經不能支撐他與大正天皇進行協商了。並且大正天皇也病情惡化，一九二一（大正十）年十一月以來，採取攝政方式，實際已經不再處理公務了。

另外，《田中奏摺》據說是一個叫蔡智堪的人在一九二八年夏天進入皇宮撰寫的。蔡爲何許人，身分不明，還進入皇宮撰寫文稿，這使人難以相信。也就是說，蔡進入了日本警備最爲森嚴的皇宮，並能確保足夠的時間撰寫本來不存在的文書，這太不現實了。

之前的研究認爲僞造文書的流傳與張學良的外交秘書王家楨、立憲政友會中掌實權者床波竹次郎以及內大臣牧野伸顯等有關，其可信程度極低。另外認爲，奏摺得以在中國流傳，民間組織新東北學會、遼寧省的國民外交協會都起了重要作用。

田中極其機密的上奏內容是經由怎樣的途徑於一九二九年九月到達中方手上的呢？中國政府向第三次太平洋問題調查會提出了這一問題，始於批判日本侵華意圖的情報曾爲日本外務省掌握這一事實。雖然在會議上沒有提交奏摺，但是一九二九年十二月在南京發行的《時事月報》上以「田中義一上日皇之奏章」爲題刊登了出來，由此，奏摺的「存在」變得廣爲人知。

當時，日本外務省認爲奏摺廣爲流傳，成爲了反日的資料，曾經要求中國政府予以取消。特別是中國公使重光葵在一九三〇（昭五）年二月九日與中國外交部長王正廷進行了會談，要求解決此事。

圍繞奏摺問題，日中之間進行了外交交涉，短時間內看似平靜，但是一九三一（昭和六）年九月十八日九一八事變爆發，中國方面將此解釋爲進入了奏摺中所寫的第三階段，因之認定奏摺的存在，也開展了對奏摺所寫日本露骨的侵略方針的批判。

因爲九一八事變的衝擊，歐美諸列強也開始關注奏摺，國際聯盟也在第六十九次理事會上，將奏摺拿到了桌面上。隨著時代的變遷，在日英美戰爭後的遠東國際軍事法庭（東京審判）上，國際檢查局（IPS）對奏摺的存在也很關心，但是時任田中義一內閣書記官長的鳩山一郎表示，《紐約時報》（一九四五年月五日版）曾經否定了奏摺的存在，而且美國國務省的遠東局長勃朗特也表示過同樣的見解，於是IPS便放棄了對奏摺的存在繼續追究的想法。

作爲僞造文書的《田中奏摺》，也有它得以流傳的原因。的確，中國政府透過當時的駐日公使汪榮玉，確實掌握了東方會議的內容。但是，還是被指出了所謂記載東方會議內容的《田中奏摺》與會議內容存在背離之處。另外，《田中奏摺》的執筆時間也不是東方會議剛剛舉行之後，而是張作霖被炸身亡（一九二八年六月）之後。這樣判斷的原因是《田中奏摺》中提到與張作霖有關的內容過少。

總之，被印成小冊子發行的《田中奏摺》從一九二九年夏天開始，流傳於中國各地。此前，一九二八年六月四日，奉天軍閥張作霖在日本軍隊的預謀下被炸身亡，奏摺的流傳符合中國人對日本的反抗情緒逐漸高漲的背景。

正如本書終章論述的那樣，田中內閣在張作霖事件的處理上受到了昭和天皇的斥責，並於一九二九年七月二日辭職。在其之後繼任的濱口雄幸民政黨內閣的領導下，發生了件奇妙的事情。那就是濱口內閣外務大臣幣原喜重郎得到一個資訊，說上海YMCA的書記長陳立廷將會在民間國際學術團體太平洋問題調查會的京都會議上，幾近全文地朗讀《田中奏摺》。

在一九二九年十月下旬舉行的這個調查會上，陳準備的英文稿「MEMORIALS OF PREMIER TANAKA」，由於事前受到日本外務省的牽制，最終沒有朗讀。

日本外務省的抗議

以此爲契機，日本政府沒有坐視《田中奏摺》的流傳，而是積極果敢地再三要求中國政府取締它的流傳。另一方面，在中國成立了民間團體新東北學會（一九二八年六月），這個學會主要在中國東北地區的各縣政府、學校開展了以小冊子的形式散發奏摺的活動。另外，設置於張學良創立的瀋陽東北大學教育學院內的東北學會，也開始了同樣的行動。

一九二八年這一階段，《田中奏摺》主要流傳於中國東北地域，此次奏摺被刊登在南京發行的雜誌《時事月報》（第一卷第二號，一九二九年刊）上，並以燎原之勢迅速發展到了上海。這樣的事態使得駐中國的外務官僚們開始提醒本國政府予以注意。

例如，時任吉林總領事的石射豬太郎向幣原外相和村伸一南京領事呼籲了事態的嚴重性。不希望與日本關係惡化的中國政府，在中國國民黨機關報《中央日報》（一九三〇年四月十二日版）上公開發表了《田中奏摺》乃係僞造文書的內容，並承諾取締奏摺的傳播。但是，新東北學會、東方學會乃至中國各地的媒體，並沒有停止傳播奏摺的行爲。

另一方面，不希望與日本關係惡化的中國國民黨政府又想透過在機關報《中央日報》上說明《田中奏摺》是僞造文書，希望他們今後配合取消，以求事態得以平靜。

持續到日本戰敗的「口水戰」

但是，實際上，奏摺的流傳並沒有因爲中國政府採取的措施而停止。反而在一九三一年九月十八日，因關東軍預謀而引發滿洲事變（九・一八事變）的前後，反日情緒更加高漲。尤其在中國東北地區，因《田中奏摺》而盛傳的日本侵華計畫的內容愈發帶有現實意味，無論它是眞是假，都成了有力的反日材料。奏摺的傳播已經在中國全國展開了。

日本的媒體也逐漸顯現出對中國這種動向的關心。例如，在《中央公論》

（一九三一年十月號）上刊登的深尾嘉一《支那反日史》上，就有這樣一段話：

在日本人的不知不覺中，印刷成日語和漢語的《田中總理大臣滿蒙積極政策奏摺》在支那人中廣爲流傳。其中明確記載了將多數的×××主要稱爲學校教育家，被派遣到蒙古方面的內容。而在此之前，《奏摺》的眞僞等問題已經被排除在外了。（同書，一百二十七頁）

深尾的記述，與一九三一年六月二十七日發生的中村震太郎大尉被害事件絞在一起，被視作是中國政府的反日行動。此時在中國，可以看出，《田中奏摺》已被看作眞品，並開始警惕日本有計劃的侵略行爲。

就這樣，雖然日本政府和日本外務省已在拼命地要求採取措施以抑制奏摺的傳播，但在侵略事實頻發之時，切斷奏摺的傳播已經毫無可能了。

滿洲事變之後，日中全面戰爭時期的《田中奏摺》

伴隨著日本的全面侵華，《田中奏摺》成爲了中方宣傳抗日的有力工具。繼山東出兵之後爆發九一八事件，後來又建立了日本的傀儡國家「滿洲國」。這使得不僅中國國內，美國和英國等對日本侵華抱有戒備態度的各國也都不斷提起《田中奏摺》，反覆用以批判日本的所作所爲。

例如，在上海發行的英文報紙《中國・評論》（China Critic）上刊登了題爲〈OFFICIAL DOCUMENT TANAKA MEMORIAL〉的文章（一九三一年九月二十四日發行）。其開頭寫道「Memorial Presented to the Emperor of Japan on July 25, 1927, by Premier Tanaka, Outlining the positive policy in Manchuria」。（田中首相向日本天皇提出的侵略滿州政策的記錄）

此文章用英文撰寫，發送給包括美國國務省在內的各國媒體和政府機關。九一八事變之後，各國政府和相關人員都對日本即將向中國東北部伸手，做出了極其敏感的反應。

一九三二年一月二十八日，日本軍隊與中國十九路軍在上海發生了衝突，這使得各國對日本侵華更加關心。上海事件之後，日本政府和日本軍部調派了精銳師團，即金澤的第九師團，而中國國民黨政府則正式在國際社會上批判日本《田中奏摺》所策劃的侵華計畫。

此事被刊登在《紐約時報》（一九三二年二月十五日版），九一八事變以後，對日本的行動已經加強戒備的國際社會，愈發加大了批判日本的力度。爲此，日本政府也在《紐約時報》上發表了說明《田中奏摺》是僞造文書的文章，力圖阻止對日本批判的擴大。

從此之後到日中全面戰爭（一九三七年七月七日）開始，各種主張發生了直接或間接的碰撞。國際媒體，各國外交官等都捲入其中，也包括了極其激烈的內容。這樣日中兩國的圍繞奏摺的批判和回應，一直不間斷地重複著，直到日本戰敗。

隨著時代的變遷，日英美戰爭後的遠東國際軍事法庭（東京審判）上，雖然國際檢查局（IPS）對奏摺的存在表示關心，但是曾任田中義一內閣書記官長的鳩山一郎表示，《紐約時報》（一九四六年五月五日版）曾否定了奏摺的存在。另外，美國國務省的遠東局長勃朗特也表示過相同的見解，這使得IPS斷了追究奏摺存在與否的念頭。

撥開歷史的荊棘

以上敘述了關於《田中奏摺》的情況。目前的研究已經進步了很多，中國有影響的學者中，也有人指出奏摺是僞造文書。

在這些研究中，最令人注目的是二〇一〇年一月二十一日發表了作爲最終報告書的日中歷史學者共同進行的《中日歷史共同研究》。在近現代史領域，中方的負責人是中國社會科學院近代史研究所所長步平，日方負責人是東京大學教授北岡伸一。研究中，就迄今未能取得共識的歷史問題該如何確認史實、做出怎樣的解釋等問題，日中雙方均以前所未有的坦誠、開誠布公地談了各自的主張和觀點。

當然，這還不能說在《田中奏摺》是僞造的這一點上，雙方已經完全取得共識，但是可以從中看到，中國學者中出現了承認奏摺爲僞造文書的明顯動向。在日中共同研究被公開發表之前，就有預測性文章被單方面刊登。例如，二〇〇八年一月十八日的《東京新聞》就有報導說，中方出現承認「奏摺」爲「贗品」的見解。

作爲歷史事實，中日雙方完全承認奏摺是僞造文書的一天，相信終會到來。只是雖然已被確認爲贗品，但還不能說關於奏摺的課題業已攻克。也就是說，即使奏摺是僞造文書，從田中內閣開始，眞正展開的日本侵略中國的本身，也是不容置疑的歷史事實。正因爲如此，雖然奏摺是僞造文書，中方以之爲宣傳史料，推動抗日形勢，並將日本侵略行動的錯誤訴諸國際社會，這些也是事實。

如果沒有日本的侵略行動，或許這樣的僞造文書不會作爲工具在政治場面登場。另一方面，此文書損害了日本的國家名譽和田中義一作爲軍人政治家的名譽卻也是事實。既然「侵略」是損害主權國名譽，對這個國家和國民的名譽、財產、生命造成傷害和損失的行爲，是最應該被批判的行爲，那麼非侵略國家和非侵略者採取一切手段抵抗侵略，維護作爲主權國的尊嚴和民族、國民的名譽，它的這種行爲，是不應受到全面批判的。

從這個高度出發，這件事情的發生本身就是不幸的，我們有必要吸取教訓。在此意義上，《田中奏摺》的眞贗爭論實際已經結束，此後有必要做的事情是，下定決心不要再度引起類似的事件，並且認眞考慮實行這個決議的方針政策。

當時的日本政府急於說明奏摺是僞造文書，正如日本爲了保護國家的名譽一樣，中國政府和中國人民也拼命地想要保護國家和國民。在此情況下，日本政府應該意識到，承認自身侵略行動、侵略戰爭的錯誤，立刻尋求日中和平的道路並付諸實現，才是作爲眞正意義上國家的名譽。

在這個意義上，對日本來說，《田中奏摺》的問題也許是「歷史的荊棘」。撥開荊棘不在於證實它是僞造文書，而應該是，明確地總結、反省日本一系列的侵華戰爭，確立讓日本不再成立侵略國家的方針，建立國民的和平意識，這樣才能眞正地撥開歷史的荊棘。

國家圖書館出版品預行編目資料

戰爭與陰謀——田中義一／纐纈厚著.--初版--.--臺北市：五南，2016.08

面；　公分.

ISBN 978-957-11-8670-2（平裝）

1.田中義一 2.傳記 3.日本史

783.18　　105011091

RW15

戰爭與陰謀——田中義一

作　　者— 纐纈厚

校　　閱— 楊孟哲

發 行 人— 楊榮川

總 編 輯— 王翠華

主　　編— 蘇美嬌

責任編輯— 邱紫綾

封面設計— 陳翰陞

出 版 者— 五南圖書出版股份有限公司

地　　址：106台北市大安區和平東路二段339號4樓

電　　話：(02)2705-5066　傳　　真：(02)2706-6100

網　　址：http://www.wunan.com.tw

電子郵件：wunan@wunan.com.tw

劃撥帳號：01068953

戶　　名：五南圖書出版股份有限公司

法律顧問　林勝安律師事務所　林勝安律師

出版日期　2016年 8 月初版一刷

定　　價　新臺幣420元